중국제조의 이해

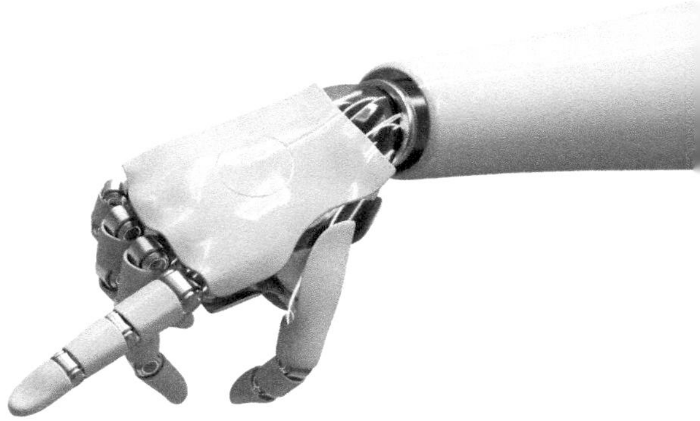

중국 제조의 이해

황군혜 지음 유갑곤 옮김

學古房

차례

제10장

공업기반

제11장

전략과 정책

제12장

고품질을 향해 나아가기

제1장

제조대국으로의 도약

개혁 개방 이래 초래된 중국의 경제 도약은 본질적으로 중국에서 성공적으로 공업화 과정을 신속히 추진했다는 것에서 시작되었다. 이 신속한 산업화 진도에 맞춰 중국의 제조업이 끊임없이 성장하면서 세계 곳곳에서 중국산 제품을 볼 수 있게 되었다. 2010년 이후, 중국의 공업화는 후기 단계로 접어들면서 중국 역시 세계 생산 1위 제조 대국의 대열에 들어서게 되었다. 규모는 컸으나 강하지 않았던 중국의 제조업은 당시의 기본적인 경제적 정세였다. 그러나 현재 중국 제조업이 발전함과 동시에 일련의 새로운 문제(새로운 도전, 구조적 생산과잉, 산업전환적 업그레이드, 새로운 산업혁명의 도전)에 직면하고 있다. 뿐만 아니라 미·중 간의 무역마찰도 중국의 제조업과 '제조강국 전략'을 겨냥하고 있다. 이러한 배경에서 이미 산업화 후기에 들어선 중국 제조를 어떻게 볼 것인가 그리고 미래 중국 제조업의 발전은 어떻게 나아갈 것인가에 대한 문제는 매우 중요하고 세계적 화두가 되고 말았다.

1
중미 무역 마찰로부터 시작

2018년에 들어서면서 미국은 중·미 간의 무역 마찰을 일으켰다. 4월 4일 미국 정부는 중국에서 미국으로 수출된 500억 달러 상당의 1,333개 품목에 대해 25%의 관세를 부과하는 추가 관세 대상 상품 목록을 발표했으며, 트럼프 미국 대통령은 4월 5일 미국 무역 대표부USTR에게 《대화 301 조사 보고서》에 근거하여 1,000억 달러의 중국 수입품에 추가 관세를 부과할 것을 요청했다. 4월 16일, 미국 상무부는 2025년 3월 13일까지 7년 동안 미국 기업인 ZTE(중흥통신)에 부품, 제품, 소프트웨어 및 기술을 판매하는 것을 금지한다고 발표했다. 그 이유는 ZTE가 이란에 대한 미국의 기술 판매를 제한하는 미국의 제재 조항을 위반했다는 것이었다. 그리고 2018년 6월 15일, 미국은 25%의 관세가 적용되는 500억 달러의 중국 수입품 목록을 발표했다. 이 가운데 약 340억 달러 상당의 상품에 대해 2018년 7월 6일부터 관세 인상 조치를 시행하는 한편, 약 160억 달러 상품에 대해 관세를 부과하기 위해 국민의 의견을 수렴하기 시작했다. 이후인 2018년 7월 6일 미국은 340억 달러의 중국 수입품에 관세를 부과하기 시작했으며, 8월 7일 미국 무역대표부USTR는 8월 23일부터 160억 달러 중국 수출품 25%의 관세를 부과한다고 발표했다. 2018년 9월 18일, 트럼프는 약 2,000억 달러의 중국 수입 상품에 대해 미국 무역대표부USTR에 추가 관세를 부과하도록 지시했다. 여기에서의 관세는 2018년 9월 24일부터 효력이 발생하며, 2018년 말까지 10%, 2019년 1월 1일부터는 25%까지 늘어나는 것을 의미한다. 이와 동시에 트럼프는 중국 정부에서 미국 농민과 기타 업계에게 보복 조치를 취하면 미국은 2670억 달러 상당의 또 다른 중국산 제품에 대해 즉시 관세를 부과할 거라고 밝혔다. 이러한 조치에 대응하여 중국 정부도 미국에 대해 보복 조치를 취했다. 중국은 2018년 7월 6일 미국산 제품 545건, 약 340억 달러 어치의 수입품에 대해 25%의 관세를 부과할 예정이며, 이 중 자동차 관련 품목은 28건에 달했다. 그리고 2018년 8월 8일 국무원 관세세칙위원회에서 2018년 8월 23일 12시 01분부터 160억 달러 상당의 미국산 제품에 대해 25%의 관세를 부과하기로 결정했다. 미국의 《대화 301조사 보고》에는 중국의 기술 혁신과 제조업 발전에 많은 부분이 부족하다고 판단해 비난하고 있다. 예를 들어, 중국 정부가 미국 기업을 대상으로 합작회사의 조립 공정과 기술이전을 요구한다는 것, 중국의 많은 핵심산업에서 다수 외국인 투자가들의 소유권 제한이 존재한다는 것, 그리고 중국 정부가 많은 자금을 투입하여 미국 회사와 자산에 대해 광범위하고 체계적인 투자와 인수를 실시함으로써 선진 기술을 획득하였다는 것, 중국의 정보망을 사용하는 제품은 중국 기업이나 중국 정부의 통제를 받는 기업에 의해 개발하고 생산해야 한다는 것 등을 거론하면서 지적하고 있다. 미국 무역대표부는 《대화 301조사보고》(이하 《보고서》라고 함)를 반포하면서 "USTR은 중국 정부의 기술 이전, 지적 재산 및 혁신에 관한 법률, 정책과 관행이 불합리하고 차별적이라고 판단했다" 고 밝혔다. 또한 미국 정부는 많은 사례를 인용해 증명하면서 이를 바탕으로 중미 무역 마찰을 유발시켰다. 겉으로 보면 중국의 일부 현행 제도와 국제규제와의 차이를 지적하는 것이지만 전체적으로 주관적 억측과 잘못된 인식이 많이 존재하며, 보고서의 논증 또한 논리가 뒤죽박죽인 부분이 적지 않다. 다시 말해, 《보고서》의 결론을 기반으로 무역 마찰을 일으키는 것은 억지스러운 주장이다. 중국의 제조업 기술이전 문제를 지적한 보고서에 따르면 적어도 아래와 같이 세 가지 오류가 존재한다.

첫째, 논증 과정에 논리적으로 오해의 소지가 있다. 본 《보고서》에 따르면, 중국이 외국기업의 소유권 비율의 제한, 비준 절차를 이용하여 미국 기업으로 하여금 기술을 양도하라고 강제하거나 강요한다고 주장한다. 그러나 논증을 뒷받침하는 자료는 업종 사례나 일부 기업만의 조사일 뿐이며, 해당 보고서를 바탕으로 미국 회사들에 기술 이전을 강요하고 있다는 판단과 논증자료들이 일반화, 과장, 무의미 등 여러 측면에서 오해의 소지가 있다고 결론을 내렸다. 예컨대《보고서》에서《중국 외국인 투자산업 지도목록》(2017년판)은 "여러 핵심 산업에서 외국인 투자자가 여전히 소유권 제한에 직면해 있다"며 "35개 업종은 규제 업종으로 지분 규제나 현지 협력 요구가 있다"고 비판했다. 그러나 이《보고서》는 이 목록에 열거된 권장 업종이 348개에 달하고 규제 업종과 금지 업종은 기본적으로 국가 안보와 관련된 산업이라는 점을 지적하지는 않았다. 미국 역시 국가 안보 등 필요에 따라 외국인 투자자를 규제하고 있다. 예를 들면,《보고서》에 제시된 일부 조사는 기본적으로 미국상공회의소로부터 받은 것이다. 게다가 조사결과도 강제기술이전과 같은 주관적인 체감지표에 대한 우려일 뿐("응답기업의 35%는 시장 접 근 조건으로서 실질적인 기술 이전 요구가 있을 것을 우려한다"), 실제로 강제기술이전사건 등 객관적 데이터가 몇 건 발생했는지는 알 수 없으며, "업무허가 심사 및 외자기업주식비례제한"과 "강제기술이전"에 대한 직접적인 증거는 아예 없다.《보고서》내 미국상공회의소의 이 같은 조사 가 주식비율 규제와 업무허가 심사를 강제적인 것이라고 추정하는 것은 억지스러운 결론이다. 또한,〈보고〉에서는 미국상공회의소의 보고를 인용해 "제조강국 전략"은 기술을 중국 합작사에게 이전하는 것을 시장접근방식 조건으로 하는 것을 비난했다. 하지만 실제로 "제조강국 전략"은 제조업의 외자 유치와 국제협력 수준 향상을 강조하고 격려하고 있다. 또한《보고서》는 기술이전에 따른 토종 기업의 창의력 향상의 중요성을 과장함으로써 중국 정부의 기술이전 강요 의지를 부각시켰다. 장안그룹은 정부가 정한 강제적 합자를 통해 합자 측 기술을 획득한 뒤 핵심 생산기술을 통제한 '장안모델' 사례를《보고서》에 담았다. 그러나《보고서》에서는 장안그룹이 독립적인 혁신 역량을 배양하기 위해 연구개발에 대한 투자를 장기적이고 대폭적으로 늘렸다는 사실을 간과하고 있다. 실제로 장안그룹은 습득한 내용을 바탕으로 기술혁신 모델을 도입하고 있지만, 이러한 기술이전은 전적으로 기업의 자발적인 행위이며, 각 기업의 필요에 의한 자체적 발전 전략이었다. 독일·일본·한국 등의 나라에서도 이런 기업 혁신 행위를 격려하고 있다. 또한 대다수의 중국 자동차 합작기업을 보면 선진국 글로벌 업체들이 절대적인 지배력은 없으나 핵심적 기술을 갖고 있기에 여전히 주도권을 갖고 있는 반면, 일반 다국적 기업들은 중국 민족자동차 기업의 기술 개발에 대한 도움이 뚜렷하지 않아 오히려 중국 업체들이 중국 시장을 잃은 데다가 기술 개발도 하지 못하는 실정이다.

둘째, 국유기업의 행위에 대하여 심각한 오해가 존재한다.《보고서》에서 어떤 국유기업의 사례를 열거해 국유기업의 행위를 정부의 행위와 동일시하고, 국유기업이 합자측이나 국외로부터 선진기술을 인수하는 것을 정부가 주도하는 행위로 보고 있다. 현재 중국 국유기업의 개혁은 이미 40년이나 경과한 시점으로 중국 국유기업의 발전 상태는 이미 매우 다원화되어 있다. 2013년 이후 18기 3중전회 문서의 요구에 따라 중국의 국유기업은 이미 분류 개혁과 관리를 실시하기 시작하였으며, 비록 정부의 영향을 많이 받는 공공정책 관련 기업이 존재하기는 하나 그 수는 매우 적으며, 절대 다수가 이미 현대 다원화된 재산권 구조, 시장화 관리기제를 갖춘 상업류 기업, 즉 "신국유기업"이 존재하고 있다. 이 "신국유기업"은 민영기업과 마찬가지로 최대한의 이윤을 추구하고 있으며, 그들의 기술인수전략과 국제화전략은 다 기업 자체의 행위이다.《보고서》에서는 2000~2016년 1395건 미국의 투자매수안 중 중국 국유기업이 실시한 것은 351건이어서 약 25%를 차지하였다고 밝혔다. 그러나 351건의 투자매수안이 시행된 주체의 국유기업이 어떤 유형의 국유기업인지 밝히지는 않았다. 중국 국유기업이 갈수록 다양해지고 대다수 국유기업이 시장화 주체인 "신新 국유

기업"이 된 상황에서 중국 정부 주도의 인수 비중이 상당하다는 것은 명백한 논리적 허점이 있다는 증거다. 또한《보고서》에서는 "중국 정부가 미국 기업과 자산에 대한 광범위하고 체계적인 투자 및 인수를 구현하고 첨단 기술을 확보 할 수 있는 충분한 자금을 제공했다"고 결론지었으나 이는 결국 잘못된 것이다. 중국 기업의 대외투자는 기업의 시장 지향적 행동이며 중국 산업의 고도화와 시장 경쟁의 심화에 따라 중국 기업 스스로 기술 수준의 향상을 도모할 필요가 있으며, 인수를 통한 기술 획득은 국제적 관행이다. 국제 경제학계에서 공인된 기업의 다국적 투자에는 소위 "기술 추구형" 다국적 인수 전략이 존재하는 반면, 중국기업은 일정한 단계로 발전하여 "나가자" 전략을 실시하고 있으며, 해외에 연구개발 센터를 설립하거나 해외 인수, 기술형 M&A를 진행하고 있다. 비록 개별적으로 일반 시장 가격보다 높은 인수합병 사례가 존재하더라도, 전반적으로 모두 세계화 추세에서 서로에게 이익이 되는 정상적인 기업 행위이며, 이를 정부의 관여하에 있다고 오해하여 지적 재산권을 추구하는 것은 전혀 이치에 맞지 않는다.

셋째, 산업정책 목표에 대한 주관적인 억측이 존재한다. 중국은 개발도상국으로서 산업정책을 통한 경제발전을 중시해 왔고, 빈곤하고 낙후된 농업국가에서 세계 2위인 경제총량의 공업대국으로 발전했다는 것은 산업정책이 중요한 역할을 했다는 점에 없지 않다. 1990년대 중국은 토종 산업과 국가경제 안보를 적절히 보호한다는 목적으로《외국인 직접투자 산업 지도 목록》을 발표하였다. WTO에 가입 후 중국은 적극적으로 국제관례와 접목하여 다수의 업종을 시장접근 측면에서 내외자기기업을 대상으로 동등한 대우를 실현하였고, 소수의 외자진입주식비율 제한이나 진입금지 업종은 모두 국가안보, 전통문화보호 목적으로 설정된 것이지,《보고서》가《외국인직접투자산업지도목록》과 같은 산업정책목적으로 주관적으로 기술을 획득한 것이 아니라는 점이다. 마찬가지로 "제조강국 전략"의 목적과 관련하여 《보고서》에도 많은 오해와 근거없는 추측이 있다. "제조강국 전략"은 새로운 과학기술 혁명과 산업 변혁에 대처하는 데 중점을 두고 제조업의 혁신적 성장을 촉진한다는 주제로 차세대 정보기술IT과 제조업의 융합을 가속화하고 스마트 제조를 추진하는 방향으로 산업계획을 수립했다. 본질적으로 "제조강국 전략"의 중점은 스마트 제조인 것처럼 미국의 "선진 제조업 파트너 프로그램"의 본점은 "인더스트리트(공업인터넷)"이며, 독일의 "공업4.0"의 주요한 역점은 "물리 정보시스템CPS"이다. 게다가 학계 전문가들이 작성한 《"제조강국 전략" 기술 로드맵》에서 제시한 시장점유율이나 자주화율 등은 모두 예측성, 정보 유도성 지표일뿐 정부가 설정한 정책 목표가 아니며 강제성도 없고 정부 관련 정책, 자금 투입과도 연계돼 있지 않다. 이것은 시장 주도 원칙에 따른 정부의 지침일 뿐, 이러한 접근 방식은 해외에서도 드물지 않다. 그리고 《보고서》에서 언급한 "제조강국 전략"이 외국 기업의 시장운영을 제한하거나 시장접근 조건으로 중국에 기술을 이전해야 한다는 것은 전혀 근거없는 판단이다. 중국이 2001년 세계무역기구WTO에 가입한 이후 《보조금 및 반보조금조치협정》과 《무역관련 투자조치협정》에 무조건 준수해야 하는 등 산업정책의 변화를 위해 꾸준히 노력해 왔고 경쟁정책에 의해 경제발전을 추진해 왔다. 최근 몇 년 동안 중국의 《불공정 경쟁 금지법》과 《독점 금지법》은 경쟁을 방해하는 불공정한 행위를 제거하고 공정한 시장 질서를 확립하며 소비자와 기업의 정당한 이익을 보호하는 데 중요한 역할을 해 왔다. 즉, 중국이 불공정 경쟁을 방지하는 것이 아닌 《독점 금지법》을 산업 정책 도구로 사용해 특정 외국 기업에 대한 차별적 집행을 한다고 비난하는 《보고서》는 실제로 증거가 없는 논리이다.

미국의 《대중對中 301조사보고서》가 이런 오해, 억측 등의 문제를 안고 있는 것은 결코 우연이 아니다. WTO가입 이후 제조업의 글로벌 분업 구조 속에서 중국 제조업의 발전이 가속화됐고, 중국 산업구조가 노동집약적 주도에서 자본과 기술집약적 주도로 바뀌었고 산업과 제품구조가 미국과 중첩되면서 기술 부분까지 경쟁이 치열해지고 말았다. 실제로 중국의 도약으로부터 경쟁 압력에 맞서 최근 몇 년간 미국의 싱크탱크들은 미국 스스로의 원인을 찾아내지 않고 중국식 '과한 규제 경쟁'으로 판단하고, '혁신적 중상주의Innovation Mercantilism' 개념을 조작해 중국을 '혁신적 중상주의' 국가로 지정하였고, 수입 감축을 통한 고부가가치 제품 수출 확대, 세계무역기구 정신에 반하는 경제전략적 발전규칙을 채택했다는 근거없는 주장을 해왔다.[1] 어떤 의미에서 미국의 "중국 301조사 보고서"는 최근 몇 년간 잘못된 학술적 사상의 정부 판본이라고 봐도 된다.

미국의 대중對中 무역조사와 미중 무역마찰의 근본적 원인은 중국 제조업의 급속한 성장에 대한 미국의 우려에 있다. 미국의 《대중對中 301조사 보고서》는 표면적으로는 무역적자에 대한 것이지만, 첨단기술 분야에서 미국의 기술을 보호하고, 중국의 제조업 강국으로의 전환을 억제하는 것이 핵심 키워드다. 다시 말해, 다른 관점에서 보면 중국의 제조업이 개혁개방 이후 큰 성과를 거두었음을 보여주고 있다. 2010년 세계 2위였던 중국의 경제 총량은 2017년 미국 경제 총량의 60%를 넘어서고 있으며, 세계 1위의 제조대국이 됐고, 제조업은 신흥국의 그릇, 강국의 기반, 입국의 근간이다. 중국이 제조대국으로 부상함에 따라 이를 제조대국에서 제조강국으로의 전환을 시도하는 것은 미국의 대중對中 통상마찰을 극복하는 전략적 출발점이다.

---

1 Robert D.Atkinson·Stephen J.Ezell 저, 왕서군(王瑞军) 등 역, 『Innovation Economics: The Race for Global Advantage』, 과학기술문헌출판사, 2014, pp220-238.

2
위대한 중국 산업혁명

기원전 221년 진시황은 6개국을 통일시켜 통일된 봉건 전제국가를 세웠다. 서방 공업 문명이 일어나기 전, 중국은 시대로부터 창상, 왕조의 경선을 거쳐, 줄곧 세계에서 몇 안 되는 오래된 문명과 선진 생산력을 갖춘 대국의 하나였다. 그러나 1800년 이후 영국에서 산업 혁명이 시작되면서 점차 독일, 미국으로 퍼져 수천 년 동안 지속된 농업 문명을 종식시켰고 지난 200년 동안의 현대적 산업 문명을 열었다. 이처럼 고대 봉건 대국인 중국은 근대 산업 혁명의 기회를 놓쳐 근대화 과정에서 멀리 뒤처지게 되었다.

중화 인민 공화국이 건국된 이후에 중국은 자체 산업화 과정을 시작하여 산업화의 토대를 마련했다. 그러나 중화 인민 공화국의 산업 발전의 길은 순조롭지 않았고 산업화 과정도 여러 차례 중단되었다. 대약진大跃進은 1958년부터 1961년까지 산업화 과정에 큰 손실을 입었고, 특히 문화 혁명 10년 동안 중국의 산업체제에 큰 피해를 받았다. 전반적으로 말하면 1978년 중국의 현대공업체계는 이미 일정한 기초를 갖추고 있었으나, 전체적으로는 아직 공업화 초기 단계에 머물어 있었고, 전체적 경제 발전 수준은 매우 낙후되어 있었다.

개혁 개방 이후 중국은 중국의 특색적 사회주의 현대화 건설을 시작하였으며, 개혁 개방 이후 40년은 천지개벽의 혁명적인 변화를 가져왔다. 표 1-1에 보여주는 바와 같이 개혁 개방 40년 동안 중국의 주요 공산품 생산량은 모두 폭발적인 증가를 보였고, 지금은 대부분 세계적인 수준에 달했으며, 석탄, 시멘트, 조강, 강재와 발전량은 모두 세계 1위에 도달하였다. 즉, 중국은 명실상부한 세계 1위의 공업 대국이 되었다.

표 1-1 개혁개방 40년 중국 주요 공업제품 생산량 변화 상황

제품	1978년	2017년	지수	세계 순위
원탄(억 톤)	6.2	35.2	567.7	1
원유(만 톤)	10405.0	19150.6	184.1	4
천연가스(억 입방미터)	137.3	1480.3	1078.2	-
시멘트(만 톤)	6524.0	234000.0	3586.8	1
조강(만 톤)	3178.0	83172.8	2617.1	1
강재(만 톤)	2208.0	104958.8	4753.6	1
자동차(만 대)	14.9	2901.8	19469.8	-
금속절삭공작기계(만 대)	18.3	67.3	367.2	-
발전량(억 킬로와트)	2566.0	64951.4	2531.2	1

주: 금속 절삭 공작기계 정보는 2016년의, 세계 순위는 2015년의 데이터다.
자료출처: 국가통계국:《중국통계연감(2017)》, 중국통계출판사 2017년판, 6페이지;국가통계국: 《중화인민공화국 2017년 국민경제와 사회발전통계공보》, 《인민일보》 2018년 3월 1일;국가통계국 국제사:《국제지위 및 국제영향력이 현저하게 증대됨-당의 18대 이래 경제사회발전성과 시리즈2》, 2017년 6월 21일, 국가통계국, 웹사이트(htp:/w.stats.gov.cn/tjsysjjd/20170620170621_1505616.html)。

제조업은 공업의 주체이자 핵심이며, 중국 공업대국의 지위는 주로 제조업이 끊임없이 성장하여 지탱하고 있다.[2] 세계 230여 개 국에서 중국의 제품을 볼 수 있으며 2010년 이후 중국은 세계 생산 1위의 제조대국이 되었다. 유엔의 공업 부문 발표에 따르면, 중국은 유일하게 모든 공업 부문

---

2 이 책의 주제는 제조업이지만 중국 제조업의 상대적으로 낮은 데이터 가용성으로 인해 제조업 문제를 설명하기 위해 산업 데이터를 사용하는 경우가 있다. 물론 그 범위는 상대적으로 크며 일반적인 경험 데이터는 중국 제조업의 부가가치가 산업의 약 90%이다. 이 책의 뒷부분 논술에서는 더 이상 일일이 설명하지 않겠다.

의 제조 능력을 보유하고 있는데, 현재 중국의 주요 공업품 500종 중 220여 종의 생산량이 전세계에서 1위를 차지하고 있다.[3] 그림 1-1에서 볼 수 있듯이 유엔 통계국의 데이터베이스에 따르면 2016년까지 중국 제조업의 부가가치는 3조 798억 9천만 달러로 세계 전체의 24.5%를 차지했다. 이는 2조 1,830억 달러로 세계에서 두 번째로 큰 미국 제조업보다 약 1조 달러 더 많은 금액이며, 세계 2위 미국과 3위 일본의 제조업 부가가치를 합친 수준이었다. 1984년에 미국 제조업 부가가치는 세계 전체의 29%를 차지했으나, 몇 차례의 기복 이후 2016년 미국 제조업 부가가치는 글로벌 제조업의 17.3%로 떨어지고 말았다. 이후 1990년대에 일본의 제조업 부가가치는 글로벌 제조 부가가치에서 차지하는 비중이 21.5%로 정점을 찍었지만 2016년에는 이 비율이 7.7%로 떨어졌다. 실제로 중국 제조업의 급속한 발전으로 세계 제조업의 판도는 큰 변화가 일어났다. 일반적으로 고소득 국가는 여전히 세계 제조업 부가가치의 약 60%를 차지하지만, 고소득 국가의 제조업 부가가치 비율은 지난 20년동안 계속 줄어 왔으며, 이는 주로 아시아, 특히 중국과 관련이 있다. 중국의 글로벌 제조업 부가가치 점유율은 1970년 미미한 수준에서 2016년 세계 4분의 1로 상승되었기 때문이다.[4]

---

3 위제강(魏际刚), <중국 산업의 중장기 발전 전략 문제(中国产业中长期发展战略问题)>, 『중국경제시보』, 2015.5.5.

4 Mary Hallward-Driemeier·Gaurav Nayyar, <Trouble in the Making? The Future of Manufacturing-Led Development>, 『중국경제보고』 2018-4.

그림 1-1 2016년 세계 주요 국가의 제조업 증가액(억 달러)

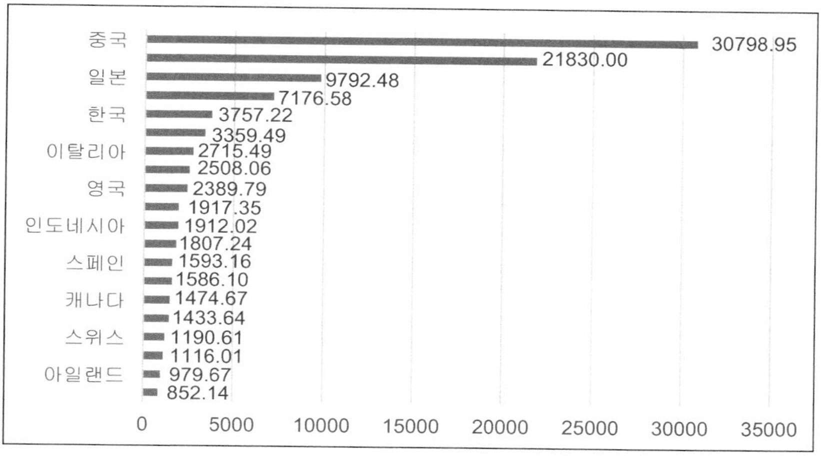

자료출처: 유엔 통계사 데이터베이스.

40년의 개혁 개방을 통해 중국은 세계 1위의 산업 국가이자 제일의 제조업대국으로 빠르게 성장했다. 이것은 13억을 넘은 인구 대국의 산업화 과정이자, 40년 동안 두 자릿수 이상의 평균 산업 성장률로 이뤄낸 성과이다. 이것은 인류 역사에서 전례없는 일이라고 해도 과언이 아니다. 예전 중국이 200년 전 산업 혁명을 놓쳤다고 한다면 개혁 개방 40년이야말로 중국이 20세기 후반에 얻어낸 획기적인 산업 혁명이었다.[5]

---

5 문일(文一), 『위대한 중국 산업 혁명: '발전의 정치경제학' 일반 원리 비판 요강(伟大的中国工业革命——"发展政治经济学"一般原理批评纲要)』, 칭화대학교출판사, 2017, p.7.

3

"대이불강" 및 "양단 압출"

우리는 지난 40년의 개혁 개방에서 중국 공업 혁명의 획기적인 업적을 인정함과 동시에 "크지만 강하지는 않은" 중국 제조업의 기본적인 경제 상황도 인지하고 제조업의 불균형과 미흡한 발전도 인지해야 한다.

첫째, 제조업 산업구조의 발전이 불균형하고 제조업 산업구조의 고급화 정도 발전이 불충분하다는 것이다. 중국의 제조업에서는 철강, 석유화학, 건축자재 산업에서 과잉생산 문제가 두드러지고 있으며, "탈산능去産能 "은 공급측 구조 개혁의 주요 방향 중 하나가 되었다. 제조업에서 전통적인 자원 가공과 자본 집약적인 산업의 비율은 여전히 상대적으로 높고 첨단 제조업의 비율은 상대적으로 낮다. 최근 중국의 제조업 첨단기술산업의 증가 속도는 전체 공업의 증가 속도를 훨씬 웃돌지만, 2017년까지 의약제조업, 항공우주 및 설비제조업, 전자 그리고 통신설비제조업, 컴퓨터, 사무설비제조업, 의료기기설비, 계기제조업, 정보화학품제조업 등 6대 기술제조업의 증가치가 차지하는 전체 공업증가치의 비중은 겨우 12.7%에 불과하고, 6 대 에너지 소비량 비중을 훨씬 밑돈다. 산업 기술력에 비추어 볼 때, "공업 4기"의 능력은 아직 향상될 필요가 있고, 전통 제조업 중의 핵심 장비, 핵심 부품과 기초 소프트웨어는 여전히 수입과 외자 기업에 대한 의존이 심각함에 따라, 일부 중대한 핵심 기술의 돌파가 요구되고, 신흥 기술과 산업 분야의 글로벌 경쟁의 제고가 필요하다고 할 수 있다. 고급 CNC 공작 기계, 집적 회로, 고급 칩 및 정밀 테스트 장비와 같은 고급 제품은 수입품에 의존하고 있다. 미국이 일으킨 중미 무역 마찰의 일부로서 2018년 4월에 발생한 "중흥 통신 사건"은 이런 점을 충분히 말해 주고 있다.

둘째, 제조업 산업조직의 구조적 발전이 불균형하고, 산업 조직의 합리적인 발전이 불충분하며, 상당한 "좀비기업"이 존재하는 등 양질의 기업 수가 부족하며, 특히 세계 일류 제조업체는 매우 드물다. 자산 규모와 판매 수익의 관점에서 보면 중국에 다수의 대기업 그룹이 존재한다. 미국 《Fortune》 잡지에서 발행한 "2017 Global Fortune 500" 목록에 따르면 중국 기업의 수는 미국 다음으로 115개에 달한다. 그러나 상위 제조업 기업은 매우 드문데다가 중국 제조업 기업은 규모 지표가 우위에 있는 경우가 많아 창의력, 브랜드, 비즈니스 모델, 국제화의 정도 등의 분야에서는 분명한 단점과 부족이 존재한다. 특히 자산수익률, 기업 이익, 1인당 이익 등의 지표를 보면 중국의 제조업 순위는 유럽과 미국의 세계 500대 기업과 차이가 난다. 즉, 중국에 진정한 세계 일류 기업이 아직 부족하다는 의미이다. 또한, 최근 몇 년 동안 많은 좀비기업이 출현했는데, 그 경영 상황은 지속적으로 악화되어 이미 자생력을 갖추지 못했지만, 여러 가지로 인해 시장에서 완전히 청산해 나갈 수 없었으며, 주로 정부 보조금, 은행 대출, 자본 시장 융자 또는 빚으로 근근이 운영을 유지하고 있는 실정이다.

셋째, 제조업 제품의 구조적 발전이 불균형하고, 고품질, 개성화, 고복잡성, 고부가가치 제품의 공급이 불충분하다는 것이다. 전체적으로 보면, 제조업 생산품의 등급은 낮은 편이고, 표준 수준과 신뢰성은 높지 않으며, 고급 제품 브랜드 육성이 부족하다. 2013년부터 2017년까지 국내 제품 품질 국가 감독 및 무작위 검사 합격률은 88.9%, 92.3%, 91.1%, 91.6%, 91.5%로, 여전히 일반 외국 합격률 99% 이상보다 많이 뒤쳐져 있다. 이에 대한 증거로, 중국의 수출 제품은 수년 동안 EU 및 미국에서 리콜 1위를 차지했다. 세계 브랜드 실험실 World Brand Lab에서 발표한 "2016년 세계 브랜드 500대" 명단에 따르면 중국은 36개의 브랜드로 7.2%에 불과한 반면 미국은 그 중 227개를 차지하고 있었다. 세계적으로 유명한 브랜드 컨설팅 회사인 Inter-brand에서 발표한 2016년 "세계에서 가장 가치있는 100

대 브랜드" 랭킹에서 중국 제조 제품 브랜드는 겨우 2개뿐이었다.

국제 경쟁의 관점에서 볼 때 중국 제조업의 발전은 앞으로 "양방향 압착" 패턴에 직면할 것이다. 산업 혁명에서 기계 대생산을 개척하면서부터, 국제 분업은 공업 완제품과 농업 및 광업 등 전통 산업 간 분업, 공업 내부의 각 산업, 각 제품 부문의 산업 내 분업을 거쳐, 동일한 제품의 서로 다른 가치 사슬의 부가가치 고리의 제품 내 분업으로 발전하였다. 1990년대 이후, 제품의 모듈화 및 생산 과정의 세분화, 정보 기술, 교통 기술 등의 "공간압축" 기술로 인한 교역 효율 향상과 교역 원가 하락으로 인해 가치사슬의 서로 다른 공정, 연결고리에 근거한 제품 내 분업이 매우 큰 발전을 이루었으며, 전세계 가치사슬 분업은 일종의 주도적인 국제분업 형식이 되었다. 분업의 관점에서 볼 때 후기 개발 도상국 제조업의 혁신과 발전의 핵심은 글로벌 가치사슬의 저단에서 중고단으로의 상승을 달성하는 문제를 해결해 나가는 것이다. 개혁 개방 이후, 중국 제조업은 세계화가 가져다 준 기회를 잡았고, 적극적으로 전 세계 분업체계에 통합되어, 점차 자급자족의 폐쇄적인 경제에서 국내외 시장, 국내외 자원을 모도 이용한 개방경제로의 전환을 추진해 왔다. 최근 중국 제조업은 글로벌 가치사슬에서 저단에서 중고단으로 치솟는 추세다. 하지만 앞으로 중국이 글로벌 가치사슬을 향해 고공행진을 하는 과정에서 선진국의 압력과 신흥 경제권의 저단 압출이라는 "투엔드 압박" 구도에 직면하게 됐다.

한편, 국제 금융 위기 이후 선진국은 "제조업의 공심화"에서 생긴 문제를 돌이켜보고, "재공업화" 전략을 추진하였으며, 제조업 정보화와 제조업 서비스화를 핵심으로 하는 각종 제조업 발전 전략과 계획을 내놓았다. 예를 들어, 미국은 "선진 제조업 국가 전략 계획"을, 독일은 "공업 4.0"을 제시하며, "제 3차 공업 혁명"에서 제조업의 높은 지위를 확고히 차지함과 동시에 중국 제조업에 대해 고압적인 태세를 형성하려 하였다. 또한, 선진국은 새로운 글로벌 무역·투자 질서의 새로운 구조 구축을 가속화하고, TPP(환태평양 파트너십 협정), TTIP(대서양 무역 및 투자 파트너십 협정)를 적극적으로 추진함으로써, WTO규범을 초월한 포괄적 경제 무역 자유화 네트워크를 조직하고, 이는 중국 제조업이 새로운 무역·투자 질서에 통합되는 것을 제약하는 중대한 장애물이 되며, 중국 제품의 TPP 회원국 수출에 위협이 되고, 중국의 글로벌 제조업 경쟁 체계에서의 비교 원가우위에 대한 충격을 형성할 수 있다. 특히 중미 무역마찰의 배경 하에서, 미국은 중국산 제품에 대해 관세를 증가시킬 뿐만 아니라, 중국산 제품의 원가를 높였으며, 더욱 중요한 것은 중국이 중국에 대해 기술봉쇄를 가해야 한다는 미국의 거대한 압력에 직면하게 될 것이라는 점이다. 이것은 미래 중국 제조기술의 혁신전략, 창조적 육성에도 지대한 변수를 가져올 것이다.

한편 신흥경제체제는 급격히 상승하고 있으며, 아세안, 인도 등 개발 도상국은 중국 제조업을 저비용 우위로 대체할 것이다. 예를 들어, 태국의 제조업 노동생산성은 중국과 거의 같지만, 1인당 임금 수준은 중국에 비해 현저히 낮은 반면, 베트남, 인도, 인도네시아의 제조업 노동생산성과 평균임금은 모두 중국에 비해 낮다. 이들 국가의 경제 발전에 따라, 제조업의 매력성이 빠르게 상승하여, 중국 투자 유치의 대체 효과가 점차 증대될 것이다. 따라서 앞으로 중국 제조업은 글로벌 가치 사슬 상승 과정에서 선진국에 의해 하이 엔드가 차단되고 신흥국에 의해 로우 엔드가 차단되는 "협공"의 패턴을 깨야 한다.

개혁 개방 40년 동안 중국 제조업의 발전은 눈부신 성과를 거두어 이미 세계 제일의 제조대국이 되었지만, 미래에는 중국이 제조대국에서 제조강국으로 전환하는 길이 평탄하지 않고 도전과 위험으로 가득 차 있다. 자신의 상황에 대해 인지하고, 기회를 포착하고, 도전에 대처하고, 돌파구를 찾는 것은 중국 제조업 발전을 위한 불가피한 선택이다.

제2장

40년의 공업화 추이

제조업의 개발은 공업화 전략의 핵심이다. 중국 제조업을 이해하려면 중국 공업화 추이의 전체에서 분석해야 한다.

중화인민공화국 건립 후 중국공산당은 중국인민을 데리고 그들만의 공업화 길을 적극적으로 모색해 왔다. 이에 따라 공업화, '네개 현대화', 신형공업화, '네개 현대화 동기화' 등 상호 연결되면서 차별된 개발 전략을 연속적으로 도입했다. 특히 개혁개방 이후 중국특색의 사회주의 이론의 지도에서 중국은 급속한 공업화 과정을 추진하고 인간 공업화 역사에 기적을 만들었다. 인구 10여억 대국인 중국을 공업화 초기부터 공업화 후기까지 가져 오는 데 40년도 걸리지 않아 빈곤과 약점을 가진 대국은 전체적으로 풍요로운 사회를 구축해 냈다. 공업화 국가가 된다는 것은 중국 대부흥의 중요한 상징이며 공업화를 달성하는 것은 "중국 꿈"의 중요한 경제적 표식이다.

1
중국 공업화의 수준

학계는 물론 정부 및 기타 커뮤니티에서는 '공업화'라는 단어를 자주 쓰지만 그 의미는 항상 '공업의 개발수준'으로 여겨진다. 전통적인 의미에서 공업화는 일반적으로 공업화에 따른 한 나라 또는 지역의 인당 평균소득의 증가와 선진 경제 구조에 따른 경제 발전 및 경제 현대화 과정으로 이해되어야 한다. 즉, 한 나라의 공업화 단계는 경제 발전과 경제 현대화 수준으로 간주되어야 한다.[1] 개발 경제학의 관점에서 보면 공업화의 본질은 국민 경제 중 일련의 중요한 생산 요소 조합 방식이 저수준에서 고수준으로 지속적인 획기적인 변화를 겪고, 경제 성장을 촉진시키는 과정이다.[2] 이는 현대 선진국의 산업 구조가 양적으로는 서비스업을 위주로 하는데 공업화 국가로 간주된다는 이유이기도 한다. 또한 현대 사회에서는 새로운 공업화 혁명이 일어나고 있다. 현대화 시각에서 공업화는 경제 현대화로 볼 수 있다. 현대화에 대한 보통적인 인식은 인간사회가 전통사회에

1 따라서 국가의 경우 일부 산업 또는 공산품의 발전 수준이 높지 않다고 해서 국가가 산업화를 달성할 수 없다는 의미는 아니다. 중미 무역 마찰 논의의 핫스팟에 대응하여 중국이 칩의 핵심 기술을 보유하지 않았기 때문에 산업화를 감히 말할 수 없다는 견해는 의심할 여지 없이 산업화에 대한 일방적인 이해이다. 한편으로는 산업화는 전반적인 경제 발전 수준을 더 많이 반영하기 때문에 특정 핵심 기술의 숙달 여부만으로 산업화 수준을 판단할 수 없으며, 다른 한편으로는 오늘날 글로벌 분업을 전제로 모든 산업화 국가가 핵심 기술이라도 모든 산업 기술을 습득해야 하는 것은 아니기 때문이다.

2 장배강(张培刚), 『농업과 공업화(상): 농업국의 공업화 문제에 대한 탐구(农业与工业化(上卷)——农业国工业化问题初探)』, 화중공학원(华中工学院)출판사, 1984, p.82.

서 현대사회까지 전환하는 과정이고, 사회변천의 원동력은 경제성장과 구조개혁이다. 이것이 바로 공업화이다. 이런 의미에서 보면 현대화의 본질은 바로 공업화로 인한 현대사회의 변천사이다. 그러면 시간의 흐름에서 보면 공업화의 실현이 현대화와 못지 않게 이루어진다. 따라서 중국은 부강민주문명화합적인 현대화 강국의 목표를 달성하려면 공업화의 개발를 추진하고 실현하며, 근대적 권력 메커니즘을 구축해야 한다. 공산당의 제18차 전국 대회에서 2020년까지 온건한 번영 사회를 달성하라는 근대화 전략 목표를 세웠을 때 기본적으로 공업화가 실현된다는 것이 부유한 사회의 경제 건설의 기본 목표로 여겨졌다. 이후 19차 대회에서는 현재부터 2020년까지는 전면적으로 소강사회를 달성한 결정 시기라고 했다. 즉, 기본적으로 공업화를 달성한다는 것은 향후 3년 동안의 경제 건설의 결정적인 요소가 된다는 뜻이다. 현대 중국의 공업화는 어떤 정도인지, 2020년까지는 기본적으로 공업화를 달성할 수 있는지는 문제다.

공업화 이론에 따르면 공업화의 실현을 전 공업화, 초기, 중기, 후기 및 후공업화로 나눌 수 있다. 2005년 중국은 인당 평균 GDP, 제3차산업의 비율, 제조업의 증가가치가 총 상품 내 비중, 인구 도시화율, 제1차 산업의 취업률이 각기 다른 가중치를 부여하고, 산업화 단계에 따른 선진국의 5개 지표의 실증적 가치 범위를 표준 값으로 하여 공업화 수준의 종합 지표를 구성했다(표2-1). 전 공업화, 초기, 중기, 후기 및 후 공업화에 대응하여 이 수치는 각기 0, 1-33, 34-66, 67-100 및>100이었다.

표 2-1 공업화 각 단계의 수치

공업화 각 단계의 수치					
기본 지표	전 공업화 단계(1)	공업화 실현 단계			후 공업화 단계(5)
		초기(2)	중기(3)	후기(4)	
인당 평균 GDP(2010년달러) 경제 개발 수준	827-1654	1654-3308	3308-6615	6615-12390	12391 이상
제3차산업의 증가수치 구조 (산업구조, 그 중 A는 1차산업, I는 2차 산업, S는 3차산업	A>I	A>20%, 또 A<I	A<20%, 또 I>S	A<10%, 또 I>S	A<10%, 또 I<S
제조업의 증가가치가 총 상품 중의 비중(산업 구조)	20%이하	20%-40%	40%-50%	50%-60%	60%이상
인구 도시화(공간 구조)	30%이하	30%-50%	50%-60%	60%-75%	75%이상
제1차 산업 취업률(취업구조)	60%이상	45%-60%	30%-45%	10%-30%	10%이하

산업화 종합 지수를 활용한 최근 계산에 따르면, 중국의 산업화 수준 지수는 11차 5개년 계획 기간의 급속한 성장을 거쳐 2010년에 66%가 되어 산업화 중기의 후반기 단계에 접어 들면서 산업화 후기에 곧 들어갈 예정이다. 2011년 이후 중국의 산업화 수준은 이미 산업화 후기에 접어 들었다. 중국 경제는 전체 "12차 5개년 계획" 기간동안 점차 경제 둔화와 구조 최적화라는 새로운 정상에 들었지만 2015년까지 중국의 산업화 수준 지수는 84%에 도달하여 산업화 후기의 후반기로 빠르게 발전했다. 이것은 중국이 산업화의 실현에 매우 가까워졌음을 의미한다.[3]

3 황군혜(黄群慧)·이방방(李芳芳) 등, 『중국 산업화 진행 상황 보고(中国工业化进程报告)(1995-2015)』, 사회과학문헌출판사, 2017, p47.

2015년 중국의 공업화 수준 치수					
단계		전국	4대 지역	9대 지역	31성. 시
후공업화 단계					북경 상해 천진
공업화 후기	후반기	전국(84)	동부(95)	장삼각(58)주삼각(96)경진역(95)박해주위(92)장강경제디(85)	철강97, 강소96, 광동96, 요영91, 복건91, 중경83, 산동83
	전반기		동북(76) 중부(71)	동삼성(76)중부6성(71)	호북76, 내몽골75, 길림75, 하북70, 강서70, 호남69, 섬서69, 안휘69, 하남65
공업화 중기	후반기		서부(58)	대서북(58)대서남(58)	사천64, 청해62, 녕하58, 광서58, 산서51, 흑룡강51
	전반기				티벳47, 신강44, 간쑤43, 해남42, 운남41, 귀주39
공업화 초기	후반기				
	전반기				
전공업화 단계					

우리는 더 나아가 2020년의 공업화 수준에 대해 간략하게 예측할 수 있다. 1) 전체적 공업화 수준 수치를 보면, 12차 5개년 계획 동안의 공업화 속도에 따라 가정하여 13차 5개년 시기에 12차 5개년 시기의 공업화 속도를 유지한다면 2020년이 되었을 때 중국의 공업화 수준 종합수치는 100를 넘을 것이다. 하지만 공업화 후기에 공업화의 발전이 둔화된다는 것을 고려하면 다만 13차 5개년 시기에 공업화 속도는 12차 5개년 시기에 비해 대폭 추락하지 않는다면(〉60%), 2020년에 공업화 수준의 종합수치는 95%를 넘어 100%에 가까울 것이다. 또 한편 1990-2015년의 공업화 종합수치를 이용해 MATAB프로그램으로 'S'형 분석하면 2025년쯤이 되면 공업화 수준 종합수치는 최대수치 100%에 이르게 될 것이다. 2) 공업화 실현

의 구체적인 지표에 따르면, 2020년 중국 인당 평균 GDP는 1.2만 달러를 넘을 것이고 서비스업의 비중은 55% 이상에, 제조업의 증가가치가 총 상품 중의 비중은 60% 쯤에, 도시화율은 60%에, 산업구조 중 비농업 산업 취업률은 80%를 넘을 것이다. 인당 평균 GDP지표 및 산업구조의 수치구조 지표는 후공업화 단계에 추락할 것이다. 제조업의 증가가치는 2010년 60%를 넘어 후공업화 후기에 이르러 최근에 하락한 추세가 보이고 대체로 공업화 후기 단계에 유지하는 경향을 보인다. 도시화율 및 산업구조 중 비농업산업의 비중 수치는 공업화 후기에 머물러 있다. 3) 구체적인 성급 지역에서 2015년 상해, 북경 및 천진은 후 공업화 단계, 강쑤, 광동, 복건 등 동부지역의 공업화 수준 종합수치는 90%에 이르고, 2020년에 절대 다수의 동부 지역 및 일부의 중부지역은 후공업화 단계에 접어들 것이다. 대다수의 중부지역은 공업화 후기 단계의 후반기에, 반 정도의 서부지역은 공업화 후기 단계의 전반기에 접어들 것이다. 따라서 2020년에 총 인구 수가 곧 14.2억에 이를 나라에서 공업화 수준 종합 치수는 약 100%에 이르고 인당 평균 GDP 및 제3차산업 생산량의 비중은 후공업화 단계에 머물어 중국은 기본적으로 현대화를 실현하고 18차 대회의 목표를 달성한다고 말할 수 있다. 하지만 중국의 공업화는 불균형할 뿐 아니라 인구 도시화율도 상대적으로 낮고 일부의 중서부 지역의 공업화 수준이 낙후하여 2020년까지에도 중국은 전면적으로 공업화를 실현하지 못하여 완전하고 진정한 공업화 국가라고 할 수 없다. 이로 인해 2020년에 중국은 기본적으로 공업화 실현 후에도 지속적인 공업화를 추진시키고 전면적 공업화를 촉진하는 데에 힘을 모아야 한다.

2035년까지는 공업화 수준 종합 수치는 반드시 100%를 넘을 것이고, 각 지표도 대폭 상승할 것이다. 현재의 모든 예측을 취합해보면 2035년 즈음이 되면 중국의 GDP 총량은 미국을 넘어 세계의 1위를 차지하고, 인구 도시화율은 70%를 넘어, 서비스업의 증가 가치의 비중은 65%를 넘어, 비농업 산업 비중은 90%에 이르게 될 것이다. 이런 지수로 보면 중국은 대체적으로 후공업화 단계에 이르게 될 것이다. 그리고 〈중국제조2025〉 계획에 따르면 2025년에 중국은 제조업 강국이 될 것이고 2035년에는 세계적인 제조업 강국의 중간 수준 정도에 이를 것이다. 즉, 2035년 즈음에는 중국이 반드시 공업화 나라가 될 것이라는 의미다. 그러니까 별일이 없다면 중국은 2035년 쯤에 전면적으로 공업화를 실현하고 공업화 나라가 될 것이다.

공업화의 역사를 살펴보면, 200년의 역사를 지녔으나 세계에서 겨우 약 10억의 인구가 공업화를 실현해 냈다. 그리고 중국은 13억을 넘은 인국 대국으로서 공업화를 실현하는 데 인류 사회 전체에 있어서 전복적인 역할을 하고 있다. 따라서 중국은 공업화의 실현 여부는 한 나라의 번영 여부의 관건이자 인류 사회 전체의 현대화 진도에도 결정적인 요소가 된다. 중국의 공업화 진도는 인류사회의 역사를 좌우할 힘을 가지고 있다. 중국 공업화의 실현이 세계 공업화의 실현에 주는 기여는 이것 뿐만이 아니다. 2013년 9월 및 10월에 중국 주석 시진핑은 각각 '신 실크로드 경제 벨트'와 '21세기 해상 실크로드' 건설을 위한 '일대일로' 제안을 발의했다. "일대일로" 건설을 통해 중국은 정책 커뮤니케이션, 시설 연결성, 방해받지 않는 무역, 자금 조달, 의사소통 등의 "상호 연결"을 공업산능의 상호 협력을 및 더 광범위하고 깊은 다른 측면의 지역경제 협력을 통해 '일대일로' 인근 나라의 산업 업그레이드를 촉진시키고 경제 발전과 산업화를 더욱 향상시킴으로써 세계 공업화 과정의 발전에 큰 의미를 가지게 된 것이다.

2
중국 공업화의 특징

공업화의 역사를 보면 각 국가의 공업화 실현에 있어 공통점이 있지만 자원 및 시대변천의 다름에 따른 독특한 점도 있다. 중국 개혁개방 40년 동안의 공업화 실현은 다음과 같은 특징으로 요약할 수 있다.[4]

첫째, 중국의 공업화 실현은 수십 억 인구가 가지고 있는 대국의 공업화 실현이다. 중국의 인구는 모든 공업화 국가 및 지역의 총 인구 수에 비해 더 많다.

세계은행의 데이터에 의하면 여태까지 약 35개 국가와 지역이 인당 평균 GDP가 약1만 달러(2000년 고정가 달러) 이상에 일렀다. 즉, 인당 평균 GDP만으로 한 나라나 지역의 공업화 실현 여부를 판단한다면 세계에서 약 35개의 나라와 지역에서 이미 공업화를 실현했다고 한다.[5] 그 중 룩셈부르크, 노르웨이, 일본, 미국, 아이슬란드, 스웨덴, 스위스, 덴마크, 영국, 핀란드, 오스트리아, 네덜란드, 캐나다, 독일, 벨기에, 프랑스, 호주, 바하마 제도 등 국가 및 지역은 1970년 이전에 이미 공업화를 완성했다. 이스라엘, 이탈리아, 홍콩, 아일랜드, 싱가포르, 대만, 마카오, 스페인, 키프로스, 그리스, 앤티가 바부 다, 포르투갈 등 국가 및 지역은 20세기 말(1970-90년대)에 연속적으로 공업화를 실현했다. 그리고 21세기에 들어 슬로베니아,

---

4 황군혜·곽조선(郭朝先) 등, 『지속 가능한 산업화와 혁신 드라이브(可持续工业化与创新驱动)』, 사회과학문헌출판사, 2017, pp.13-27. 황군혜, <중국 산업화 과정: 단계, 특징 및 전망(中国工业化进程:阶段、特征与前景)>, 『경제와 관리』 2013-7.

5 석유 수출에만 의존하여 1인당 GDP가 1만 달러를 초과하는 일부 중동 국가는 산업 국가로 분류되지 않고 있다.

말레이시아, 트리니다드 토바고, 아르헨티나 등은 공업화 선진국의 1인당 GDP 기준에 연속적으로 도달했다. 이상 35개 국가 및 지역의 총 인구 수는 약 10.3억인 반면 2017년 기준 중국 대륙의 인구 수는 거의 13.9억에 다다른다. 다시 말해, 공업화의 역사를 살펴보았을 때 200년을 거쳐 세계에서 겨우 약 10억 인구가 공업화를 실현되었다. 중국은 13억을 넘은 인구대국으로 공업화를 실현하는 데 인류사회 전체에 있어서 전복적인 역할을 하고 있다. 따라서 중국의 공업화 실현 여부는 한 나라의 번영에 대해 중대한 일일 뿐만 아니라 인류사회 전체의 현대화 진도에 있어서도 결정적인 요소가 된다. 중국의 공업화 실현은 인류사회의 역사를 다시 쓰게 할 것이다.

둘째, 중국의 공업화 실현은 장기적이고 신속하게 촉진해 나갈 것이고 세계에서 이런 신속한 공업화 속도를 유지하는 국가는 매우 드물다.

개혁개방 40년 동안 커다란 혁명적인 변천이 일어났다. 2016년의 중국 경제 총계는 1978년의 32배였다. 1978-2016 년 중국의 연평균 경제 성장률은 9.6%에 이르렀고 1인당 GDP 평균 성장률은 8.5%에 달했다. 2016년 제2차산업의 총 생산량은 1978년의 50배, 1978-2016 년의 제2차산업의 증가 수치는 평균 성장률은 10.9%이었다. 국제 범위에서 보면 후발국은 따라 잡는 과정에서 오랜 시간 동안 급속한 경제 성장을 경험할 것이며 이 기간은 보통 20년 이상이나 지속된다. 제 2 차 세계 대전 이후 경제 성장률이 7%를 초과하고, 25년 이상 계속 성장한 경제체는 중국 대륙 외에도 보츠와나, 브라질, 홍콩, 인도네시아, 일본, 한국, 말레이시아, 몰타, 오만, 싱가포르, 중국 대만 및 태국 총12개가 있다. 그 중 일본은 1951-1971년의 평균 경제 성장 속도는 9.2%, 중국 대만은 1975-1995년의 평균 경제 성장 속도는 8.3%, 한국은 1977-1997년의 평균 경제 성장 속도는 7.6%이었다. 현재까지 이러한 고속 경제 성장률을 40년간 유지하는 나라는 중국이 유일했다. 이러한 기적이 나중에 있을지는 모르겠지만 사상 전례없다는 것을 확인할 수 있다.

셋째, 중국의 공업화 실현은 불균형하고 불충분하며 구체적으로 산업구조의 불균형과 지역간 공업화 수준의 차이가 큼에 나타난다.

중국 산업화에서 큰 성과를 거두었다는 점을 인식하면서도 더 나은 삶에 대한 국민의 요구가 증가하는 것과 달리 중국의 산업화 과정은 여전히 불균형하고 불충분한 개발 문제가 있음을 알아야 한다. 구체적으로 적어도 다음과 같은 측면에서 나타난다. 첫째, 산업화 과정의 지역간 발전이 균형을 이루지 못하고 일부 지역의 산업화 수준이 미흡하다. 계조도 개발 전략과 지역 자원 기부금, 산업 개발 기반의 차이로 인해 중국의 산업화 과정은 지역별로 매우 고르지 않게 이루어졌다. 동부에서 중부를 거쳐 서부까지는 점차 하락의 계조도 차이로 나타난다. 2015년까지 상해, 북경, 천진은 후공업화 단계에 이르고 기타 대부분 동부 지역은 공업화 후기에 위치해있었다. 하지만 중서부의 대부분 지역은 거의 공업화 중기에 위치하고 있다. 둘째, 산업구조가 불균형하고 창조성과 첨단 산업의 발전이 불충분하다. 장기적인 저부가가치 수출을 주도한 공업화 전략으로 인해 중국의 독자적인 혁신 능력이 향상되어야 하는데 이는 중국의 첨단산업 구조가 부족한 이유가 된다. 또 강철, 석유, 건재등 산업의 저수준 생산능력이 과잉하다는 문제가 장기적으로 존재하며 이로 인해 대량의 좀비기업이 존재한다. 또 첨단산업의 발달이 불충분하고 산업 가치 사슬에서 연결고리가 불충분하며 주요 장비, 핵심 부품, 기본 소프트웨어는 수입과 외자 기업에 크게 의존한다는 점이다.

넷째, 중국의 공업화는 외향형 공업화이다. 중국의 공업화 과정은 경제세계화의 배경뿐만 아니라 "일대일로" 이니셔티브의 부름에 따라 미래의 세계화에 점점 더 큰 영향을 미치고 있다.[6]

---

6 황군혜, <(중국의 산업화 과정과 그 세계화에 미치는 영향 中国工业化进程及其对全球

중국의 공업화는 저생산원가적인 수출을 중심으로 한 공업화이며 거의 전 세계 곳곳에 물건도 좋고 값도 싼 중국산 상품을 찾을 수 있다. 수출 중심과 수입 대체 경제는 후진국에서 공업화를 실현하는 데에 자주 쓰이는 발전 전략이고 각각 장단점이 있다. 우선, 수입 대체 전략은 중국에 도입할 때 단점이 많으며 일본과 아시아 4대용 등이 수출 중심으로 발전 전략을 세우고 성공했기 때문에 중국은 점차 수출에서 수입 전략으로 전환되었다. 오랫동안 중국의 인건비는 상대적으로 낮고 위안화 가치는 과소 평가되어 왔는데 이는 중국의 저비용 비교 우위를 구성하고 기업 경쟁력의 주요 원천이 되었으며 중국이 수출 대체 전략을 실행하는 기반이기도 했다. 또한, 중국에서 저비용 수출 위주의 전략의 실행은 국내 자원의 심각한 파괴, 노동 복지 개선에 대한 억제, 많은 무역 마찰 촉발, 국내 소비 확대를 약화함 등과 같이 과소 평가할 수 없는 많은 부정적인 영향을 초래한다. 하지만 중국의 저비용 수출 중심으로 한 공업화 전략은 현저한 성과를 거두었으며 중국 경제의 장기적이고 안정적인 성장 유지에 큰 기여를 하는 동시에 세계 경제 발전에도 기여했다.

중국의 공업화가 점점 나아가면서 공업화 후기에 접어 든 중국 공업화는 중저가치 사슬의 글로벌 분업을 기반으로 한 저가 제품의 수출뿐 아니라 자본, 기술 및 노동력 등 생산요소의 전면적인 국제유통을 통해 세계화에 기여하였다. 즉, "일대일로" 이니셔티브에 따른 국제 협력이라 할 수 있다.

공업의 생산 협력은 중국 공업화 발전이 후기 단계에 이를 때 생긴 새로운 협력 방식이고 세계화의 진도에 큰 영향을 미치고 말 것이다. 이른바 생산능력 협력은 의지와 필요가 있는 두 개 혹은 두개 이상의 국가 또는 지역 간의 역량 자원을 초 국가적 또는 지역 간 할당하는 활동으로 이해될 수 있다. 생산능력 협력의 협력 메커니즘은 일반적으로 정부가 '상호 연결'

化的影响)>, 『중국산업경제』 2017-6.

과 다자 협력 국제 규범에 도달했다는 전제하에 다자 투자 메커니즘을 통한 산업 상호보완성 증진을 바탕으로 한 기업과 프로젝트의 협력으로 나타난다. 현존의 중국과 '일대일로' 인근 나라와의 협력 방식을 보면 협력 프로젝트는 대부분 기초 인프라에 대한 투자이고 국민 생활에 기여를 하기 위한 전략적인 대처였다.

공업화 시각으로 보면 '일대일로'의 발의는 하나의 평화로운 대국의 공업화의 추이가 더 큰 연쇄 효응을 가져다 줌을 나타난다. 초기 이니셔티브에 따라 "일대일로"의 인근 국가는 동남아시아, 중앙 아시아, 중·동유럽에 최소 65개 국가(중국 포함)를 포함하며 약 44억 인구를 커버하여 총 경제 규모는 약 미화 21조 달러다. 인구 및 경제 총량은 각 세계 전체의 63%와 29%를 차지한다. '일대일로'는 중국에서 시작하며 중앙아시아, 동남아시아, 남아시아, 서아시아, 심지어 유럽 일부를 연결하여, 동쪽으로는 동아시아-태평양 경제권, 서쪽으로는 유럽 경제권을 관통시켜 세계에서 가장 긴 경제통로이자 개발 잠재력이 세계에서 가장 뛰어난 경제협력통로이다. "일대일로"인근 65개 나라의 공업화 수준에 대해 연구한 결과, 나라 간 차이는 크다. 전공업화 시기에 처한 나라는 1개, 공업화 초기에 처한 나라는 14개, 공업화 중기에 처한 나라는 16개, 공업화 후기에 처한 나라는 32개, 후 공업화 시기에 처한 나라는 2개밖에 없다. 중국의 공업화 수준보다 높은 나라는 14개, 보다 낮은 나라는 44개이다. 중국은 "일대일로" 인근 나라 중 공업화 수준이 상위에 처한다.[7] 따라서 중국의 공업화 경험은 대다수의 "일대일로" 인근 나라에게 참고할 만한 가치가 있다. "일대일로" 인근 나라는 각각 공업화의 다른 시기에 처하고 경제 발전 수준도 다르며 각각 다른 산업유형을 가지게 된다. 또한 이런 산업 유형은 세 개의 다른 경사

7 황군혜 등, 『일대일로 연선국가의 산업화 과정 보고("一带一路"沿线国家工业化进程报告)』, 사회과학문헌출판사, 2015, pp.14-15.

도가 생긴다. 즉 기술 및 첨단형 산업(공업화 후기에 처한 나라), 자본집약형 산업(공업화 중기에 처한 나라), 노동집약형 산업(공업화 초기에 처한 나라)이다. 중국은 이들 나라와의 산업 협력이 더욱 가능하다고 말할 수 있다. 중국은 역량 협력을 통해 "일대일로" 인근 국가의 산업 업그레이드를 촉진하고 경제 발전과 산업화 수준을 더욱 향상시킬 것이다. 이는 세계 산업화 과정의 발전에 큰 의미가 있다. 중국의 세계화 과정에 대한 중국의 참여가 주로 값 싸고 고품질의 중국산 제품을 제공하는 것으로 드러났다면 "일대일로"의 협력 틀에서 중국도 파트너의 요구에 맞게 통합적 서비스 계획을 세울 수 있다. 이는 중국이 세계화에 미치는 영향이 훨씬 더 크다는 것을 의미한다.

다섯째, 중국이 실현하고자 하는 공업화는 '4개 현대화'에 맞고 정보화된 중국만의 특색을 반영한 신형 공업화이다.

중국이 2020년에 기본적으로 공업화를 실현하든 2030년에 전면적으로 실현하든, 하나는 명확하게 인지하여야 한다. 중국이 실현하는 공업화는 전통적인 공업화가 아니라 정보화시대에 정보화를 중심으로 정보화가 공업화와 깊이 융합한 새로운 공업화라는 것이다. 중국의 공업화는 중국 현대의 국정에 맞고 선진국 '재공업화'의 세계적 공업화 길에 적응한 것이다. 기존 공업화 국가의 공업화 환경과 달리 중국의 신속한 공업화 과정은 세계의 정보화와 합쳐 있다. 공산당의 16차 대회에서 이미 중국이 전통적인 공업화 길과 달리 새로운 공업화 길을 선택해야 한다고 발의한 바 있다. 새로운 공업화길은 바로 정보화가 공업화를 선도하고, 공업화가 정보화를 촉진시키는 동시에 기술적이고 경제적이며 자원소비가 낮고, 환경오염이 적으며, 인적자원의 우세를 충분히 발휘하는 길이다. 18차 대회에서 새로운 공업화, 도시화, 정보화 및 농업 현대화의 '4개 현대화'와 같이 발전하겠다는 의견을 제출했다. 19차 대회에서 중국의 경제발전이 이미 고속화된 것으로, 고품질적인 발전 단계에 위치한다고 판단하여 '4개 현대화'는 더욱더 같이 발전해야 한다고 제안했다. 세계적으로 보면 국제금융위기

후 선진국이 더욱더 제조업과 실체 경제를 중심으로 한 '재공업화' 전략을 중요시해 왔다. '재공업화'란 전략은 그냥 간단하게 제조업의 생산가치를 향상시킨 것이 아니고 현대 정보화 기술과 제조업과 융합시켜 제조 및 서비스 융합으로 더 복잡한 제품을 만든 능력을 향상시키고 소비자의 요구에 맞게 신속하게 상품을 만든다는 것이다. 정부의 적극적인 추진에 따라 제조 정보화와 제조 서비스는 세계 공업화 과정에서 두 가지 중요한 트렌드가 된다. 이러한 'Made in China 2025'의 제안은 세계 공업화 추세에 대응하여 중국이 공업화 실현을 심화하기 위해 제안한 전략이기도 한다.

3
중국 공업화의 경험

철학적인 차원에서 볼 때 중국 공업화의 기본적인 경험은 공성과 개성을 융합시킨 기본적 원리를 따른 데에 있다. 구체적으로 말하면 대국大國의 공업화 진도의 공적인 규칙을 따르면서도 자신만의 국정 배경도 따른 것이다. 개혁개방 이후 중국의 산업화 프로세스의 국정 배경은 주로 일정한 공업기반, 거대한 국내시장, 무한공급이라는 저비용 노동력, 상대적으로 안정적인 환경, 후발우위 등을 구현해 중국의 산업발전과 공업화 추진이라는 '국정 배경우위'를 이루고 있다. 그러나 이런 '국정적 배경우위'가 산업화를 필연히 성공적으로 이끄는 것이 아니고, 산업화의 공통 분모를 바탕으로 한 과학적인 공업화 전략과 산업 발전 정책이 필요하다. 이런 전략 포인트와 산업발전 정책 체계도 중국 산업화의 중요한 경험으로 꼽힌

다.[8]

첫째, 개혁 발전과 안정의 관계를 올바르게 처리하고, '온중구진安中求進' 은 산업의 지속적 성장과 공업화의 지속적 심화를 보장한다. 하나의 대국이 개발도상국에서 선진국으로 발전하는 현대화 과정은 공업화가 반드시 거쳐야 하는 길이다. 산업화가 시작되면 전쟁이나 위기, 사회불안 등 여러 이유로 이 과정이 중단되지 않도록 해야 이 나라나 지역이 산업 발전을 보장하고 산업구조를 고급화할 수 있다. 이는 역사적으로 위기나 전란으로 현대화를 중단한 국가가 드물지 않은 것과 함께 세계 산업화 역사가 200여 년이나 됐음에도 불구하고 정작 산업화가 이뤄진 것은 겨우 30여 개국과 지역에 국한된 주요 이유이다. 따라서 사회정치적 환경의 안정은 산업의 지속적 발전과 공업화의 지속적 추진을 위한 기본 전제적 요구사항이다. 중국이 성립된 이후 중국은 한때 문화대혁명으로 인해 공업화 과정이 중단되었다. 개혁개방 이후 이런저런 문제점과 도전에도 불구하고 총체적으로 '점진식' 개혁을 유지하고, '경제건설 중심'의 지도사상을 견지하며, '안정중구진'의 경제개혁 발전사업의 총 기조로서 조화롭고 안정적인 발전환경을 구축하고, 경제운용의 안정성을 바탕으로 개혁구조조정을 심화시킴으로써 중국 산업의 지속적인 성장과 공업화를 발전시키려 노력하고 있다. 현재는 이미 공업화 후기 단계에 있으므로, 산업발전을 추진하여 공업강국을 건설해야 하지만 지역발전격차, 도농격차, 사회분배 불공평, 빈부격차, 환경과 자원규제 등 여러 가지 불균형 문제가 두드러졌다. 이에 위기와 충돌 가능성이 한층 높아짐에 따라 개혁과 안정의 관계를 더욱 잘 관리하고, '온중구진安中求進'이라는 사업 기조를 견지하며, 사회경제의 조화로 지속가능한 발전을 더욱 강조해야 할 것이다.

---

8 황군혜, <개혁개방 40년 이래 중국 산업발전과 산업화 과정(改革开放40年中国产业发展与工业化进程)>, 『중국산업경제』 2018-9.

둘째, 시장과 정부의 관계를 올바로 처리하고, 산업 효율성을 지속적으로 높여 고급화를 추진한다는 점이다. 산업화는 일련의 기간제 생산방식(또는 생산요소 조합 방식)이 저급에서 고급으로 변화하는 돌파적 변화나 변혁 과정으로, 실질적으로는 끊임없는 기술 혁신의 과정으로 산업 혁신을 통한 끊임없는 효율성 제고와 산업 구조의 지속적인 고급화가 핵심이다. '혁신 드라이브'의 관건은 시장과 정부의 관계를 올바로 관리해 자원 배치에 시장이 결정적인 역할을 하면서 정부 역할을 더 잘 할 수 있도록 하는 것이다. 지금까지의 중국 산업 발전과 공업화 추진은 공업화 단계에 기초해 산업 업그레이드의 방향을 잡고, 마음에 드는 산업정책을 지속적으로 제시함으로써 산업정책과 경쟁정책을 효과적으로 조화시킨 덕분이다. 산업화 발전단계에서 산업정책 내용을 동적으로 조정하면서 기술진보를 효과적으로 촉진하고, 산업효율성을 높이며, 산업구조의 고급화를 촉진하였다. 산업 고도화와 공업화가 심화되는 방향으로 볼 때, 중국이 실현한 공업화는 전통적 의미의 공업화가 아니라 정보화 시대에 정보화가 산업화를 유도하고 정보화와 공업화를 깊이 있게 융합한 신형적인 공업화이다. 중국의 공업화는 중국의 공업화 단계에 걸맞게 선진국의 '재공업화'라는 세계 공업화 추세에 발맞춰 현대 정보기술IT과 제조업의 융합, 제조와 서비스의 융합을 통해 복잡한 제품의 제조 능력, 제조업의 개성화 욕구를 빠르게 충족시켜야 한다. '메이드 인 차이나 2025'는 바로 중국이 이러한 세계 산업화 추세에 발맞춰 산업화를 심화시키기 위해 제시한 전략이다.

셋째, 중앙정부와 지방정부의 관계를 올바로 처리하고 산업의 합리적 배치와 지역 조화를 촉진하는 것이다. 중국은 영토가 넓고 인구가 많고, 각지의 자원, 경제 여건, 문화 등 차이가 크다. 따라서 한 강국의 산업발전과 공업화 과정은 정부와 시장의 관계를 바로잡는 전제 하에 중앙정부와 지방정부의 관계를 잘 관리해야 한다는 것은 산업의 합리적 배치와 지역의 조화에서의 필수적인 요구다. 한편, 중앙정부는 지역 전체의 조정 전략을 수립하고 실효성 있는 실행을 보장해야 한다. 지역별 중국 경제의 발전 정도 차이가 매우 커서, 오랫동안 동, 중, 서 3대 지역이 서로 번갈아 발전하는 구조를 형성하였다. 최근 몇 년 동안, 지역 조화 발전을 위하여 서부 대개발, 중부 도약, 경진의 협동발전, 양쯔강 경제벨트의 발전, 동북의 오래된 공업기지 진흥 등, 중대한 지역 발전 전략을 지속적으로 추진하였다. 중앙정부는 전략 실시와 체제 메커니즘 설계를 통해 각 지역의 산업 생산요소 배치를 조정하고, 산업 생산요소의 지역간 효율적이고 합리적인 흐름을 촉진하며, 산업자원의 지역간 불균형, 부조화의 구조적 모순을 해소하고, 산업 생산요소의 공간적 배치 효율을 높임으로써 산업발전 공간을 넓혀야 한다. 한편, 지방정부의 적극성과 창조성도 발휘해야 한다. 중국의 산업발전은 지방정부의 창의성을 중요시하고, 지방정부에 과학적인 지역공업화 모델을 모색하도록 격려하고 있다. 경제체제 개혁에 따라 지방 경제발전의 적극성과 창조성이 자리를 잡았고, 지역별로 자신의 구체적 상황을 결합해 다양한 경제발전 모델을 만들어냈다. 중국은 이미 '주강 삼각주 모델' '소남 모델' '온주 모델' 등 뚜렷한 지역적 특성과 시대적 특징을 지닌 경제발전 모델을 만들어 가동 조건과 주체, 자본 형성 면에서 모두 다르지만 현지 산업화를 촉진해 공업화 수준이 높은 공업화 지역으로 거듭남으로써 전국의 공업화 과정에 큰 도움을 주었다. 각지의 산업화 추진에서 공업단지는 현대화된 산업 분업 협력 생산 구역으로서 경제기술개발구역, 첨단기술산업개발구역, 보세구역, 수출가공구역 등을 갖추고 있다. 공단은 생산요소의 집합을 정책적으로 유도하고 집약수준을 높여 산업특성을 부각시키며 산업구도를 최적화함으로써 경제발전방식을 전환하고 산업화를 추진하는 데 중요한 의미를 갖는다.

넷째, 시장화와 공업화의 관계를 정확하게 처리하고, 전면적으로 지속되는 산업 발전의 동력 메커니즘을 육성하는 것이다. 중국은 사회주의 계획체제의 기본적 국정에 기초해 여러 해 동안 이론적 탐구를 거쳐 중국 특색적인 사회주의 시장경제 이론 체계를 형성하여, 흔들림 없이 공유경제를 공고히 발전시키고, 지속적으로 장려하며, 비공유경제의 발전을 저지하고 인도해 왔다. 이후 중국은 시장화 개혁의 방향을 견지하며, 중국 산업 발전에 다원적인 전면 조정에 대한 동력 메커니즘을 제공했다. 시장화 개혁의 제도적 혁신을 통해 국내에 풍부하고 강력한 동력원을 육성했다. 이는 시장화 개혁에 의해 각종 자원, 요소, 조직력에 대한 전통적인 계획체제의 속박이 느슨해지고, 구체적으로는 낡은 체제하에서 오랫동안 억압과 통제의 에너지가 살아나 비국가적 시스템의 자원, 요소들이 충분히 방출될 뿐만 아니라, 전통적인 국유 시스템 자체의 재고자원, 기존 조직제도의 자원이 전면적으로 동원되고 있음을 나타낸다. '두 개의 흔들림 없이', 즉 2002년 중국공산당 제16차 전국대표대회 보고서의 주 목표인 '공유제 경제의 견고한 발전', '공유제 경제 발전의 장려 및 지지'를 통해 국유기업 개혁 심화를 통한 공기업 시장 진출은 물론, 시장에서 성장한 개개의 민간기업, 개방을 통한 외자기업 등이 대거 육성됐다. 공유경제, 특히 국유기업은 시장의 결함을 보완하고 국민의 공동 이익을 보장하며, 중국이 후발국으로서 일부 중대 전략 분야에서 추월하는 등 국가발전의 중대 전략과 국가경제와 민생의 중대한 사업을 수행하는 데 중요한 역할을 하였다. 반면, 개인, 사영, 외자 등 비非공유제 경제는 다층적인 시장의 요구를 충족시키고, 공급의 질을 높이고, 생산력의 균형 발전을 촉진하는 등 독특한 이점을 가지고 있으며, 중국 산업 발전의 다원적 하이브리드 이점을 형성하여 중국 산업의 빠른 발전을 촉진시켰다.

다섯째, 세계화와 공업화의 관계를 명확히 하고, 전면적으로 개방하고 발전시키는 현대화된 산업 체계를 형성한다. 40년의 대외개방을 통해 특구 설치부터 연해 14개 도시 개방, WTO 개장에 이르기까지 중국의 시장개방과 동시에 막대한 외자를 유치해 선진기술과 관리지식을 도입하고 해외시장 자원을 활용해 수출을 통해 중국의 산업발전과 사업화를 촉진했다. 현재 세계의 산업발전은 전 세계의 가치사슬이 주도하는 시대에 있다. 산업혁명이 기계대생산을 시작한 이래 국제분업은 공업완제품과 농광업의 전통산업 간 분업을 거쳐 공업 내 각 산업별 제품부문에서 산업내 분업을 거쳐 동일 제품의 서로 다른 가치사슬의 부가가치의 연결고리로 발전시킨 제품 내 분업이다. 1990년대 이후에는 제품의 모듈화 정도 향상과 정보기술, 교통기술 등의 '공간의 압축'에 의한 거래 효율의 향상과 거래 비용의 하락, 가치사슬에 의한 제품 내 분업이 극대화된 결과, 제조업의 글로벌 가치사슬 분업이 주도적인 국제 분업 형태가 되었다. 더욱이 기술혁명의 가속화로 업태의 혁신과 산업이 융합되고, 특히 신흥공업화 국가들이 글로벌 가치사슬의 '저가치사슬'을 돌파하는 등 글로벌 가치사슬이 점차 다극화하는 새로운 양상을 보이고 있다. 따라서 한 나라의 산업발전은 반드시 대외적으로 개방되어야 하며, 글로벌 가치사슬에 통합되어야 한다. 개혁개방 40년의 경험을 통해 중국 경제가 이룩한 기적은 중국 제조업의 대외 개방 덕분임을 알 수 있다. 그 결과, 2017년을 기준으로 제조업은 31개 대분류, 179개 중분류, 609개 소분류 가운데 외국인에게 완전히 개방된 것은 22개 대분류, 167개 중분류와 585개 소분류가 각각 71%, 93.3%, 96.1%였다. 중국은 대외개방 과정에서 자체 시장화를 가속화하면서 자체의 전면적인 성장 동력을 키웠고, 제조업의 글로벌 가치사슬 분업 협력의 상생 추세에 편승해 세계 제조업 발전과 글로벌 경제 성장에 크게 기여했다.

여섯째, 도시화와 공업화의 관계를 올바르게 처리하고 산업과 인구집합의 효율성 향상과 사회와의 조화를 촉진하는 것이다. 한 국가의 경제 현대화 과정은 공업화와 도시화가 상호 작용하여 발전하는 과정이다. 공업은 도시화에 경제적인 토대를 제공해 주고, 도시화는 공업화에 양질의 요소와 광대한 수요시장을 제공해 준다. 산업화와 도시화의 역사에서 진전된 상호 관계를 보면, 산업화 초기에는 주로 공업화가 진행되었지만, 산업화 중후기에는 도시화가 가속화되어 공업화의 추진을 견인하였다. 중국의 산업화는 전체적으로 이 같은 공업화와 도시화의 발전 규칙에 부합해 오랫동안 급속한 공업화를 추진하는 데 성공했지만 전체적으로는 산업화에 뒤졌다. 2000년대에 들어 중국이 산업화 중후반에 접어들면서 도시화가 가속화되면서 산업화에 대한 수요를 견인하는 효과가 뚜렷해졌다. 산업화와 도시화 관계를 다루는 과정에서 특히 두 가지 점에 유의해야 한다. 하나는 도시화가 실물 경제와 괴리되지 않도록 질을 높이고, 부동산이 투기 대상이 되지 않도록 하며, 실물 경제로의 전환에 대한 수요를 유도하는 역할을 제대로 해야 한다는 것이다. 또 하나는 서비스 산업의 효율성을 지속적으로 높이고 서비스 산업의 구조적 업그레이드를 촉진해야 한다. 도시화는 서비스업이 경제를 운용함에 있어서 주도적인 부문으로 성장하는 데 필수적인 요건이며, 도시화 인구 밀집으로 인한 수요 밀도 경제는 노동생산성 향상에 의존하지 않고 경제성장을 촉진할 수 있지만, 도시화가 반드시 서비스산업의 효율성과 구조적 업그레이드를 촉진하는 것은 아니며, 과학적인 도시화 전략과 높은 수준의 도시 관리가 서비스산업의 효율성 향상에 매우 중요하다. 의료, 교육, 노후 등 사회 민생이 걸린 서비스 산업의 질과 효율이 높아져야 하는 현 시점에서 중국의 도시화 수준이 아직 높지 않다는 점이 반영됐다. 또 산업화 후기 산업구조 고도화와 산업화 심화에는 질 높은 생산적 서비스업 발전지원이 필요하고, 도시화의 질적 향상과 서비스업 효율성 제고와 서비스업 구조의 업그레이드를 촉진하는 것은 산업화를 심화시키기 위한 불가피한 요구다.

제3장

중국 제조의 발전 상황

개혁개방의 40년이 역사의 흐름에서 그리 긴 시간은 아니지만, 중국의 제조업은 '상전벽해'와 같은 격변을 겪게 된 시기였다. 이는 세계 제1의 제조대국으로 성장한 총량의 변화뿐 아니라 구조의 빠른 변화로도 나타나고 있다. 산업구조를 보면 중국 제조업은 노동집약형에서 자금집약형, 나아가 기술집약형으로 전환되고 업그레이드되는 산업의 변화 과정을 거쳤다. 지역 구조를 보면, 중국 제조업은 계획 경제 시기의 "3선 건설"이 주도하는 구도를 변화시켰고, 전체적으로 동, 중, 서 경도 배치 특징을 보유하고 있다. 소유제 구조로 볼 때, 중국 제조업은 국유경제의 "일통천하"에서 국유, 민영, 외자의 "3분천하"로 발전했다. 또한, 산업 조직 형태로 보면 중국 제조업은 전체적으로 그 수가 적고 소규모 형태의 기업이 존재하는 상태에서 대규모 업체와 대량의 중소기업이 존재하는 형태로 발전 및 전환되었다.

1
전반적 상황

국가통계국에 따르면 2017년까지 중국의 산업 부가가치는 279,997억 위안으로 비교 가능한 가치로 계산하자면 1978년에 비해 53배나 증가해 연평균 성장률은 10.8%를 기록하였다. 2017년에 산업 기업의 총 자산은 112조 위안으로 1978년에 비해 247배나 증가했으며 총 이윤은 7조 5천억 위안으로 1978년에 비해 125배나 증가했다. 이러한 공업의 급속한 발전에 따라 중국의 제조업이 세계에서 차지하는 비중이 지속적으로 확대되고 있다. 1990년 기준 중국 제조업이 전 세계에서 차지하는 비중은 2.7% 로 세계 9위였다. 2000년에는 6.0% 로 상승하여 세계 4위를 차지했다. 2007년에는 13.2% 로 세계 2위를 차지했으며, 2010년에는 19.8% 로 더 높아져 세계 1위로 올라섰고, 해당 시점 이래로 수년째 세계 1위를 지켜 왔다. 이와 더불어 중국 제조업 수출이 전 세계 제조업 수출에서 차지하는 비중은 1978년 3.28%에서 2017년 17.20%로 급성장했다.[1] 세계은행 데이터베이스에 따르면 1978년 중국 제조업의 증가치는 599억 6900만 달러(현가 달러) 였고, 그 후 11.06% 의 연평균 성장률로 2017년 35909억 7800만 달러(현가 달러) 로 지속적으로 증가하여 1978년 제조업 규모의 59.88배에 달하였다.[2]

---

1 <개혁개방 40년 경제사회발전 성과 시리즈 6: 개혁개방은 산업의 영광을 쟁취하며, 혁신과 변혁은 제조대국으로 변모한다(改革开放铸就工业辉煌 创新转型做强制造大国——改革开放40年经济社会发展成就系列报告之六)>, 2018.9.4. 국가통계국사이트(http://www. stats. gov.cn/ztjc/ztfx/ggkf40n/201809/t20180904_1620676.html)

2 중국사회과학원 산업경제연구소, 『중국산업발전보고(中国工业发展报告)(2018)』, 경제관리출판사, 2018, p.21에서 인용.

세계 제1의 제조업 대국으로서 중국이 제조한 제품의 생산량은 거대하다. 표3-1은 2017년 중국 제조업의 주요 제품의 생산량과 그 성장 속도(전년보다 증가) 를 나타낸다. 표에서 열거된 다수의 제품, 예를 들면 자동차, 석탄, 조강, 시멘트 등 주요 제품의 생산량은 이미 세계 1위였다.

표 3-1 2017년 중국 제조업 주요 제품의 생산량과 성장 속도

제품 명칭	단위	생산량	전년 대비 증가(%)
사	만 톤	4050.0	8.5
천	억 미터	868.1	-4.3
화학 섬유	만 톤	4919.6	0.7
완제품 설탕	만 톤	1470.6	1.9
담배	억 지	23448.3	-1.6
컬러텔레비전	만 대	15932.6	1.0
그중: LCD TV	만 대	15755.9	0.3
가정용 냉장고	만 대	8548.4	0.8
방 공기 조절기	만 대	17861.5	24.5
1차 에너지 총생산량	억톤표준탄	35.9	3.6
원탄	억 톤	35.2	3.3
원유	만 톤	19150.6	-4.1
천연 가스	억 입방미터	1480.3	8.2
발전량	억 킬로와트시	64951.4	5.9
그 중: 화력 발전	억 킬로와트시	46627.4	5.1
수력발전	억 킬로와트시	11898.4	0.5
원자력 발전	억 킬로와트시	2480.7	16.3
조강	만 톤	83172.8	3.0

강재	만 톤	104958.8	0.1
열 가지 유색 금속	만 톤	5501.0	2.9
그 중 : 정련동(전해동)	만 톤	897.0	6.3
원알루미늄(전해알루미늄)	만 톤	3329.0	2.0
시멘트	억 톤	23.4	-3.1
황산(100%)	만 톤	9212.9	0.9
가성 소다(100%)	만 톤	3365.2	5.1
에틸렌	만 톤	1821.8	2.3
비료(100%)	만 톤	6184.3	-6.7
발전기세트(발전설비)	만 킬로와트	11830.4	-9.8
자동차	만 대	2901.8	3.2
이 중 : 기본형 승용차(승용차)	만 대	1194.5	-1.4
스포츠유틸리티차량(SUV)	만 대	1004.7	9.9
중대형 트랙터	만 대	41.8	-32.4
집적 회로	억 조각	1564.6	18.7
프로그램 제어 교환기	만선	1240.8	-14.9
이동통신 핸드폰	만 대	188982.4	2.2
마이크로 컴퓨터 설비	만 대	30678.4	5.8

출처: 《중화인민공화국 2017년 국민경제사회발전통계공보》, 2018년 2월 28일, 국가통계청 홈페이지(http://wwwstats.gov.cn/tjsj/zxfb/201802/t20180228_1585631.html).

중국 제조업의 발전은 총량의 변화뿐만 아니라 노동생산성도 끊임없이 향상되고 있다. 1978년 중국 제조업의 노동생산성은 2972.21달러/인(현가 달러)에 불과했지만 2017년에는 24,711.56달러/인(현가 달러) 에 달했고 연평균 성장률은 5.58%였다. 제조업 혁신으로 볼 때 개혁개방 이래 중국은 고온초전도, 나노재료, 슈퍼잡종벼, 고성능 컴퓨터 등 일부 주요 분야에서 중요한 돌파를 이룩했다. 최근 몇 년간 유인우주비행, 달탐사프로젝트, 양자과학, 심해탐사, 슈퍼컴퓨팅, 위성항법 등 전략적 첨단기술 분야에서 중대한 독창적인 성과를 거두었고, C919대형여객기가 생산됐고, 첫 국산항공모함을 진수했으며 고속철, 원자력발전, 특고압송변전 등 첨단장비가 세계로 향해 진출했다. 2017년 중국의 발명특허 출원 건수는 138만2000건으로 7년 연속 세계 1위를 차지했으며 과학기술 진보 기여율은 57.5%로 높아졌다.[3]

1978년 중국 단위 제조업 부가가치의 세계 발명 특허 승인 건수는 0.58건/억 달러(현가 달러)였으나 2017년에는 6.67건/억 달러(현가 달러)로 11.5배 증가했다.[4]

중국 제조업의 전반적인 발전 상황은 총량과 종류 지표, 유효 수익과 품질 지표 면에서 개혁개방 초기와 비교할 때 천지개벽의 변화를 겪었지만 중국 제조업의 발전 품질은 세계 제조 강국과 비교했을 때 여전히 큰 격차가 있으며 표 3-2는 이 점을 충분히 반영하였다. 전반적으로 중국 제조업 발전 상황은 '크지만 강하지 못함'이라는 중국만의 특징이 두드러진다.

---

3 <개혁개방 40년 경제사회발전 성과 시리즈 1: 파란만장한 40년, 민족 부흥의 신편(波澜壮阔四十载 民族复兴展新篇——改革开放40年经济社会发展成就系列报告之一)>, 2018.8.27. 국가통계국사이트(http://www. stats. gov.cn/ztic/ztfx/ggkf40n/201808/t20180827_1619235. html)

4 중국사회과학원 산업경제연구소, <중국 산업 발전 보고서(中国工业发展报告)(2018)>, 경제관리출판사, 2018, p.22.

표 3-2 2017년 중국과 미국, 일본, 독일, 한국의 제조업 발전 주요 지표 비교

제조업 발전 주요 지표	중국	미국	일본	독일	한국
제조업 노동 생산성(달러/인, 현가 달러)	24711.56	141676.53	78895.00	90796.81	83847.76
첨단 제품 무역경쟁 우위지수	0.07	0.67	0.82	0.88	0.59
단위제조업 부가가치의 글로벌 발명특허 라이선스량(건/억달러, 현가 달러)	6.67	15.08	12.96	6.02	5.99
제조업 R&D 투자 강도	1.98	2.58	3.36	3.05	3.67
제조업 단위 에너지 이용 효율(달러/kg 석유당량, 현가 달러)	5.99	8.83	11.97	12.56	7.89

출처: 중국사회과학원 공업경제연구소: 《중국 공업 발전 보고서(2018)》, 경제관리출판사, 2018년판, 24페이지.

2

산업 구조

중국 제조업의 산업 구조 발전은 전체적으로 산업 고급화 추세에 부합되고 개혁개방 이후 노동집약형 주도에서 자금집약형 주도로, 자금집약형 주도에서 기술집약형 주도로의 전환 과정을 거쳤다. 표 3-3은 중국 내 주요 제조업의 자산 분포를 보여주고 있는데, 1993년에 중국의 방직업의 자산은 비교적 큰 비중을 차지하여 이들 주요 제조업 자산의 11%를 차지하였음을 알수 있다. 그러나 2017년 기준으로 방직업 자산 비중은 3.26%로

하락했으며, 업종 분류를 고려해 방직의류 제조업을 포함하더라도 약 6%이나 하락했다. 또한 흑색 금속 제련 및 압연 가공 산업, 가죽, 모피, 깃털(융모) 및 그 제품 산업, 제지 및 종이 제품 산업, 화학 섬유 제조업 및 기타 산업이 크게 감소했다. 통신장비, 컴퓨터 및 기타 전자 장비 제조업의 비중은 1993년 5%에서 2017년 12.62%로 7.62%p 증가해 중국 제조업 산업구조에서 첨단기술 집약적 제조업의 급속한 상승세를 보여줬다.

표 3-3 중국 제조업 주요 업종별 자산 분포(1993년과 2017년 비교)

업종	2017년		1993년	
	자산(억 위안)	비율(%)	자산(억 위안)	비율(%)
식품제조업	15510.33	2.20	686.79	2
음료제조업	17053.27	2.42	1053.17	3
담배제품업	10520.73	1.49	757.12	2
방직업	22912.49	3.26	3524.51	11
방직, 의류, 신발, 모자 제조업	12823.52	1.82		
가죽, 모피, 깃털(융) 및 그 제품업	6978.99	0.99	493.71	2
목재 가공 및 목·죽·등나무·종려·초제품업	6059.18	0.86	283.65	1
가구제조업	5737.45	0.82	148.80	0
제지 및 종이제품업	14636.83	2.08	811.10	3
인쇄업과 기록매체의 복제	5890.54	0.84	368.78	1
문교체육용품제조업	8826.02	1.25	196.32	1
석유 가공, 코크스 및 핵연료 가공공업	28254.80	4.01	1006.12	3
화학원료 및 화학제품 제조업	76461.87	10.86	3020.90	10
의약제조업	30779.92	4.37	843.97	3
화학섬유제조업	7473.53	1.06	736.89	2

비금속광물제품업	51694.49	7.35	2541.13	8
흑색 금속제련 및 압연가공업	64252.12	9.13	4209.98	14
비철금속제련 및 압연가공업	40798.54	5.80	1015.29	3
금속제품업	26898.52	3.82	1140.54	4
일반용 설비 제조업	42431.84	6.03	2335.74	8
전용 설비제조업	39826.82	5.66	1742.93	6
전기 기계 및 기자재 제조업	66878.24	9.50	1867.57	6
통신장비, 컴퓨터 및 기타 전자기기 제조업	88837.09	12.62	1550.60	5
계기 및 문화, 사무용 기계 제조업	9846.22	1.40	487.89	2
폐자원과 폐자재 재활용 가공업	2382.06	0.34		
자산 합계	703765.41	100.00	30823.50	100

자료출처: 국가통계국 데이터베이스에 근거하여 계산함.

표 3-3은 또한 중국 제조업 자산의 주요 산업 분포를 반영하고 있다. 제조업 자산은 주로 통신 장비, 컴퓨터 및 기타 전자 장비 제조업, 화학 원료 및 화학 제품 제조업, 전기 기계 및 기자재 제조업, 흑색 금속 제련 및 압연 가공 산업, 비금속 광물 제품 산업, 범용 장비 제조업 등에 분포하며 이러한 업종은 제조업 주요 업종 자산의 절반 이상을 차지한다. 이런 분포는 중국의 제조업이 자금집약적 산업에서 기술집약적 산업으로 전환되는 단계에 있음을 반영하고 있다. 최근 몇 년 동안 중국은 제조업의 공급측 구조개혁을 적극 추진하여 한편으로는 무효공급을 대대적으로 타파하고 신기술, 신공예, 신설비, 신소재의 응용을 통해 전통적인 동력에너지를 대대적으로 향상시켰다. 2016년, 2017년의 2년 동안 철강 생산능력 1억 2천만 톤, 석탄 생산능력 5억 톤을 해소하고, 1억 4천만 톤의 "지조강"을 전면적으로 단속하여 건설 중단, 건설 유예 석탄 및 전기 생산능력 6,500만키로

와트 이상을 도태시켰다. 2013년부터 2016년까지 제조업의 기술개조투자는 연평균 14.3%로 증가하였다. 2017년 기술혁신 투자는 16.3%나 증가했고, 증가율은 제조업 투자보다 11.2%로 높았으며, 전체 제조업 투자에서 차지하는 비중은 48.5%로 전년 대비 4.6%나 증가했다. 한편, 전략적 신흥산업을 적극적으로 발전시킨 결과 중국의 전략적 신흥산업의 성장속도는 줄곧 비교적 높았다. 한편, 2015년부터 2017년까지 공업의 전략적 신흥산업 부가가치는 전년 대비 각각 10.0%, 10.5%, 11.0%로 증가하여 성장속도가 규모 이상 공업보다 각각 3.9%, 4.5%, 4.4%로 높았다. 2017년 첨단기술 제조업과 장비 제조업의 부가가치는 전년대비 각각 13.4%, 11.3%로 증가해 기준 규모 이상 공업의 부가가치보다 각각 6.8%, 4.7%로 증가하였고, 기준 규모 이상 공업의 부가가치에서 차지하는 비중은 각각 12.7%와 32.7%에 달했다. 이는 2012년에 비해 첨단기술 제조업과 장비 제조업 비중 기준 각각 3.3%, 4.5%로 상승한 결과이다. 특히, 하이테크 제조업의 주요 대표 제품의 성장이 강세하여 2017년 광전자 디바이스 생산량은 11,771억 개로 전년 대비 16.9%나 증가했으며, 2017년 신에너지 자동차 생산량은 69만 대에 달하여 3년 연속 세계 1위를 차지했다. 2017년에 민간 드론, 산업용 로봇 생산량은 각각 290만 대와 13만대(세트)에 달했으며, 태양광 산업 체인의 각 단계별 생산규모는 모두 전 세계 50%를 넘었다.[5] 공급측 구조개혁을 통해 제조업의 구조가 점차 고도화되고 있지만 중화학공업의 비중은 상대적으로 높으며 특히 2017년까지 6대 에너지 소비 업종인 화학원료 및 화학제품 제조업, 비금속 광물제품업, 흑색 금속제련, 압연가공업, 비철금속제련 및 압연가공업, 석유가공 코크스 및 핵연료가공업,

5 <개혁개방 40년 경제사회발전 성과 시리즈 6: 개혁개방은 산업의 영광을 쟁취하며, 혁신과 변혁은 제조대국으로 변모한다(改革开放铸就工业辉煌 创新转型做强制造大国——改革开放40年经济社会发展成就系列报告之六)>, 2018.9.4. 국가통계국사이트(http://www.stats.gov.cn/ztic/ztfx/ggkf40n/201809/t20180904_1620676.html)

전력열력의 생산, 공급업은 그 부가가치가 규모 이상의 공업 부가가치를 차지하는 비중이 29.7%에 달해 전통산업의 최적화 업그레이드와 산업구조는 여전히 중·고급으로 가야할 길이 멀다고 할 수 있다.

3
구역 배치

중국 제조업의 구역 배치는 복잡한 발전 과정을 거쳤다. 중국 제조업의 지역 분포의 기초는 제1차 5개년 계획의 156개 핵심 프로젝트 건설에서 비롯되었다고 해야 할 것이다. 자원의 원산지에 대한 접근, 이전 중국의 연해도시에 집중된 기형적인 분포의 변화, 국가안전과 경제안전의 수요 등 기본원칙에서 출발하였다. 실제 시공 중인 150개 중점 프로젝트 중 44개 국방 공업 프로젝트가 중서부 지역에 35개(21개는 사천·섬서 두 성에 있음), 106개 민용 프로젝트는 동북지역에 50개, 중부지역에 32개로 전체의 84%를 차지하고 있다.[6] 개혁 개방 이후 중국은 동부가 먼저 발전하고 전체 경제 성장을 주요 내용으로 하는 지역 경제의 불균형 발전을 추진하면서 산업발전의 중심이 점차 동부로 기울었다. 1980년 8월 26일, 광동성 심천, 주해, 산두, 푸젠성 샤먼에 경제특구를 설립하는 것을 허락받았고, 제7차 5개년계획(1986-1990) 에는 동부, 중부, 서부 3대 경제벨트의 순차에 따

6 마천산(马泉山), 『중국 산업화의 초기 전쟁: 신중국 산업화 회망록(中国工业化的初战——新中国工业化回望录)(1949-1957)』, 중국사회과학출판사, 2015, pp.286-287.

라 지역경제발전을 추진하는 전략적 구상을 명확히 제시하였다. 1995년 9월, 중공중앙은 '지역경제의 조화로운 발전을 견지하고 지역 격차를 점차적으로 축소'하는 것을 향후 15년 동안 반드시 관철해야 할 중요한 방침을 내세우면서 서부대개발, 중부의 도약, 동북 노동공업기지의 진흥 등 중대한 전략 조치를 실시하기 시작하고 지속적으로 추진하였다. 18차 당대회와 19차 당대회에서 지역간의 균형발전을 한층 더 추진하여 징진지京津冀 협동발전, 창장长江 중류 도시군, 새로운 동북 진흥, 장강삼각주 일체화, 광둥廣東-홍콩·마카오 대완구大灣區 등 지역간 균형발전 전략을 실시하기 시작했다. 지역전략이 심화되면서 중국 제조업 분포도 변화하고 있다.

비록 최근 몇 년간 줄곧 서부 대개발, 동북 노공업기지 진흥 및 중부 도약 전략을 통해 지역의 조화로운 발전을 촉진해 왔지만, "12차 5개년 계획"이 끝날 때까지 동부지역 제조업은 여전히 전국의 "반쪽 강산"을 기본적으로 차지하고 있다. 그림 3-1은 '12차 5개년 계획'기간 중국 동부, 서부, 중부, 동북 지역의 공업 부가가치 비중이 전국 공업 증가액에서 차지하는 상황을 보여주고 있다. 여기서 보듯이 동부 지역의 공업 부가가치 비중은 2012년의 50.4%에서 2016년의 52.6%로 상승한 반면,[7] 동북지역의 공업 부가가치 비중은 9.0%에서 6.8%로 하락했다. 중부지역의 비률은 약간 상승하고 서부지역은 약간 내려갔다. 이는 동부와 중서부의 격차가 계속 확대되고 특히 동북 지역의 공업 비중이 가일층 하락되었음을 보여준다. 실제로 투자 상황도 이런 추세를 반영하고 있다. "12차 5개년 계획" 기간, 즉 공업화 후기에 접어들면서 동부와 중부 지역의 공업 투자 비중은 지속적으로 상승했고, 서부 지역의 공업 투자 비중은 약간 하락했으며, 동북 지역의 공업 투자 비중은 대폭 하락했다. 2차산업 고정자산투자가 전국 2차

7 제조업 데이터를 얻기 어려운 경우 이 책은 제조업 데이터를 대략적으로 대체하고 지역 분포의 일부를 산업 데이터로 대체하였다.

산업 고정자산투자에서 차지하는 비율을 보면, 2012년 동부지역이 39.1%로 가장 높았고 이어서 중부지역, 다시 서부지역, 동북지역이 가장 낮았으며 동부는 중부, 서부, 동북지역보다 각각 12.9%, 16.5%, 27.1%나 높았다(그림 3-2 참조). 세부적으로 살펴보면, 12차 5개년 계획" 기간, 동부와 중부지역의 비율은 지속적으로 높아져 각각 4.8%와 3.2%로 상승했다. 서부지역의 비률은 먼저 상승했다가 하락하다가 최종적으로 1.6%로 하락하였다. 동북지역의 비율은 부단히 낮아져 최종적으로 6.3%로 하락했다.

성 지역을 기준으로 보면, 제조업의 큰 성의 제1방진에 위치한 성은 주로 강소, 산동, 광동이다. 공업자산으로 볼 때 이 3개 성의 2016년 공업자산은 각각 114,536억 3,200만원, 105,046억 3,200만원, 105,604억 1,700만원으로 전국에서 차지하는 비율이 모두 10% 를 초과했으며(그림 3-3 참조), 총합은 30% 를 초과했다. 이런 성들은 모두 동부지역에 속한다. 제2방진에 위치한 성에는 절강, 하남, 상해, 북경, 하북, 사천 등 6개 성급 구역이 포함되는데 전국에서 차지하는 비율은 모두 5% 좌우이다. 이 6개 구역이 차지하는 비율은 전체적으로 30%를 좌우하며, 제1과 제2방진의 9개 성급 구역의 공업 전체가 차지하는 비율은 전국의 60%를 초과했다. 성급 지역에서도 동부 지역의 우세가 매우 뚜렷함을 알 수 있으며, 그림 3-2의 투자 동향으로 볼 면 동부 지역의 우세는 계속될 것임을 알 수 있다. 전체적으로 중부지방이 부상하고 있지만 동부와는 격차가 큰 편이다. 지역을 균형 발전한다는 측면에서 가장 우려되는 것은 동북지역 제조업의 급속한 추락이다. 비록 세차례의 동북노동공업기지의 진흥을 거쳤지만 중화인민공화국 창건 초기 156개 공업항목의 건설 분포가 가장 많았던 지역은 최근 몇 년간 여전히 날로 쇠퇴해 가고 있다. 전반적으로 동북의 오래된 공업기지의 문제는 산업구조, 체제 메커니즘, 요소공급 등의 문제의 종합으로 볼 수 있으며, 산업구조로 볼 때 중화학공업의 비중이 크고, 과잉투자에 의해 주도되며, 산업집중도가 낮고, '모여도 모아지지 않는' 문제가 있으며, 체제 메커니즘은 민영경제의 비중이 너무 낮고, 국유기업의 체제 메커니즘 개혁이 심화될 필요가 있으며, 혁신능력이 부족하며, 요소공급 측면에서는 인구수 감소, 인구 고령화 추세가 뚜렷하고, 기업관리 차원에서의 인재 공급이 부족하다.[8] 종합적인 원인은 반드시 종합적으로 시책해야 하며 향후 동북지역 제조업의 진흥은 일련의 조치를 함께 추진해야 한다. 또한 서부지역으로 말할 때 동부지역의 산업 이전을 받아들이는 것은 하나의 중요한 발전 경로임에 틀림없다. 이는 바로 중국판 '안진 이론'이 제시한 추세이다. 그러나 동남아시아 지역의 국가 경제가 점차 발전함에 따라 중국 동부 지역의 일부 제조업은 동남아시아로 이전하는 추세를 보이기 시작했으며, 국제판 "안진이론"이 제시한 추세를 나타냄으로써 중국판 "안진이론"에 대한 대체가 나타났으며, 이에 따라 특정 과정에서 서부 지역의 발전에 부정적인 영향을 끼치는 경향이 나타났다.

그림 3-1 2012-2016년 중국 4대 지역 공업 부가가치 비중(%)

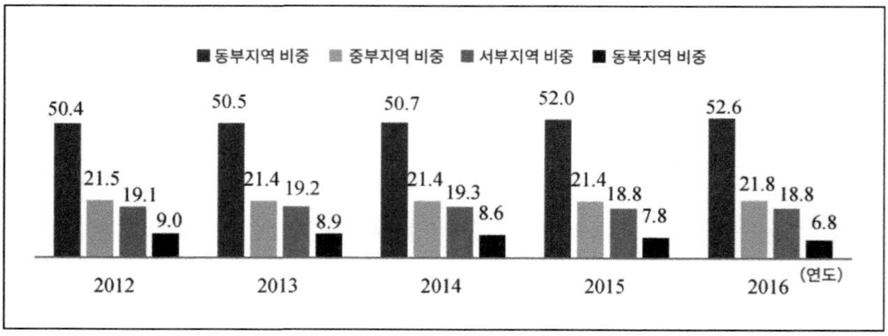

자료출처: 중국사회과학원 공업경제연구소: 《중국 공업발전보고서(2017)》, 경제관리출판사 2017년 판 471쪽.

---

8 황군혜·석영(石颖), <동북지역 산업경제 하방의 원인분석 및 대책건의(东北地区工业经济下行的原因分析及对策建议)>, 『학습과 탐구』 2016-7.

그림 3-2 2012-2016년 중국 4대 지역 2차 산업 고정 자산 투자가 전국을 차지하는 비율(%)

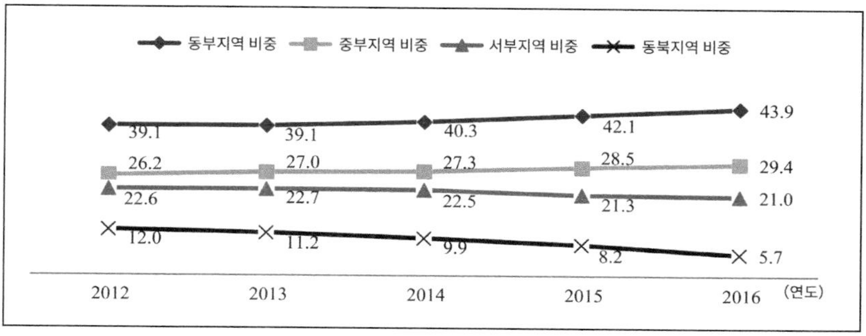

자료출처: 중국사회과학원 공업경제연구소: 《중국 공업발전보고서(2017)》, 경제관리출판사 2017년판 473쪽.

그림 3-3 2016년 중국 각 성급 지역의 공업자산 비중 분포

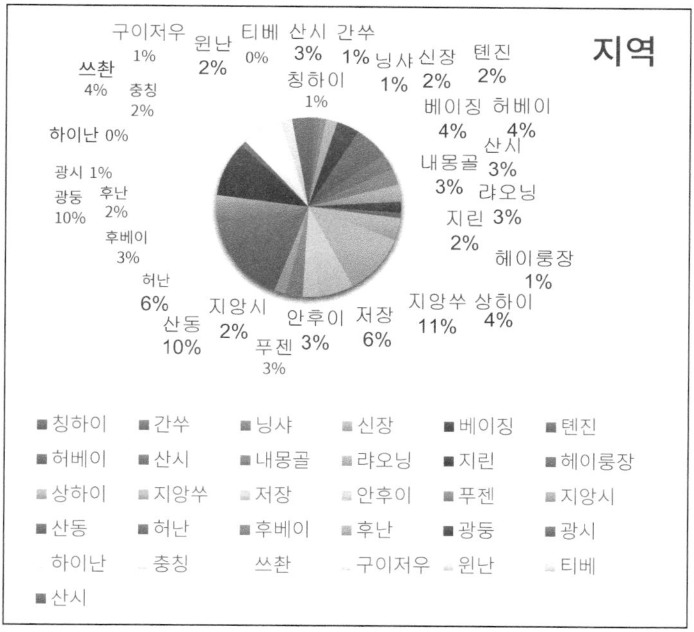

자료출처: 국가통계국 데이터베이스에 근거하여 계산하면 홍콩, 마카오, 대만의 수치는 아직 없음.

4

소유제 구조

중국 제조업의 소유제 구조는 개혁이 심화됨에 따라 격렬한 변화 속에 처해 있으며, 전체적으로 볼 때 최초의 국유기업의 "일통천하"에서 국유, 민영과 외자기업의 "3분 천하"에 이르렀다. 2016년까지 공업기업의 총자산은 국유, 민영, 외자가 각각 38.78%, 34.03%, 27.09%를 차지했으며, 주요 사업소득의 경우 공업기업의 국유, 민영, 외자가 각각 29.41%, 45.61%, 24.98%를 차지했고 이익의 경우 국유, 민영, 외자가 각각 21.21%, 45%, 33.79%를 차지했다.[9] 총 자산은 여전히 국유공업기업이 가장 큰 비중을 차지하지만 주요 사업소득과 이익은 민간 기업이 가장 높고, 외자기업은 약 27%의 자산과 25%의 수입으로 약 34%의 높은 이윤을 얻고 있어 전체적으로 외자와 민영기업이 국유기업보다 높다는 특징을 보인다.

제조업의 분포(표 3-4 참조)에서 전력공업, 기계공업, 금속공업, 석유화학공업은 중국 제조업 내에서도 국유자산이 밀집된 산업이다. 2016년 이들 산업에서 국유자산은 각각 10조3000억 위안, 5조1000억 위안, 4조7000억 위안, 4조6000억 위안이었고, 이들 산업에서 국유자산이 차지하는 비중은 각각 26.1%, 12.9%, 11.8%, 11.6%로 국유자산이 중화학 분야에 집중되어 있음을 알 수 있다. 이러한 분포도 점차 진화하여 식품, 섬유 등 노동집약적 산업에서 국유기업의 비율이 초기 3.6%와 5.0%에서 0.9%와 0.3%로 크게 감소한 반면 전력, 석탄, 석유화학 등 국유기업의 비율은 크게 증가하여 중화

9 유강(刘江), <중국 공업 기업의 소유제 분포 특징(中国工业企业的所有制分布特征)>, 『수도경제무역대학교학보』 2018-6.

학 내 주요 자산의 패턴을 확립하였다. 이것은 국유 경제의 전략적 조정의 필연적인 결과이다. 1996년 이래의 국유기업 개혁은 국유 경제의 전략적 조정과 현대기업제도의 수립 두 가지 중요한 방향에서 추진하는 데 중심을 두었다. 그러나 국유경제의 전략적 조정의 지도 사상은 국유자본을 중요한 전략적 업종에 집중시키는 데에 있다. 공업화 중기 단계에서 전략적 업종은 대부분 중화학공업 업종이다. 물론 미래 발전의 관점에서 볼 때 중화학 분야의 과잉 생산 산업의 상당 부분 국유 자본의 퇴출을 촉진하고 고급 및 신흥 제조업, 공공 서비스, 기타 분야로 전환하는 것이 국유 기업의 전략적 재편의 초점이다. 또한 자연독점적 산업의 국유기업 사업재편을 적극 추진하고, 자연독점적 네트워크 연결에 사업을 더 집중하며, 동시에 국유기업의 전략적 재편을 진행함에 있어 규모의 경제와 경쟁효율을 겸비한 시장구조 형성에 주의를 기울여야 하며, 새로운 독점이 형성되지 않아야 한다.[10] 국유기업의 자산이 중화학공업 업종에 분포되어 있는 것과 달리 민영자본의 제조업에서의 분포는 주로 노동집약형 산업으로서 목재가공과 나무, 대나무, 등나무, 초제품업, 방직업, 가구제조업, 농산물과 부업생산물 가공업, 폐기자원 종합리용업, 금속제품업 등 모두 비중이 큰 업종에 속한다.

"12차 5개년 계획" 기간에 총체적으로 민영기업의 제조업에서의 자산은 끊임없이 증가하였는데 그 중 폐기자원 종합이용업, 전문설비제조업, 농산물과 부업생산물 가공업, 고무와 플라스틱 제품업, 문화교육, 체육과 오락설비 제조업, 인쇄와 기록 매체 복제업 등 업종의 민영기업의 자본 증가폭이 더욱 컸다. 외자 기업의 자산과 수입은 컴퓨터, 통신 및 기타 전자 장비 제조업에서 가장 많이 분포되어 있으며, 이는 해당 산업에서 외자 기업의 절대적인 우위를 반영한다.[11]

---

10 황군혜, <'13차 5개년 계획'시기의 새로운 국유경제의 전략적 조정에 관한 연구("十三五"时期新一轮国有经济战略性调整研究)>, 『베이징교통대학교학보』(사회과학판) 2016-2.

11 유강(刘江), <중국 공업 기업의 소유제 분포 특징(中国工业企业的所有制分布特征)>, 『수도경

표 3-4 1997년 이래 중국 국유기업 자산이 주요 제조업에서 차지하는 비율 변화

단위: %

연도	석유및 석유화학	금속	건재	화학	삼림	식품	연초	방직	의약	기계	전자	전력
1997	8.5	13.2	4.1	10.4	0.8	3.6	2.2	5.0	1.8	16.0	3.5	16.1
1998	9.1	12.8	3.9	10.0	0.7	3.2	2.2	4.5	2.0	16.1	3.7	16.5
1999	11.9	12.6	3.6	8.8	0.6	3.0	2.1	3.8	2.0	14.9	3.5	18.2
2000	14.4	11.6	3.0	7.7	0.5	2.4	2.1	3.5	1.7	13.3	3.7	21.6
2001	12.3	11.9	2.9	7.1	0.5	2.0	2.7	3.2	2.0	13.7	4.0	22.4
2003	12.5	11.6	2.9	6.3	0.2	1.6	3.3	2.3	2.0	11.9	4.0	25.6
2004	13.7	12.7	2.5	5.8	0.2	1.3	2.6	1.7	1.7	11.8	3.4	25.8
2005	14.6	12.6	2.0	5.5	0.1	1.2	2.8	1.4	1.3	11.6	3.2	26.4
2006	15.7	13.5	1.8	5.4	0.1	1.0	2.4	1.1	1.1	11.0	2.6	26.8
2007	16.8	14.2	1.8	4.8	0.1	0.8	3.2	0.8	0.9	10.7	2.2	26.1
2008	15.6	14.9	1.9	4.8	0.1	0.8	3.1	0.6	0.9	10.4	2.1	26.7
2009	16.2	15.0	2.0	4.6	0.1	0.8	3.1	0.5	0.9	9.8	2.3	26.5
2010	15.7	14.7	2.1	4.6	0.1	0.9	2.3	0.4	0.8	10.9	2.4	26.4
2011	14.4	14.2	2.2	4.9	0.0	0.9	2.1	0.3	0.8	11.6	2.2	25.6
2012	13.4	14.0	2.6	5.4	0.1	0.9	1.7	0.4	0.9	10.4	2.2	25.7
2013	13.8	13.8	2.8	5.3	0.0	0.9	1.9	0.3	0.9	11.7	2.2	24.4
2014	13.0	13.1	2.6	5.2	0.0	0.9	2.3	0.3	0.9	12.0	2.5	24.9
2015	11.9	12.4	2.6	5.4	0.0	0.9	2.3	0.3	0.9	12.3	2.8	25.5
2016	11.6	11.8	2.7	5.4	0.1	0.9	2.4	0.3	1.0	12.9	2.9	26.1

참고: 2002년에 원본 데이터가 누락되었음.

자료출처: 중국사회과학원 공업경제연구소: <중국공업발전보고서(2018)>, 경제관리출판사, 2019년판 112쪽.

제무역대학교학보』 2018-6.

소유제 시각에서 제조업 분야의 지역 분포를 더욱 분석할 수 있다. 표 3-5는 공업 분야에서 국유 및 국유지주기업의 지역이 차지하는 비중이다. 이를 통해 알 수 있듯 1998년부터 2016년까지 동부지역 국유기업의 수량, 자산, 판매 수입과 이윤 총액의 비중은 현저히 감소했지만 중, 서부지역은 오히려 상승하는 추세를 보였다. 특히 서부지역은 상승폭이 상대적으로 더 컸고 동북지역은 안정된 가운데 약간 하락했다. 서부의 공업기업을 말하자면, 그 공업기업의 수량이 차지하는 비중은 32.86%에 달하지만, 그 판매수입이 차지하는 비중은 24.74%에 불과하고, 그 이윤 총액이 차지하는 비중은 20.84%에 불과하며, 이는 어느 정도 서부 지역의 국유공업기업의 경쟁력이 비교적 떨어진다는 것을 의미한다.

표 3-5 공업분야에서 국유 및 국유지주기업의 지역 분포 비율

단위: %

연도 / 지역	2016				2008				1998			
	동부	중부	서부	동북	동부	중부	서부	동북	동부	중부	서부	동북
기업 수	37.60	22.15	32.86	7.39	42.93	21.44	26.22	9.41	57.18	20.69	14.53	7.61
자산 총액	41.03	20.13	29.92	8.92	41.89	21.19	25.34	11.57	50.38	17.96	18.06	13.60
판매 수입	44.20	21.69	24.74	9.37	45.71	20.43	20.55	13.31	63.61	14.85	12.35	9.18
이익 총액	62.39	13.92	20.84	2.84	38.25	16.85	28.01	16.89	85.19	7.82	2.71	4.28

출처: 1999- 2017년《중국통계연감》에 근거하여 계산함.

5
산업조직 구조

산업조직의 관점에서 보면 개혁개방 이후 중국 제조업 기업의 수와 규모는 전반적으로 빠르게 확대되고 있다. 표3-6에서 보듯이 공업기업을 보면 1998년에 중국의 대기업은 7,563개, 중기업은 15,850개, 소기업은 141,672개, 호당 자산은 대중소기업이 각각 7.86억 위안, 1.05억 위안, 0.23억 위안이었다. 2017년까지 대규모 공업기업은 9,240개, 중규모 공업기업은 49,614개였지만 소규모 공업기업은 313,875개로 가구당 자산이 각각 57억 8,300만 위안, 5억 3,100만 위안, 1억 300만 위안으로 확대되었다. 수량 비율 변화의 관점에서 보면 대기업의 수는 감소하는 경향을 보인 반면, 중기업은 전반적으로 증가하는 경향을 보였고, 소기업은 85%를 중심으로 변동하였다. 반면, 자산 변화의 관점에서 볼 때 대기업의 가구당 평균 자산 증가율은 중소 기업보다 훨씬 빠르다. 산업 조직 상태의 관점에서 볼 때 중국 공업은 개혁개방 이후 일반적으로 대기업의 규모 확장과 중소 기업 수의 확장의 '이중 확장'인 성장 추세를 보여 주고 있다.

국제 비교 차원에서 중국 대기업의 규모 확장 추세는 매우 뚜렷하다. 〈포춘〉의 '2018년 세계 500대 기업'에 따르면 중국 기업 수는 지난해 115개에서 120개로 늘어 미국보다 6개 차이로 세계 2위 자리를 차지했다. 게시된 중국의 120개 기업 중 본토 기업은 107개로 전년 대비 2개 증가했고 홍콩 4개, 대만 9개였다. '2018년 세계 500대 기업' 중 중미 양국 기업의 영업수입은 각각 전체 기업의 각 22.07%, 29.61%를 차지해 전년보다 중국 기업의 영업수입 비중이 0.8%로 높아진 반면 미국 기업은 0.98%로 하락했다. 중국 본토 기업만 따지면 1999년에 500대 기업에 진입한 중국 본토 기업은 5개였으나 2009년에 34개로 늘었다가 2016년에 98개, 2017년에 105개로 20년도 안 돼 100개나 세계 500대 기업에 밀려났고 신규 기업 수는 세계 500대 기업의 20%를 차지했다.

표 3-6 기업규모에 따른 중국 공업기업의 분포변화(1998-2007)

연도	대기업				중형 기업				소기업			
	기업수(개)	수량비율(%)	기업자산(억위안)	가구당평균자산(억위안/개)	기업수(개)	수량비율(%)	기업자산(억위안)	가구당평균자산(억위안/개)	기업수(개)	수량비율(%)	기업자산(억위안)	가구당평균자산(억위안/개)
1998	7563.00	5	59450.19	7.86	15850.00	10	16645.56	1.05	141672.0	86	32726.11	0.23
1999	7864.00	5	65870.39	8.38	14371.00	9	16273.20	1.13	139798.0	86	34825.31	0.25
2000	7984.00	5	71069.97	8.90	13741.00	8	16239.87	1.18	141161.0	87	38901.41	0.28
2001	8591.00	5	79299.76	9.23	14398.00	8	18072.45	1.26	148269.0	87	38030.27	0.26
2002	8752.00	5	84242.11	9.63	14571.00	8	19274.33	1.32	158234.0	87	42701.34	0.27
2003	1984.00	1	66277.25	33.41	21647.00	11	58854.47	2.72	172591.0	88	43675.98	0.25
2004	2135.00	1	78771.10	36.90	25557.00	9	75407.38	2.95	248782.0	90	61179.99	0.25
2005	2503.00	1	95078.32	37.99	27271.00	10	83738.56	3.07	242061.0	89	65967.36	0.27
2006	2685.00	1	113776.66	42.37	30245.00	10	98633.78	3.26	269031.0	89	78804.07	0.29
2007	2910.00	1	138731.00	47.67	33596.00	10	118284.00	3.52	300262.0	89	96022.00	0.32
2008	3188.00	1	164286.13	51.53	37204.00	9	141042.71	3.79	385721.0	91	125976.71	0.33
2009	3254.00	1	193124.01	59.35	38036.00	9	157956.50	4.15	393074.0	90	142612.35	0.36

2010	3742.00	1	236257.00	63.14	42906.00	9	191194.55	4.46	406224.0	90	165430.34	0.41
2011	9111.00	3	342998.91	37.65	52236.00	16	162942.05	3.12	256319.0	81	165789.51	0.65
2012	9448.00	3	379618.39	40.18	53866.00	16	184741.97	3.43	280455.0	82	204060.83	0.73
2013	9411.00	3	407968.32	43.35	53817.00	15	201140.98	3.74	289318.0	82	241516.54	0.83
2014	9893.00	3	450366.93	45.52	55408.00	15	229069.82	4.13	312587.0	83	277340.46	0.89
2015	9633.00	3	476028.20	49.42	54070.00	14	242810.41	4.49	319445.0	83	304559.51	0.95
2016	9631.00	3	508070.40	52.75	52681.00	14	258989.44	4.92	316287.0	84	318806.10	1.01
2017	9240.00	2	534349.33	57.83	49614.00	13	263386.84	5.31	313875.0	84	324173.40	1.03

출처: Wind 데이터베이스에 의해 계산됨

구체적으로 제조업에 대해 말하자면 2018년에 중국 제조업 기업의 500대 영업수입 총액은 30조 위안을 돌파하여 31조 8,400억 위안에 달했고, 영업수입 진입 문턱은 86억 3,700만 위안, 1인당 영업수입은 255만 6,800 위안이었다. 2018년에 중국 제조업 기업의 500대 자산 총액은 34조 1200억 위안으로 8.91% 증가했다. 2018년 중국 제조업 기업 500대 기업의 순이익은 8,176억 9,300만 위안으로 19.18% 대폭 증가하여 빠른 성장세를 계속 유지하고 있다. 2018년에 중국 제조업 기업 500대 기업 중 완전한 연구개발 투입 데이터를 제공한 484개 기업은 총 6,545억 9,100만 위안의 연구개발 투입을 실현하여 전년보다 19.30% 의 비교적 큰 상승폭을 거두었다. 특허 7만 77,072건, 발명특허 3만2,992건을 보유해 전년보다 각각 35.52%, 68.47%를 증가했다. 2018년에 중국 제조업 500대 기업 차트의 상황을 보면 중화학 산업은 여전히 중요한 역할을 하고 있으며, 표 3-7과 같이 상위 10개 기업은 화웨이 투자 홀딩스를 제외하고 모두 중화학기업이며 제조업 500대 기업 차트의 중금속 기업이 76개를 차지했다. 영업수익에 가장 큰 기여를 한 상위 2개 업종은 중금속과 자동차, 그리고 부품 제조로 제조업 500대 전체 14.42%, 13.56% 의 영업 수익에 기여했다. 이윤에 가장 큰 기여를 한 것은 여전히 이 두 업종이다. 다만 양자 위치 교환으로 31개 자동차 및 부품 제조업체가 차트 기업의 14.70% 의 총 이윤을 창출했고, 76개의 중금속 기업은 차트 기업의 14.14%의 총 이윤을 창출했다.[12]

표 3-7 2018년 중국 제조업 500대 톱10

순서	기업 명칭	영업수익(만원)
1	중국석유화학그룹회사	220,974,455
2	상하이자동차그룹(주) 식유한회사	87,063,943
3	둥펑자동차그룹유한회사	63,053,613
4	화웨이투자지주유한회사	60,362,100
5	중국 5 광물그룹유한회사	49,336,087
6	정웨이국제그룹유한회사	49,179,850
7	베이징자동차그룹유한회사	47,034,067
8	중국 제일자동차그룹유한회사	46,988,810
9	중국병기공업그룹유한회사	43,691,880
10	중국 항공 공업 그룹 유한회사	40,481,588

자료출처: 《2018년 중국 500대 제조업체 공개》, 2018년 9월 27일, 소후닷컴(https://www.sohu.com/a/25651124_100017467).

중국 제조업 기업의 규모는 계속 확장되고 있지만 전 세계 산업 조직 구조의 관점에서 볼 때 일반적으로 주요 제조업은 오랫동안 글로벌 가치 사

12 중국기업연합회·중국기업협회과제팀, <2018년 중국 대기업 발전 동향, 문제 및 제안(2018年中国大企业发展的趋势、问题与建议)>, 2018년 중국 기업가 정상 포럼 데이터, 2018.10.

슬 분업의 중저가 수준에 머물러 있으며 부가가치가 낮다. 예를 들어, 지난 10년 동안 중국의 전기 및 기계 제품의 평균 수출 단가는 kg당 19.75달러에 불과하여 일본의 39.74달러보다 훨씬 낮다. 또 중국의 제조업 22개 업종 중 글로벌 가치사슬의 저가치사슬 상태인 업종이 12개에 이르는 반면 글로벌 가치사슬 중 고가치사슬인 업종은 3개에 불과하다는 실증적 연구도 있다.[13]

---

13 장혜명(张慧明)·채은인(蔡银寅), <중국 제조업이 어떻게 'Low-end Locking'에서 벗어날 수 있을까: 패널 데이터에 기반한 실증 분석(中国制造业如何走出"低端锁定"——基于面板数据的实证分析)>, 『국제경제무역탐구』 2015-1.

제4장

중국 제조의 기회와 도전

중국이 공업화 후기에 들어감에 따라 중국 경제는 성장 둔화, 구조 최적화, 신구 동력에너지 전환이라는 경제의 새로운 상태에 들어서게 되었다. 이 단계의 전환과 겹치면서 세계도 새로운 과학기술혁명과 산업변혁에 직면하고 있으며 새로운 산업혁명이 한창 흥성하고 있다. 이러한 큰 경제 발전과 산업 혁명의 배경에서 중국 제조업이 국민 경제에서의 핵심 역할, 제조업 구조의 최적화, 제조업의 산업 조직 구조와 연구 개발 조직 형태 등 일련의 구조적 특징도 근본적인 변화가 일어나고 있다. 중국 제조업의 진일보한 발전은 새로운 기회와 도전에 직면하고 있다.

1

공업화 후기와 경제 뉴노멀

공업화 후기에 접어들면서 중국 공업화 과정의 특성이 변화하여 고속에서 중고속으로 전환되는 동시에 공업 구조가 지속적으로 최적화되고 업그레이드되고 신구 에너지가 지속적으로 전환되어 경제의 뉴노멀로 나아가고 있다. 2014년 중앙정부는 중국 경제 단계가 경제의 뉴노멀에 진입했다는 판단을 내렸다. 경제 뉴노멀의 주요 특징은 경제 성장 둔화, 구조 최적화, 동능 전환이다. 이 특징은 바로 공업화 후기의 경제 운행 특징이기도 하다.

우선, 공업 성장률에서 볼 때, 중국 공업도 성장률이 둔화되는 경제의 뉴노멀에 들어섰다. 그림 4-1은 개혁개방 이후 중국의 공업경제 성장률을 나타낸 것이다. 전체적으로 1978-1985년, 1986-1992년, 1993-2010년, 2011년부터 지금까지 네 개의 파동 주기로 나눌 수 있다. 최근 주기에서 공업 성장률은 해마다 감소했으며 2010년부터 2017년까지 공업 성장률은 각각 12.6%, 10.9%, 8.1%, 7.7%, 7.0%, 6%, 6% 및 6.4%였다. 중국의 공업 성장률은 20년 동안 두 자릿수 성장을 유지하다가 2012년에 8.1%로 떨어졌고, 이후 5년 동안 6~8%에 머물렀으며, 2012년 이후 공업 기하 평균 성장률도 6.03%로 변동이 적었는데, 이는 중국의 공업 성장률이 고속 성장에서 중고속 성장으로 전환되었음을 의미한다.

그림 4-1 전체 공업부가가치 규모와 성장속도 (1978-2017년)

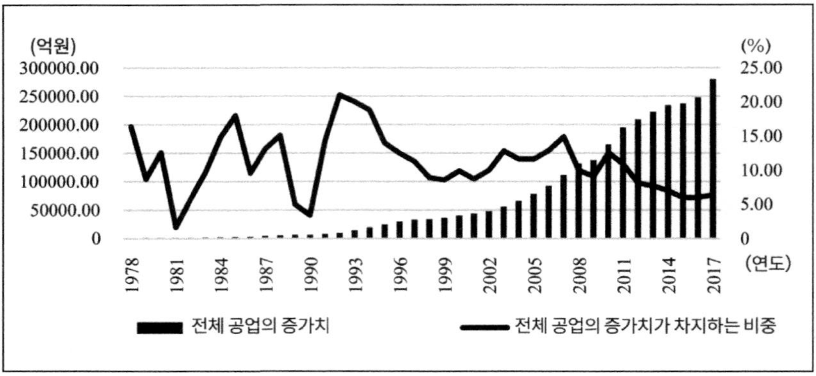

출처: 국가통계국.

경제 성장률의 둔화가 주기적인 단기 하락이 아니라 추세적인 변화가 된 이유는 장래에 "V"형 반등이 될 것이다. 이론계에서 제시한 기본 판단은 중국의 잠재 경제 성장률이 하락하고 중국이 새로운 발전 단계에 진입했다는 것이다. 잠재적 경제 성장률이 하락되는 원인에는 인구배당 이론 측면에서의 해석이 대표적이다.[1]

인구배당 이론에 따르면 중국 경제가 수년간 고속 성장할 수 있었던 것은 주로 노동연령인구 증가, 인구부양비 감소와 관련된 인구배당 때문인데, 2004년에 노동력 부족과 임금 상승으로 상징되는 '루이스 전환점'이 나타났기 때문에 2010년에 노동인구가 정점에 도달해 마이너스 성장을 기록했고, 인구배당금이 사라지면 중국의 잠재적 경제성장률 하락은 필연적이며, 경제발전 단계에서는 근본적인 변화가 일어난 것이다. 또 중국 경제가 구조적 감속 단계에 진입해 투자 주도 산업화 고성장을 효율 주도 도

1 채방(蔡昉), <중국 경제의 단기 및 장기 전망에 관한 인식(认识中国经济的短期和长期视角)>, 『경제학동향』 2013.5.

시화 안정 성장으로 이행하고 있다는 해석도 나온다.[2] 일부 학자들은 중국이 성장 플랫폼의 전환기에 진입했으며 현재 경제 성장률 하락은 동일한 플랫폼의 단기 변동이 아니라 다른 성장 플랫폼의 전환이라고 한다.[3]

실제로 위에서 언급한 성장률의 큰 단계적 변화는 중국의 전체 경제가 공업화 후반기에 접어든 것과 직접적인 관련이 있다.[4] 제2장의 연구 결과에 따르면 중국도 2011년 공업화 후기에 접어들었다. 역사적 경험에 따르면 공업화 중기에는 일반적으로 국가의 성장률이 비교적 높게 유지되어 약 두 자릿수 성장에 도달하고 심지어 20~30년 동안 유지되지만 공업화 후기에는 성장률이 감소하였다. 산업 구조는 이 법칙의 원인을 설명하고 있다. 공업화 중기 단계에서는 중화학공업이 선도산업이다. 중화학공업은 대규모 투자와 대규모 생산을 위한 전형적인 자본집약적 산업이며 이러한 산업의 대규모 발전은 자연스럽게 경제의 급속한 성장을 지원할 것이다. 그러나 공업화 후기에 이르러 기술집약형 산업이 주도산업으로 발전하고 중화학공업의 생산능력이 과잉되는 경향이 있으며 경제 성장은 투자 중심에서 혁신 중심으로 전환되어야 하며 경제 성장률은 점차 감소된다. 즉, 우리가 평가한 중국의 공업화 단계와 경제 운영의 특징은 완전히 일치한다. 이는 공업화 단계에서 공업화 후기로 보든, 경제 성장률이 고속에서 중고속의 경제 뉴노멀로 보든 이러한 다양한 관점이 중국 경제의 단계적 변화에 대한 설명과 일치함을 의미한다.

둘째, 산업구조로 볼 때, 공업의 산업구조는 끊임없이 최적화되고 있고,

---

2 중국경제성장프론티어연구그룹, <중국 경제 변혁의 구조적 특징, 위험과 효율성 향상 경로(中国经济转型的结构性特征、风险与效率提升路径)>, 『경제연구』 2013.10.

3 유세금(刘世锦), <중국 경제 성장의 새로운 동력과 균형에 대한 탐색(寻求中国经济增长新的动力和平衡)>, 『중국발전관찰』 2013.6.

4 황군혜, <경제 뉴노멀, 산업화 후기 및 산업 성장 신동력(经济新常态、工业化后期与工业增长新动力)>, 『중국산업경제』 2014.10.

공업경제 성장의 동력에너지는 지속적으로 전환되고 있다. 제조업 산업구조(그림 4-2 참조)의 관점에서 볼 때 최근 몇 년 동안 산업 전략 신흥 산업, 첨단 기술 제조업 및 장비 제조업과 같은 기술집약형 산업의 성장률이 규모 이상의 산업 성장률보다 훨씬 높으며 해당 비율은 계속 증가하고 있다. 전략적 신흥 산업은 공업 성장을 뒷받침하는 새로운 원동력이 되었으며 그 중 2017년 첨단 제조업과 장비 제조업의 합계는 45.4%를 차지했다. 공업전략적 신흥산업에는 에너지절약 및 환경보호 산업, 차세대 정보기술산업, 바이오산업, 첨단장비제조산업, 신에너지산업, 신소재산업, 신에너지 자동차산업 등 7대 산업 중의 공업 관련 업종이 포함된다. 첨단기술제조업에는 의약제조업, 항공, 우주선 및 설비제조업, 전자, 통신설비제조업, 컴퓨터, 사무설비제조업, 의료기기, 기기 및 계기 제조업, 정보화학품 제조업이 포함된다. 장비제조업에는 금속제품업, 통용설비제조업, 전용설비제조업, 자동차제조업, 철도, 선박, 항공우주와 기타 운수설비제조업, 전기기계와 기자재제조업, 컴퓨터, 통신과 기타 전자설비제조업, 계기제조업이 포함된다. 2017년에 기준 규모 이상 공업의 전략적 신흥산업의 부가가치가 전년대비 11.0%를 증가했다. 그 중 첨단기술제조업의 부가가치 증가율은 13.4%로 전체 규모이상 공업의 부가가치보다 6.9%로 높았으며 2010년부터 연속 8년간 전체 규모이상 공업부가가치 증가속도를 초과했다. 장비제조업의 부가가치는 11.3%를 증가하여 전체 규모이상 공업의 부가가치보다 4.8%로 높았으며, 규모이상 공업의 부가가치보다 빠른 속도로 증가하였다. 2017년 말까지 첨단기술제조업의 부가가치와 장비제조업의 부가가치가 기준규모 이상 공업의 부가가치에서 차지하는 비중은 각각 12.7%와 32.7%에 달했다. 2018년 상반기 공업전략적 신흥산업, 첨단기술제조업, 장비제조업의 증가치는 동기대비 각 8.7%, 11.6%, 9.2%로 성장하여 성장속도가 각각 규모이상 공업보다 2.0%, 4.9%, 2.5%로 높았으며 규모이상 공업증가치에서 차지하는 비중은 이미 각각 18.3%, 13.0%, 32.5%에 달해

1분기보다 각각 0.6%, 0.3%, 0.3%로 높아졌다.

그림 4-2 전략적신흥산업, 첨단기술산업, 장비제조업의 공업부가가치 증가율 (2003-2017년)

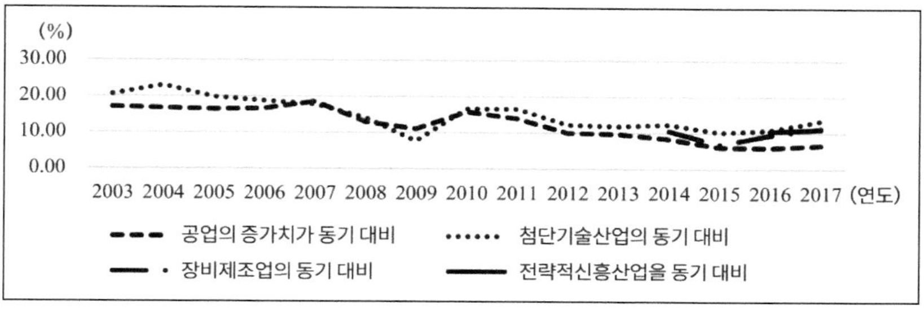

출처: 국가통계국.

제조업 제품 구조를 보면 복잡성, 고부가가치, 지능화, 녹색화 및 고급 소비 추세에 부합하는 제품이 고속적인 성장세를 유지했다. 2018년 상반기 신에너지자동차, 스마트TV, 산업로봇, 리튬이온전지, 집적회로, 금속 컨테이너, 금속압연설비, 전자부품 등 제품 생산량은 각각 전년 동기 대비 88.1%, 16.9%, 23.9%, 10.7%, 15.0%, 32.5%, 27.5%, 21.5%로 증가해 두 자릿수 성장을 이뤘다.

공업투자구조로부터 볼 때 기술 개조 투자의 성장속도와 첨단기술제조업의 투자성장속도가 지속적으로 빨라지고 공업성장의 기술혁신추진력이 끊임없이 증가하고 있다. 2018년 상반기 제조업 투자는 전년 동기 대비 6.8%, 제조업 기술개조 투자는 15.3%로 증가해 제조업 투자보다 증가율이 8.5%로 높았다. 첨단기술 제조업 투자는 13.1%나 증가해 전체 제조업 투자보다 6.3%로 높았다. 최근 몇 년 동안 제조업 투자에서 첨단기술 제조업이 차지하는 비중은 해마다 높아져 2014~2017년 간 첨단기술 제조업이 제조업 투자에서 차지하는 비중은 각각 10.6%, 11.1%, 12.1%, 13.5%였으나 2018년 상반기에는 17%로 더욱 높아졌다. 또한 2018년 상반기에 녹색발전에 관한 투자도 대폭 증가하여 생태보호와 환경정비업 투자가 전년 동기 대비 35.4%로 증가하였고, 환경모니터링 전용 기기 제조업 투자는 68.7%를 증가하였다.

2
중국 제조의 기회

경제가 뉴노멀에 진입함에 따라 경제 발전에 대한 제조업의 기여는 경제 성장 직접 지원, 고용 해결에서 혁신 주도, 경제 효율성 향상으로 전환되었다. 제조업이 경제성장에 기여하는 비율은 전체적인 통계로 보았을 때 다소 떨어지지만 그렇다고 해서 국민경제에서 제조업의 전략적 위상이 떨어지는 것은 아니다. 1986년에 중국 경제를 총괄하였던 첸나리 등은 공업이 경제 성장의 엔진이라고 주장했다. 공업의 역할은 기술 진보를 생산에 사용하고 기술 혁신을 추진하며 기술 혁신, 혁신 이념을 전파하고 제도 발전을 유도하며 유익한 외부 효과를 발생시키고 현대 서비스업의 발전을 추진하며 동태적인 비교 우위를 창조하고 경제 국제화를 추진하며 기업의 현대화를 추진하는 10대 방면으로 요약할 수 있다. 이들은 더 나아가 "오랫동안 산업은 기술 진보, 관련 기술 및 기업 이념의 주요 원천이자, 사용자 및 전파자였다. 다른 생산 활동은 이와 비교할 수 없다. 오늘날 세계에서 제조업은 발전의 중요한 구성 부분"이라고 말했다.[5] 이는 중국에 시사하는 바가 있다. 2013년 중국의 서비스업 생산액 비율이 공업을 앞질렀으며 이런 추세가 계속될 것이라고 예상되지만 이런 변화는 통계적 의미의 변화일 뿐이고 공업이 중국 경제 발전에서의 중요한 위치에 변화가 없다는 것을 인식해야 한다. 중국 경제가 장기적이고 안정적인 발전을 실현하려면 제조업 발전을 관건으로 여기고 중국이 혁신형 국가가 되어야 한다. 다시 말해, 반드시 발달한 공업 체계의 지탱이 있어야 한다. 게다가 국제경쟁의 관점에서 볼 때 중국이라는 사회주의 대국에 제조업의 국가전략적 의미는 더더욱 대체할 수 없다.

중국의 발전은 100년에 한 번도 없었던 큰 변화에 직면해 있으며 중요한 전략적 기회의 시기에 있으며 중국 제조업의 발전도 전례 없는 기회에 직면해 있다.

국제 과학 기술 환경의 관점에서 볼 때 현재 새로운 과학기술과 산업혁명은 도입기에서 확장기로 전환되고 있으며 파괴적인 기술이 계속 등장하고 산업화 과정이 가속화되어 많은 신기술, 신산업, 신업태, 신모델을 촉진하고 있으며 경제 성장의 새로운 원동력은 점차적으로 잉태되고 발전하고 있다. 1771년 1차 과학기술혁명 이후 인류사회는 초기 기계시대, 증기기관과 철도시대, 전력과 철강시대, 석유와 자동차시대, 정보통신시대 등 5차 산업혁명을 거쳤다. 2008년 글로벌 금융위기 이후 더욱 유행한 것은 증기시대·전력시대·정보시대 등 3차 산업혁명의 분류다. 최근 몇 년 동안 지능화에 대한 사회적 관심과 함께 독일의 '인더스트리 4.0'으로 대표되어 정보화 시대를 정보 기술에 기반한 자동화 단계와 물리적 정보 시스템에 기반한 지능화 단계로 세분화하여 이른바 '인더스트리 1.0'에서 '인더스트리

5 유엔산업발전기구, 『산업 발전 보고서 2002/2003: 혁신과 학습을 통한 경쟁력 향상(工业发展报告2002/2003:通过创新和学习提高竞争力)』, 중국재정경제출판사, 2003.

4.0'으로 4차 산업혁명의 분류가 생긴 것이다. 한편, 전세계적으로 확실한 사실은 20세기 후반부터 정보화와 산업화의 융합을 전제로 하는 새로운 산업혁명을 육성하고 발전시켜 왔다는 점이다. 특히 글로벌 금융위기 이후 10년 동안 새로운 산업혁명의 속도가 빨라지면서 도입기에서 확장기로 옮겨가고 있다. 신산업혁명의 기술적 기반은 정보기술의 획기적인 응용을 주도하고 많은 수의 상호 작용 기술로 구성된 첨단기술 클러스터이다. 20세기 90년대 이후 컴퓨터 칩 처리 기술, 데이터 저장 기술, 네트워크 통신 기술 및 분석 계산 기술이 큰 돌파구를 마련했으며 컴퓨터, 인터넷, 이동통신 및 빅데이터를 주요 지표로 하는 정보 기술, 정보 제품 및 정보 획득 및 처리 방법이 기하급수적으로 증가했으며 정보 기술 및 제조 기술의 심층 통합은 지능화, 디지털화, 네트워크화 제조 기술의 혁신 및 확산을 촉진하고 새로운 산업혁명의 복잡한 기술 시스템을 형성했습니다. 저차원의 활용 기술(고성능 컴퓨팅, 초광대역, 신소재, 모바일 인터넷 등)에서 3d 프린팅, 로봇, 유연성 생산 시스템 등 제조 장비와 시스템, 최첨단 산업용 사물 인터넷 시스템에 이르기까지 기술 패러다임의 혁명은 경제 패러다임의 혁명을 가져왔다.

경제 시스템에서 볼 때, 첫째, 정보(데이터)는 독립적으로 투입되어 산출되는 생산 요소로서 사회 경제 운행 효율과 지속 가능한 발전의 주요한 결정 요소가 되고, 정보(데이터)는 미래 현대화 수준을 결정하는 가장 희소한 요소가 될 것으로 여겨지며, "클라우드" 신세대 정보 인프라의 중요한 가치도 더욱 두드러질 것이다. 둘째, 자본, 노동력의 각 생산 요소에 질적인 변화가 발생하도록 촉진하여 생산, 유통, 분배, 소비 등 각종 경제 활동, 각 경제 단계의 거대한 변혁을 일으켰고 전자상거래, 스마트 제조 등 새로운 생산 소비 방식의 발전이 신속해질 것이다. 셋째, 스마트산업은 새로운 산업혁명의 선도로서 신속히 발전하여 스마트농업, 스마트도시, 스마트교통, 스마트전력망, 스마트물류 등 각 분야의 스마트화 발전을 진일보 지지하고 이끌었으며 생산자와 소비자의 스마트화, 개성화 수요를 만족시키고 스마트 제조를 핵심으로 하는 현대산업체계를 점차 형성하였다. 넷째, 생산조직과 사회분업방식은 사회화, 네트워크화, 플랫폼화, 편평화, 소미화를 더욱 선호하며 대규모 맞춤형생산과 개성화맞춤형생산은 주류제조범례로 될것이며 소비자를 중심으로 하는 상업모델에 더욱 적응하고 기업조직의 경계가 날로 모호해지고 있으며 플랫폼에 기초한 공유경제와 개인혁신창업은 거대한 발전공간을 얻게 될 것이다. 물론 신산업혁명은 아직 도입에서 확대로의 전환기에 불과하기 때문에 경제성장의 새로운 동력을 충분히 발휘할 시간은 아직 남아 있다. 관련 연구 예측에 따르면 2035년까지 인공지능은 미국 경제 성장을 2% 높여 8조 3000억 달러의 GDP를 기여할 수 있다. 독일은 1.6%, 일본은 1.9%로 올려 각각 1조1천 억 달러, 2조 1천 억 달러의 GDP를 기여했다. 따라서 신산업혁명으로 형성된 세계경제 발전의 새로운 모멘텀이 등장했고, 미래에는 더욱 큰 잠재력이 있다.

과학기술과 산업혁명의 새로운 물결에 맞서 중국은 1, 2차 산업혁명 시대와 달리 이번 신산업혁명의 기회를 잡을 수 있는 기초 여건과 능력을 갖추고 있다. 중국은 발전도상국으로서 새로운 산업혁명은 공업화와 정보화의 융합을 의미하며 선진국에 대해서는 "재공업화"와 "정보화"의 융합이다. 중국은 이미 공업화 후기에 들어섰고 경제구조의 전환과 업그레이드의 관건적인 시기에 처해 있다. 그러나 새로운 산업혁명은 대량의 신기술, 새로운 산업, 새로운 업태와 새로운 모델을 탄생시켰고 중국 산업이 고급화 되어가는 데 기술경제의 기초를 다지고 발전 방향을 제시했으며 중국이 과학적으로 산업 발전 전략을 제정하고 전환과 업그레이드를 가속화하며 발전 주도권을 강화하는 데 중요한 기회를 제공했다. 이전의 빈곤하고 약한 국정과 달리 중국의 종합적 국력은 이미 세계에서 선두를 차지하고 있으며 이미 완비된 산업체계와 방대한 제조 기초를 형성하여 전 세계 제조업의 제1대국이 되었으며 이번 과학기술과 산업혁명의 역사적인 기회를 포착할 수 있는 산업기초 조건을 가지고 있다. 이와 동시에 중국은 규모가 크고 수요가 다양한 국내시장을 갖고 있어 새로운 산업혁명에 광활한 수요공간을 제공해 주었다. 최근 몇 년 동안 중국의 전자상거래는 빠른 발전을 이룩하여 성장률이 다른 선진국을 훨씬 앞질렀는데, 바로 이러한 시장 우위 덕분이다. 따라서 새로운 산업 혁명에 직면하여 중국은 기회를 포착하고 공업화와 정보화의 심층 통합을 촉진하며 비약적인 발전을 실현할 수 있다. 최근 몇 년간 중국은 제조업의 혁신에서 거대한 성과를 거두었고 경제성장의 신구동력에너지가 빠르게 전환되고 있다.

첫째, 전반적인 과학 기술 혁신 능력이 지속적으로 향상되고 경제 성장을 주도하는 과학 기술 혁신 지원의 역할이 점점 더 두드러지고 있다. 중국의 혁신 환경이 지속적으로 최적화되고, 혁신에 대한 투입이 증가하고, 혁신 산출능력이 안정적으로 향상되었으며, 혁신 성과가 더욱 뚜렷하게 나타났으며, 유인우주비행, 달 탐사 프로젝트, 대형비행기 등 일련의 상징적이고 중대한 과학연구 성과들이 생겨났다. 국가통계국 사회과학문화사 '중국혁신지수연구' 프로젝트팀에서 내놓은 혁신 환경, 투입, 산출 및 성과 상황을 종합적으로 반영하는 혁신지수를 보면, 2016년 중국의 혁신지수는 181.2로 2012년보다 33포인트로 상승했다. 세계지식재산권기구WIPO와 미국 코넬대, 유럽경영대학원이 공동으로 발표한 글로벌 혁신지수 순위를 보면 중국의 과학기술 혁신 능력도 2012년 34위에서 2018년 17위로 껑충 뛰었다. 과학 기술 혁신의 성과는 농업, 제조업, 서비스업 및 기타 분야에서 널리 사용되어 상당한 경제적, 사회적 이익을 달성했다. 경제성장의 과학기술진보 기여도를 보면 2012년 52.2%, 2016년 56.2%로 2012년보다 4% 높아졌다. 2017년 과학기술진보 기여율은 57.5%로 2016년보다 1.3%나 더 높아졌다.

둘째, 산업 혁신 능력이 지속적으로 향상되고 산업 업그레이드가 경제 성장에 미치는 기여도가 나날이 증가하고 있다. 모바일 인터넷, 사물 인터넷, 클라우드 컴퓨팅에 기반한 디지털 경제 신경영 형태, 신모델이 힘차게 발전하면서 전통산업을 크게 승격시켰고 경제발전의 신구 동력에너지 전환을 촉진했다. 2017년에 신기술, 신산업, 신모델, 신경영형태 등으로 구성된 경제 신동력에너지의 경제성장에 대한 기여도는 1/3을 초과했고, 신규 취업에 대한 기여도는 1/3을 초과했다. 온라인 소매 판매는 연평균 30% 이상을 증가하고 정보 소비 및 녹색 소비와 같은 신흥 소비는 빠르게 증가하고 있다.

셋째, 기업의 혁신 능력이 지속적으로 향상되고 새로운 기업과 기업의 혁신 활동이 경제 성장을 강력하게 지원하고 있다. 대중 창업의 광범위한 혁신과 함께 중국의 하루 평균 신규 등록 기업 수는 계속 증가했으며 2016년에는 하루 평균 15,000개, 자영업자 등 다양한 시장 주체가 하루 평균 45,000개 추가되었다. 2017년 전년 대비 9.9%를 증가한 607.4만 개의 기업이 새로 등장했고 일평균 1.66만 개의 기업이 새로 등장했다. 또한, 기업 혁신의 주체적 지위가 부단히 강화되어 2016년 중국의 연구개발경비 중 기업자금은 1조 1,900억 위안으로 2012년 대비 56.4%로 성장하였고 년 평균 11.8%로 성장했다. 기업의 연구개발경비 지출은 전 사회 연구개발경비 지출의 76.1%를 차지하여 2012년보다 2.1%로 제고되었다. 한편, 2016년 중국에서 조사에 참여한 규모(한도액) 이상 기업 72만 6000개 중 39.1%인 28만 4000개가 혁신활동을 펼쳤고, 2017년에는 39.9%인 29만 8000개의 기업이 혁신적 활동을 펼쳤다. 즉, 새로운 기업과 기업 혁신 활동이 중국 경제 성장의 중요한 원천이 되고 있다.

넷째, 제품 혁신 능력이 지속적으로 향상되고 높은 수준의 신제품 공급이 경제 성장을 효과적으로 촉진했다. 중국 제조업은 스마트화, 녹색화, 고급화, 서비스화 등 제품 혁신의 방향을 따라 고복잡성, 고부가가치, 첨단기술 함량의 신제품이 끊임없이 쏟아져 나와 중국의 전반적인 국력과 국제 경쟁력을 높일 뿐만 아니라 소비 구조 업그레이드 요구를 충족시켜 경제 성장을 효과적으로 촉진했다. 2016년과 2017년 기준규모 이상 공업기업의 신제품 판매 수입은 각각 17조 5000억 위안과 19조 2000억 위안으로 2012년보다 각각 58%와 73.3%를 증가했다. 2016년과 2017년 신제품 판매 수입이 주요 사업 소득에서 차지하는 비중은 각각 15.1%와 16.9%로 2012년보다 각각 3.2%와 5.0%를 증가했다.

3
중국 제조의 도전

공업화 후기 또는 경제 뉴노멀 발전 단계의 변화 관점에서든 세계 과학기술 경제 환경의 변화 관점에서 연구하든 중국 제조는 주요 전략적 기회에 직면함과 동시에 일련의 주요 도전에 직면해야 한다.

1. 생산 능력의 과잉을 해소한다.

생산능력 과잉 문제는 시장경제 조건의 다음으로 보편적인 문제로 여겨지지만 20세기 말과 2005년을 전후하여 중국은 모두 생산능력 과잉 문제가 나타난 적이 있다. 이런 의미에서 볼 때 생산능력 과잉 문제는 중국 공업화 후기에 특별한 문제가 아니다. 그러나 2011년 이후 중국 제조가 직면한 생산능력 과잉 문제의 성격과 특징은 이전과 달리 중국 경제에 가져온 심각성도 심상치 않다.

한편, 과잉 생산은 더 넓은 영역과 더 깊은 범위를 포함하고 있다. 범위별로는 철강 시멘트 비철금속 석탄화학 평판유리 조선 자동차 기계 전해알루미늄 등은 물론 태양광 폴리실리콘 풍전설비 등 미래 산업 발전 방향을 대표하는 전략적 신흥 산업으로 확대됐다. 과잉 생산 능력의 관점에서 볼 때 2012년 말 중국의 철강, 시멘트, 전해알루미늄, 평판유리, 선박의 가동률은 각각 72%, 73.7%, 71.9%, 73.1%, 75%에 불과했으며, 2013년 태양광 산업의 가동률은 약 60%였으며, 폴리실리콘, 풍력발전 설비의 가동률은 50% 미만으로 국제 통상 수준(일반적으로 80~85%)보다 현저히 낮았다. 공급측 구조개혁을 통해 2017년 이후 전체 가동률이 크게 향상됐지만 '좀비기업'이 많아 과잉 생산 문제가 장기화되고 있다. 한편, 대부분의 산업, 특히 중화학 산업의 과잉 생산은 주기적인 상대 과잉이 아니라 수요의 정점을 지나 절대적 과잉이다. 중국은 공업화 후기에 접어들어 이미 명실상부한 공업경제 대국으로서 200여종의 공업제품 생산량이 세계 1위를 차지하고 있을 뿐 아니라 그 다음은 공업대국에서 공업강국으로의 전환을 목표로 하고 있으며, 생산능력의 과잉은 이전의 상대적 과잉에서 현실의 절대적 과잉으로 전환될 것이다. 즉, 이전의 주기적인 산업과잉은 나중에 서서히 장기수요를 통해 소화할 수 있지만, 공업화 후기 이후에는 많은 산업의 연간수요 피크에 도달하여 장기적 수요를 서서히 흡수하는 것은 불가능하다.

과잉 생산은 경제 발전 방식의 시급한 변화, 저비용 공업화 전략의 시급한 변화, 중국 시스템 개혁의 미흡한 모순을 나타내는 표현이다. 단순해 보이는 과잉 생산능력이 중국 경제발전의 '고질병'이 된 배경에는 깊고 복잡한 이유가 있다. 성숙한 시장경제 국가와 달리 중국의 과잉생산 문제는 시장 자체의 수급 변화로 인한 경기 순환 변동의 원인이 있지만 더 중요한 것은 경제 시스템과 발전 방식의 원인이다. 중국이 공업화 후기에 접어들면서 경제 발전 단계의 중대한 변화에 직면하고 있기에 생산 능력 과잉은 결코 낙후된 생산 능력을 도태시키는 문제가 아니라 산업 재편, 스모그 관리, 산업 구조 전환 업그레이드와 밀접한 관련이 있는 종합적 관리 업무가 아니라 정부 체제 개혁을 심화하고 경제 발전 방식을 전환하는 것과 밀접한 관련이 있으며 중국 관리 체계와 관리 능력의 현대화 과정과 밀접한 관련이 있다.

2. 경제 "탈실향허脫實向虛"

제조업은 실물 경제의 핵심이고 실물 경제는 한 나라의 강국의 근본이며 부민의 기초이다. 그러나 최근 몇 년 동안 중국 경제의 서비스화 추세가 커짐에 따라 중국 경제 발전에서 "탈실향허" 문제가 나타나고 있으며, 제조업 발전 환경과 요소 지탱은 약화하고 가상화된 위험에 직면하고 있다.이것은 주로 다음과 같은 몇 가지 방면에서 나타난다.

첫째, 가상경제에서의 주체금융업의 증가치가 전국 GDP에서 차지하는 비율이 급상승하여 2011년의 4.7% 에서 2016년의 8.4% 로 상승하였는데 이는 이미 모든 선진국을 초과한 수치였다. 미국은 7% 미만이며 일본도 겨우 5% 정도에 불과하다. 둘째는 중국의 실물 경제 규모가 GDP에서 차지하는 비율이 빠르게 하락하여 농업, 공업, 건축업, 도매 및 소매업, 교통운수창고와 우정업, 숙박, 요식업의 총생산을 실물 경제로 계산한 결과 2011년의 71.5% 에서 2016년의 64.7%로 하락하였다. 셋째, 상장기업의 관점에서 볼 때 금융 부문 이익은 이미 전체 상장기업의 이익의 50% 이상을 차지하는데, 이는 금융 부문 기업이 다른 모든 상장기업의 이익액을 합친 것보다 더 많음을 의미한다. 맥킨지가 중국 3,500개 상장회사와 미국의 7,000개 상장회사를 대상으로 한 비교 연구에 따르면, 중국의 경제 이윤의 80%는 금융기업이 가져가고 미국의 경제 이윤의 20%는 금융기업에 귀속된다. 넷째, 실물 경제에서 주요 제조업 기업의 원가 상승, 이익 하락, 레버리지율 상승, 그리고 통화 공급량이 수년 간 연속적으로 12% 이상에 도달하고 2011-2016년 GDP의 배수인 통화 공급량 M2는 1.74배에서 2.03배로 상승했다. 이런 상황에서 풍부한 유동성에 직면하는데 제조업 자금은 오히려 매우 부족하고 자본 비용은 높으며 대량의 자금이 금융 시스템에서 공전하고 부동산 시장으로 흘러가 가상 경제의 자체 순환을 촉진한 것이었다. 대량의 자금, 인재 등의 자원을 가상경제에서 기꺼이 자체순환하고, 금융업은 실물 경제에 대한 융자서비스의 본질에서 과도하게 이탈하며, 가상경제는 실물 경제 발전을 효과적으로 지원할 수 없다는 '탈실향허' 문제는 실물 경제 공급과 금융 공급 사이, 실물경제 공급과 부동산 공급 사이에 심각한 구조적 불균형이 있음을 보여준다.

이러한 공급구조적 불균형 문제의 원인은 복합적이며 금융 부문이 실물 경제 부문에 대한 독점적 지위를 가지고 있고, 금융시장 서비스의 실물경제 효율이 높지 않으며, 부동산 최상층 설계가 부족하고, 부동산 시장의 규범이 시급한 등 여러 가지 원인이 있지만, 실물 경제 공급의 질이 높지 않기 때문에 실물 경제 자체의 수급 불균형을 초래하고, 높은 수익률을 제공하지 못하는 것이 '탈실향허'의 근본 원인임을 인식해야 한다. 급속한 공업화 과정을 거쳐 '12차 5개년 계획' 시기에 진입한 후 중국은 점차 공업화 후반기에 접어들었고 중국의 실물 경제 규모는 이미 매우 방대하지만 중국은 실물 경제 강국이 아니라 실물 경제 대국일 뿐 실물 경제 공급의 질은 아직 높지 않다. 이는 공업화 후기의 도시화 가속화로 인한 인구 구조 변화와 소득 수준 향상에 직면하여 소비구조가 크게 업그레이드되고 실물 경제의 공급요소와 공급체계가 소비수요구조의 전환과 업그레이드의 요구에 부응하지 못하고 있음을 의미한다.

구체적으로 중국 경제의 '탈실향허' 추세의 논리적 원인은 그림 4-3과 같이 설명할 수 있다. 중국은 이미 공업화 후기의 경제 성장의 새로운 단계에 들어섰고, 이 단계도 중국 경제가 새로운 정상 상태에 진입한 시기이며, 그 경제 성장은 공업화와 도시화가 한층 더 심화된 상호 작용 발전의 결과이다. 인구 구조 변화와 소득 수준 향상의 경제적 변수에 의해 도시화 진척은 소비의 쾌속적인 형태전환과 고도화 및 서비스업의 빠른 발전을 추진하였지만 체제와 메커니즘, 산업정책과 인력자본 등 원인으로 서비스업의 쾌속적인 발전은 공업혁신능력에 상응한 제고를 지탱하지 못하였고 공업과 서비스업발전의 구조적 불균형을 발생시킴에 따라 제조업 내에 크고 강하지 못한 공급체계가 존재하게 되었다. 제조업의 공급 품질은 업그레이드 후의 소비 수요를 만족시키지 못하고 기존의 수급 균형이 타파돼고 새로운 수급 균형이 단시일 내에 형성되지 못하며 제조업에 구조적 공급과 수요의 불균형이 나타나는데 이런 불균형은 실물 경제부문의 투자수익률을 대폭 낮추고 실물 경제의 성장 속도를 낮추기 시작하게 된다. 국내 수급 관계는 효과적으로 실현될 수 없으며, 정보화 세계화의 배경에서 소비 수요가 해외로 이동하고 국내 제조업의 중공화 추세가 가속화되고 동시에 국내 실물 경제 경영 환경이 그에 따라 개선되지 않았다. 이 모든 것이 실물 경제 부문의 수익과 투자의 하락을 심화시켜 실물 경제 발전이 더욱 억제되고 있다. 이와 함께 공업화 후기에 잠재적 성장률이 하락하고 경제가 하방이라는 큰 압력에 직면하면서 수요 관리의 거시적 통제 마인드 아래 통화 완화 방식을 통해 경제 성장을 자극했지만 통화완화는 실물 경제 투자수익률 하락을 만나 금융시스템이 그림자은행, 신용사슬 연장 등 금융혁신 수단을 통해 빠른 고수익을 추구하려 했다. 실물 경제 부문의 규제가 강화되는 데 비해 금융혁신을 통한 금융 부문의 통화 공급은 꾸준히 증가해 지난 2년간 매년 12~13%씩 증가했다. 금융감독이 부재한 상황에서 이는 자산가격의 큰 폭의 상승을 촉진하고, 증권 시장의 투기와 부동산 시장의 금융화를 심화시키며, 자금은 가상경제시스템 내에서 끊임없이 자체순환적으로 확장되고, 금융파생과 신용사슬은 끊임없이 확장되며, 이는 또한 실물 경제의 자금조달난과 고가의 문제를 부각시켜 실물 경제의 투자수익률을 더욱 낮추고, 생존발전환경을 악화시키는 반면, 가상경제는 자체순환 속에서 거품화로 나아가 고속적 성장을 나타낸다. 그러나 실물 경제 성장률의 하락과 가상경제의 고성장은 결국 실물 경제와 가상경제의 구조적 불균형을 초래했다.[6]

---

6 황군혜, <신시대 중국 실물경제의 발전에 대하여(论新时期中国实体经济的发展)>, 『중국산업경제』 2017-9.

그림 4-3 경제의 "탈실향허"의 논리적 표시

황군혜: 《신시대 중국 실물경제 발전》, 《중국 공업경제》 2017년 9호.

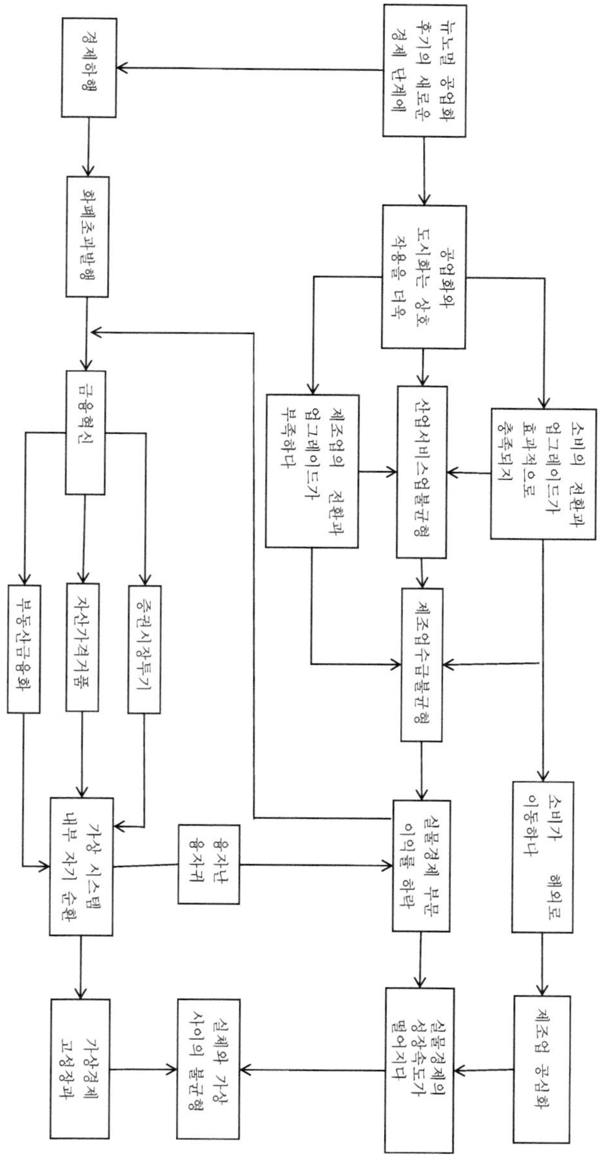

3. 제조업 원가의 대폭 상승

중국 제조업의 요소 구조와 원가 환경에 중대한 변화가 일어나고 있다. 2010년부터 중국의 인구부양비(비노동연령인구 대비 노동연령인구 비율)는 과거 장기간 하락에서 상승으로 전환돼 중국의 인구배당금이 사라지는 추세이며 중국 제조업 발전에 직접적인 영향을 미치는 것은 제조업 노동비용의 급속한 증가다. 2003년부터 2016년까지 중국 도시 제조업 근로자의 평균 임금은 연평균 10%로 증가했다. 기업에서 부담하는 복지 지출은 임금의 비율에 따라 지급되기 때문에 근로자 복지 지출도 임금이 빠르게 상승함에 따라 증가한다. 인건비의 급속한 상승은 중국 제조업의 전통적인 비교우위를 약화시켰다.

중국 제조업의 임금 수준은 대부분의 동남아 국가와 남아시아 국가를 넘어 이들 국가의 1~6배에 이른다. 일본 무역진흥기구가 2013년 12월부터 2014년 1월까지 조사한 바에 따르면 상하이 일반 노동자의 월 기본급은 495달러로 쿠알라룸푸르, 자카르타, 마닐라, 방콕, 하노이, 프놈펜, 양곤, 다카, 뉴델리, 뭄바이, 카라치, 콜롬보의 1.15배, 2.05배, 1.88배, 1.35배, 3.19배, 3.61배, 4.9배, 6.97배, 5.76배, 2.28배이다. 반면, 상하이上海 기술자의 월 기본급은 867달러로 쿠알라룸푸르, 자카르타, 마닐라, 방콕, 하노이, 프놈펜, 양곤, 다카, 뉴델리, 뭄바이, 카라치, 퀼른포는 각각 0.84배, 2.14배, 2.02배, 1.24배, 2.44배, 2.75배, 6.88배, 3.28배, 1.53배, 1.77배, 2.02배, 2.45배였다.[7] 중간 층 관리직의 기본급도 대부분의 동남아시아 국가 및 남아시아 국가보다 높거나 비슷하다. 영국 이코노미스트 싱크탱크에 따르면 중국과 인도 양국의 제조업 시간당 인건비 비율은 2012년의

---

7 중국사회과학원공업경제연구소, 『중국산업발전보고서(中国工业发展报告)(2014)』, 경제관리출판사, 2014, p.355.

138%에서 2019년의 218%로 상승할 것으로 예상된다.

한편 미·중 제조업 인건비의 상대적 격차는 계속 줄어들고 있다. 1990년부터 2015년까지 중국 제조업의 연평균 임금은 2,073위안에서 5만 5,324위안으로 16년을 거쳐 인건비가 26배나 증가하고 있다. 같은 기간 미국 제조업의 연평균 임금은 2만8,173달러에서 5만 5,292달러로 인건비가 1.9배에 오르는 데 그쳤다. 환율을 고려해 위안화 기준으로 통일하면 미·중 제조업 인건비의 상대적 격차도 계속 줄어들고 있으며, 이런 추세는 2008년 이후 더욱 두드러지고 있다. 그림 4-4에서 보듯이 1991년부터 2015년까지 중국 제조업의 연평균 임금 상승률은 기본적으로 10% 이상을 유지하여 거의 항상 미국보다 높았고, 미중 제조업의 평균 임금 격차는 1991년의 65배에서 2015년의 6배로 감소했다.[8]

그림 4-4 중미 제조업 평균임금증가율 비교 (인민폐로 표시한 증가율)

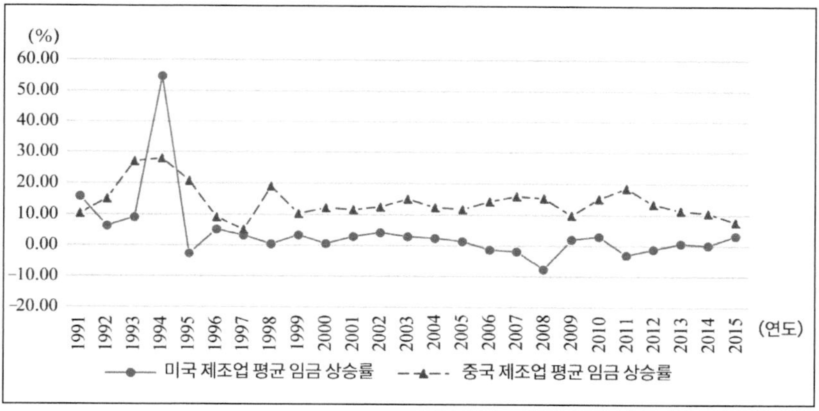

출처: 거신녕(渠慎宁)·양단휘(杨丹辉), <중미 제조업 인건비 비교(中美制造业劳动力成本比较)>, 『중국당정간부포럼』, 2017-9.

8 거신녕(渠慎宁)·양단휘(杨丹辉), <중미 제조업 인건비 비교(中美制造业劳动力成本比较)>, 『중국당정간부포럼』, 2017-9.

중국의 제조업 비용 상승은 인건비뿐만 아니라 공업 성장률이 고속에서 중고속으로 변화하는 과정에서 조세 비용이 제조업에 미치는 영향이 점점 더 두드러지고 있다. 분석 결과에 따르면, 중국 제조업 기업의 조세 비용은 45%를 초과하고 각종 행정 수수료와 정부 기금에 가입한 후 종합세 부담 비용은 60%를 초과하여 미국 제조업 기업의 조세 비용인 38.92%와 종합세 부담 비용인 44%보다 훨씬 높다.[9] 또한 관련 추산에 따르면 제조업자가 사용하는 주요 에너지 제품 중 원유 가격이 미국과 기본적으로 동일하다는 점을 제외하고는 중국의 가격이 미국보다 현저히 높다. 이 중 중국은 공업용 전기요금이 미국보다 60%나 비싸고, 전기석탄 가격은 미국의 1.6배, 코크스 가격은 미국의 1.44배, 정제유 가격은 미국의 1.5배, 공업용 천연가스 가격은 미국의 2.4-4.7배, 공업용지 비용은 미국의 2-6배다. 이외에도 자동차 부품을 예로 들면(표 4-1 참조), 미국 남부의 공장 설립과 중국 장강삼각주 지역의 공장 설립 비용을 비교하면 운송, 관세 등을 포함하지 않고 중국에 공장을 설립하는 인건비 절감은 65%에서 39%로, 총 원가 절감은 2000년의 16%에서 2015년의 10%로 낮아져 중국 제조업의 원가 우위는 높지 않다.

표 4-1 자동차 부품 제조업체가 미국 남부에 공장을 설립하는 것과 중국 장삼각 지역에 공장을 설립하는 원가 비교

	비교항목	2000년	2015년
미국 남부	임금(달러/시간)	15.81	24.81
	생산성(미국 생산성 백분율)	100	100
	인건비(달러/건)	2.32	3.32

9 강홍(姜鸿)·하준(贺俊), <중미 제조업 세부담원가 비교 및 대책 건의(中美制造业税负成本比较及对策建议)>, 『재경』 2016-12.

중국 장삼각 지역	임금(달러/시간)	0.72	6.31
	생산성(미국 생산성 백분율)	13	42
	인건비(달러/건)	0.74	2.00
중미 비교	인건비절감(%)	65	39
	총 원가 절감(%)	16	10

자료출처: 장범: 《產業漂移》, 북경대학출판사 2014년판, 255 페지.

4. 신공업혁명

신공업혁명은 중국의 제조업 발전에 있어 전략적 기회이자 큰 도전이다. 첫째, 중국의 요소원가우세를 한층 더 약화시킬수 있으므로 중국은 반드시 저원가공업화 전략전환을 추진해야 한다. 신공업혁명은 선진 제조기술의 적용을 가속화하여 필연적으로 노동 생산성을 높이고 전체 공업투자에서 노동의 비율을 줄일 것이며 중국의 비용 측면에서의 비교 우위는 약화될 수 있다. 둘째, 중국의 산업 및 산업구조의 발전에 대한 악영향이 발생할 수 있다. 현대 제조기술의 응용은 제조단계의 가치창조능력을 제고시켜 산업가치 사슬에서의 제조단계의 전략적 지위가 연구개발, 마케팅과 동등하게 중요해질 것이며 지난 날 가치사슬의 각 단계의 가치창조능력의 차이를 묘사한 "미소곡선"은 "침묵곡선", 심지어 "슬픔곡선"으로 변할수 있다. 선진공업국은 산업로봇, 첨단 수치제어공작기계, 플렉시블 제조시스템 등 현대장비 제조업을 발전시켜 새로운 산업 제고점을 제어할 수 있을 뿐만 아니라 현대 제조기술과 제조시스템을 적용해 전통산업의 생산성을 높일 수 있다. '3차 공업혁명'은 선진공업국에게 제조업과 실물경제의 우위를 회복할 기회를 제공해 주고, 한때 저비용 요소를 찾기 위해 선진국에서 빠져나온 생산활동이 선진국으로 거슬러 올라갈 수 있어 제조업의 무게중심이 다시 선진국으로 쏠릴 수 있다. 전통적인 '안진 이론'이 예언한 후발국 산업 추월 경로가 막힐 수 있다. 셋째는 중국의 소득분배 구조를 더욱 악화시킬 수 있다는 점이다. 노동 보수 인상 메커니즘은 일반적으로 세금과 같은 제도적 설계를 통해 1차 및 2차 분배에서 노동의 비중을 높일 수 있지만 보다 근본적이고 효과적이며 요소 시장에 대한 왜곡을 최소화하는 방식으로 노동 생산성이 높은 일자리를 창출한다. 그러나 일반 근로자의 자질이 크게 향상되지 않는 상황에서 신공업혁명의 추진은 근로자의 실업을 초래하거나 저부가가치 단순 노동의 굴레에 갇히게 될 것이다.

5. "너무 이른 탈공업화"

20세기 60년대에 들어선 후 공업화 국가의 제조업 취업자 수는 급격히 하락하여 총체적으로 약 2,500만 개의 일자리를 감소시켰고 유럽연합 국가의 제조업취업은 적어도 약 3분의 1을 감소시켰다. 이와 동시에 제조업과 제2차산업의 3차산업 증가치에서 차지하는 비율도 점차 낮아졌는데 이는 "탈공업화"로 인식되었다. 1980년대에 이르러 동아시아의 일부 고소득 국가들도 자신의 '탈공업화' 과정을 시작했다. 심지어 일부 중등소득의 라틴아메리카 국가와 남아프리카공화국도 급진적인 경제개혁을 추진한 후 "탈공업화"를 시작했다. 이들 국가는 아직 공업화를 실현하지 못했기 때문에 1인당 소득이 공업화 국가보다 훨씬 낮으니 "너무 일찍 산업화를 한 것"으로 여겨지며, 이는 일부 학자들에 의해 이들 국가가 "중등소득 함정"에 빠진 중요한 원인으로 여겨진다. 한 국가와 지역의 제조업 증가치가 GDP에서 차지하는 비중이 30% 에 달한 후, 제조업이 가져오는 기술 침투 효과, 산업 관련 효과와 외환 비축 효과는 이미 충분히 구현되었고, 서비스업 효율 향상은 경제 성장을 지지하는 엔진을 감당할 수 있으며, 이때 제조업 비중이 낮아지는 것은 "성숙한 탈공업화"로 여겨진다. 그러나 한 국가와 지역의 제조업 취업이 전체 취업의 5%보다 낮으면 국민경제에서 제조업의 비중을 낮추기 시작한다. 이것이 바로 "너무 이른 탈공업화"이다. 제조업의 발전이 충분하지 않기 때문에 제조업을 대체하는 것은 저기능, 저생산성, 저무역도 유형의 서비스업일 수 있다. 이러한 서비스업은 경제 성장의 새로운 엔진으로서 제조업의 역할을 대체할 수 없으며 지속 가능한 성장을 보장할 수 없다. 만약 공업화가 생산요소조합이 저급에서 고급으로 획기적으로 변화하는 과정이라는 정의에서 출발한다면, "너무 이른 탈공업화"는 실질적으로 생산요소조합이 고급으로 획기적으로 변화하지 못해 오히려 공업화 과정에 대한 중단이다.

2011년 이후 경제 성장 속도가 둔화됨에 따라 중국 경제의 서비스화 추세는 매우 뚜렷하다. 2013년까지 서비스업의 부가가치가 GDP에서 차지하는 비율은 46.1%에 달했지만 공업이 차지하는 비율은 43.9%로 서비스업이 차지하는 비율이 처음으로 공업을 초과하여 가장 큰 비율의 산업으로 되었다. 2015년, 중국의 서비스업이 차지하는 비율은 처음으로 총 GDP의 50%를 초과했다. 중국의 공업화 과정을 보든 산업구조의 고급화 추세를 보든 2013년 서비스업 생산액 비율이 처음으로 공업 생산액 비율을 초월한 것은 상징적인 전환점이다. 이는 통계적으로 서비스업이 공급의 주요 추진력으로 자리잡았음을 의미한다.

오랫동안 서비스업을 대대적으로 발전시키고 산업구조의 전환과 업그레이드를 추진하는 것은 줄곧 중국 산업정책의 격려 방향이자 발전 전략의 목표 방향이다. 2013년에 서비스업 생산액 비율은 공업 생산액 비율을 초과했고 2015년에는 제1의 산업이 되었다. 이는 중국 경제정책의 유효성을 나타냈을 뿐만 아니라 중국 경제 발전 단계 변화의 중요한 표식이 되기도 했다.이런 추세는 앞으로 더욱 뚜렷해질 것으로 예상된다. 그러나 경제 서비스화 추세를 똑똑히 인식하고 순응하는 동시에 우리는 서비스업의 제고가 너무 빠르고 제조업 비례가 너무 빨리 하락하여 생긴 “너무 이른 탈공업화”와 “제조업의 공심화” 위험을 방지하고 대비해야 한다.

1978~2011년에 중국 서비스업이 차지하는 비중은 연평균 약 0.6% 증가했다. 2011~2016년에 중국의 서비스업이 차지하는 비율은 연평균 약 1.5%로 성장하였지만 공업은 연평균 1.1%로 하락하였는데 이는 서비스업이 차지하는 비율이 재빨리 성장하고 공업이 차지하는 비율이 재빨리 하락하는 것은 전례없는 일이라고 할 수 있다. 마찬가지로 세계에서 이렇게 빠른 구조 변화를 가진 나라는 아주 적다. 서비스업이 차지하는 비중이 너무 빨리 상승하는 것에 대해 지나치게 낙관적인 태도를 가져서는 안 된다. 제조업에 비해 서비스업 자본의 심화 정도가 부족하기 때문이다. 서비스업이 차지하는 비중이 너무 빨리 성장하면 전 사회의 1인당 자본이 낮아지고 나아가 전요소 생산성이 떨어지고 경제 성장 속도에 영향을 줄 수 있다. 최근 몇 년 동안 서비스업의 비중이 높아지고 경제 성장률이 하락되면서 이른바 ‘구조적 감속’이 나타났는데, 이 사례가 해당 문제를 설명한다. 2016년 공업투자 특히 제조업 투자 증가율이 하락되어 2016년에 연간 공업투자 총액은 2조 1,826억 위안으로 3.5%를 증가하였다. 증가율은 2015년보다 4.2%를 감소하였다. 그 중 제조업 투자 증가율은 4.2%를 증가하여 2015년 한 해보다 3.9%로 하락했다. 또한 제조업의 외국인 직접투자 유치는 -6.1%, 중국 제조업의 대외직접투자는 116.7%를 증가했다. 현재 세계 범위에서 새로운 과학기술과 산업혁명이 한창 흥성하고 중국이 제조강국 전략의 실시를 대대적으로 추진하는 배경에서 국내공업투자의 성장 속도가 대폭 하락된 반면에 국외투자가 대폭 증가된 것은 두말할것 없이 “제조업 공심화”의 중요한 신호이다. 따라서 중국의 입장에서 볼 때, 현재 너무 빠른 제조업의 비중이 하락되어 “너무 이른 탈공업화”를 일으키는 것을 피해야 한다.

제5장

과잉생산 해소

계획경제에서 중국 경제는 식권과 천 스탬프가 화폐와 같은 교환 수단으로 작용했던 '부족 경제'로 어려움을 겪었다. 20년간의 경제 개혁을 거쳐 1990년대 중반 이후 중국 경제는 전반적으로 '결핍 경제'에서 벗어나 판매자 시장이 구매자 시장으로 대체되고 공급 과잉이 경제 표준로 자리 잡았다. 이러한 배경에서 과잉 생산 문제가 등장하여 점차 중국 경제의 "만성적인 문제"가 되었다. 이는 자본주의 사회에만 과잉 생산 문제가 있다는 이전의 오해를 완전히 뒤집었다. 제조업 과잉 생산은 본질적으로 주기적이지만 지난 20여년 동안 중국 경제 발전에서 해결해야 할 주요 문제였다. 즉, 우선 순위는 다르지만 과잉 생산 능력의 해결은 수년 동안 중국 산업 정책의 중요한 요소라는 것이다.

1

과잉 생산이란 무엇인가

과잉생산excess capacity 또는 surplus capacity이란 직관적으로 한 경제의 생산능력이 소비능력보다 크고, 구체적으로는 가동률이 정상치보다 낮은 경제적 현상으로 이해할 수 있다. 21세기에 들어서면서 중국의 기본 경제 상황은 농업 대국에서 공업 대국으로 변모했으며 세계 500개 주요 공업품 중 220개 제품이 세계 1위를 차지했으며 그 중 조강, 전해 알루미늄, 시멘트, 정제 구리, 선박, 컴퓨터, 에어컨, 냉장고 등의 제품 생산량이 세계 총 생산량의 절반을 넘었다. 중국 경제가 '성장'하는 기쁨과 함께 '크지만 강하지 않은' 구조적 문제도 중국 경제의 향후 발전을 괴롭히고 있으며 과잉 생산은 집중의 반영이다. 적당한 공급 과잉은 시장에서 충분히 경쟁하고 효율성을 높이는 데 도움이 되지만 장기간의 과잉 생산은 기업의 대규모 손실과 파산, 실업 증가, 금융 위험 증가 및 자원 낭비와 같은 문제를 초래한다. 문제의 핵심은 가동률이 얼마나 낮은지, 대과잉 가동인지에 있다.

엄격하게 정의하면 과잉 생산은 실제 생산량이 설비를 풀가동할 때의 잠재적 생산능력보다 적어 발생하는 과잉 생산능력을 말한다. 일반적으로 과잉 생산 정도를 측정하기 위해 생산능력 가동률 또는 설비 가동률(실제 생산량과 잠재적 생산능력의 비율)을 사용할 수 있다. FED는 지난달 생산능력 가동률 데이터를 매월 한 번 발표하고 매년 3월에 수정한다. FED의 생산능력지수는 북미산업분류시스템NAICS의 세 자릿수와 네 자릿수 업종의 89개 세부 업종을 포괄하며 71개 제조업, 16개 광업, 2개 공공사업과 함께 내구재 제조업, 비내구재 제조업, 전체 제조업, 광업, 공공사업 등으로 나

뒨다.[1] FED에서는 가동률이 85% 이상에 도달하면 가동률이 충분히 활용되고 90% 이상이 가동률이 부족하며 79%-83%가 과잉 생산이라고 여긴다. 2015년 이후 중국 국가통계국에서 분기별로 산업생산능력 가동률을 발표하고 있으며, 산업생산능력 가동률은 가치량으로 측정한 실제 생산능력(평균)의 비율이다. 이 중 실제 생산량은 기업의 해당 기간 내의 산업총생산액을 말하며, 생산능력은 기간 내 노동력, 원자재, 연료, 운송 등의 공급이 보장된 상황에서 생산설비(기계)가 정상적으로 가동되어 기업이 실현할 수 있고 장기간 유지할 수 있는 제품 생산량을 말한다. 이 데이터는 9만 개 이상의 산업 기업과 관련된 대기업 및 중소기업에 대한 종합 조사와 소규모 및 영세 기업 표본 조사의 결과를 기반으로 한다. 일반적으로 중국에서는 가동률이 80~85%인 것이 정상 범위라고 생각하며, 이 구간을 초과하면 과잉 생산 또는 부족을 반영하는데, 이는 산업의 가동률이 80% 미만이면 과잉 생산 산업으로 정의할 수 있음을 의미한다.

개혁개방 이후 중국은 여러 차례 심각한 생산능력 과잉 현상이 나타났다. 1990년대 초에는 방직산업의 과잉에 대한 구조조정이 진행되어 방적 규모를 대폭 줄였으나 이는 주로 방직 및 관련 산업을 대상으로 하며 그 범위가 상대적으로 좁다. 1990년대 말부터 2000년대 초반까지 각지의 맹목적인 투자로 인해 중복 건설이 심각했으며 특히 아시아 금융 위기의 영향으로 상무부에서 모니터링한 주요 소비재 및 주요 생산 자재 중 절반 이상의 제품이 공급 과잉, 재고 증가, 생산 과잉이 심각하고 기업의 수익성이 악화되어 대량의 은행 신용 대손이 발생했다. 21세기에 들어서면서 중국은 새로운 중화학공업 단계에 들어섰고 주택, 자동차, 전자통신, 인프라 건설 등 선도산업의 주도하에 중국 경제는 급속한 성장세를 보였다. 이러

1 Bernard Baumohl 저, 서국흥(徐国兴)·신도(申涛) 역, 『경제지표 해석(经济指标解读)(애장판)』, 중국인민대학교출판사, 2014.

한 선도산업은 철강, 비철금속, 기계, 건자재, 화학공업 등 중간투자품 성격의 산업들을 이끌었다. 위의 두 가지 방면에서 전력, 석탄, 석유 등 에너지 산업의 성장을 이끌었다. 그러나 2008년 미국 금융위기 이후 철강·조선·태양광 등의 업종으로 대표되는 과잉생산 문제가 부각되면서 그림 5-1과 같이 2009년 산업생산능력 가동률은 겨우 73.1%에 불과했다. 2009년 9월 26일 국가발전개혁위원회, 공업정보화부 등 부처에서 공동으로 발표한 '일부 산업의 과잉생산 억제와 중복 건설로 산업의 건전한 발전을 유도하기 위한 몇 가지 의견'은 철강, 시멘트, 판유리, 석탄화학 등 전통산업의 과잉생산은 더욱 심화될 것이며 폴리실리콘, 풍전설비 등 신흥산업도 중복 건설 경향을 보이고 있다고 지적했다. 이에 대해 중국에서 경기 부양책을 시행하면서 과잉생산 문제가 상대적으로 완화됐다. 그러나 2012년 이후 중국의 산업화가 후기 단계에 접어들면서 중화학공업의 과잉생산 문제가 점점 두드러지고 경기부양계획의 후유증이 점차 드러나면서 가동률이 해마다 하락하여 2012년부터 2016년까지 각각 77.5%, 75.8%, 75.6%, 74.3%, 73.3%였다. 2016년부터 공급측 구조개혁에 착수하여 생산능력, 재고, 레버리지, 비용절감, 단점보완의 '3제거 1감소 1보완' 정책을 전면적으로 시행하였으며, 2017년에는 생산능력 가동률을 77.0%로 높여 공급측 구조개혁 효과가 나타났다.

그림 5-1 중국 전국 연간 공업 생산 능력 이용률(2006-2017년)

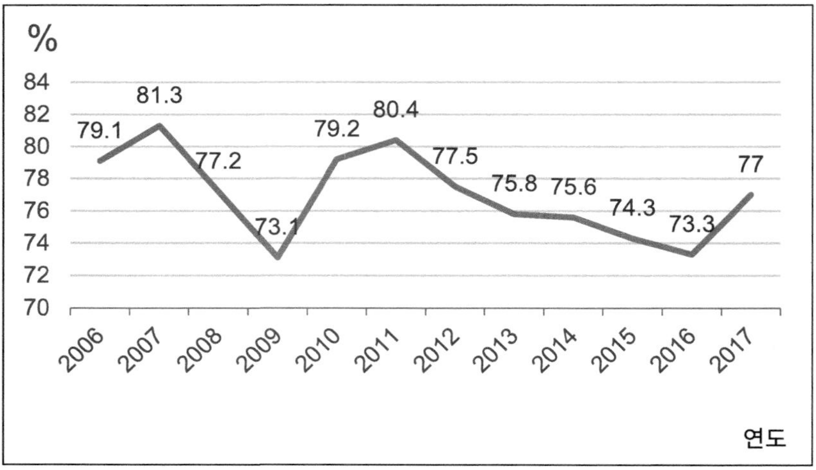

자료출처: 국가 통계국.

국제 금융 위기 이후 중국 제조업이 직면한 과잉 생산 문제는 몇 가지 새로운 상황과 특성을 보여 주었으며 더 긴 시간, 더 넓은 산업 및 더 깊은 수준으로 강조되었다.

시간적으로 볼 때, 국제 금융위기 이후 중국의 제조업 생산 과잉 문제는 시기적이고 단계적으로 장기화되고 있다. 30년 이상의 고속 성장을 경험한 후 중국의 산업화 과정은 후기 단계에 접어들면서 중국의 경제 성장률은 하락했으며 대부분의 중화학산업의 수요 정점은 지났다. 이에 따라 경제 상황이 회복되기를 기다린 후 급속한 경제 성장에 의존하여 과잉 생산 능력을 해결할 가능성이 매우 낮다. 이후 새로운 고도 성장과 함께 과잉생산 문제가 해결됐지만, 국제 금융 위기 이후 중국의 과잉생산 문제는 여전히 이런 경로를 통해 해소될 가능성이 낮다. 이는 생산 과잉을 해결하기 위한 근본적인 구조 개혁이 필요하다. 표 5-1에서 2009년부터 중국 정부의 각 부처에서 공포한 과잉 생산 문제와 직접적인 관련이 있는 다양한 정책을 보여줬다. 표 5-1에서 알듯이 2009년부터 2017년까지 과잉생산과 관련된 정책이 발표되었으며, 여기에 몇 가지 정책만 나열되어 있다. 중국공산당 제18기 3중전회에서는 '생산능력 과잉을 해소하기 위한 장기 메커니즘을 구축해야 한다'고 명시했다. 2015년 중앙경제공작회의에서 기업체, 정부추진, 시장지도, 법에 따른 처리방법에 의해 전면적인 지원정책 체계를 연구하고 제정할 것을 요구했다. 2016년과 2017년의 정부 업무보고에서는 시장 압박과 기업 주체의 정책을 견지하고 시장 지향적인 합법화 방법을 더 많이 사용해 새로운 생산 능력을 엄격하게 통제하며 낙후된 생산 능력의 질서 있는 퇴출을 실현한다고 연속적으로 강조했다. 2017년 중앙경제공작회의에서는 철강 및 석탄 산업의 과잉 생산 문제 해결을 계속 추진하고 시장과 법치의 방법을 사용하여 심각한 과잉 생산 산업의 생산 능력을 제지할 것을 요구했다. 이는 생산능력 과잉 해소가 중앙정책문서와 정부에서 산업정책을 도입하는 데 항상 중요한 과제였으며 생산능력 과잉 문제가 장기적으로 존재함을 보여준다. 이는 국제 금융위기로부터 중국의 과잉생산 해소가 10년 이상 진행되어 왔으며 과잉생산 해소가 장기적인 과제가 되었다는 것을 의미한다.

표 5-1 최근 몇 년간 중국에서 과잉 생산 문제를 해결하기 위해 도입된 주요 정책

시간	정책	부서
2009년 9월 26일	《국무원 승인 전달 개혁 위원회 및 기타 부서의 일부 산업의 과잉 생산 억제 및 중복 건설 및 산업의 건전한 발전 지도에 관한 몇 가지 의견》	국무원
2010년 2월 6일	《생산 능력 제지 작업 강화에 관한 공지》	국무원
2010년 10월 13일	《일부 공업 업종의 낙후한 생산장비 도태와 제품 목록》	공업정보화부
2011년 4월 18일	《낙후한 생산능력을 도태시키고 기업종업원배치사업의 합병, 재편성에 관한 의견》	인적자원사회보장부

2011년 4월 20일	《낙후된 생산 능력을 도태시키기 위한 중앙 재정 인센티브 기금 관리 조치》	재무부, 공업정보화부, 국가에너지국
2011년 4월 26일	《국무원의 〈산업구조조정촉진에 관한 잠정규정〉의 공포 및 시행에 관한 결정》	국무원
2012년 5월 4일	《국무원 판공청은 전달 발전개혁위원회 및 기타 부서의 새로운 국제 협력 및 경쟁 우위 육성 가속화에 관한 지도 의견의 공지》	국무원 판공청
2013년 10월 15일	《국무원의 심각한 과잉생산 갈등 해소에 관한 지도 의견》	국무원
2013년 11월 5일	《심각한 과잉 생산 능력 모순 해결에 관한 국무원의 지도 의견을 관철한다》	국가발전개혁위원회와 공업정보화부
2014년 4월 10일	《국무원의 심각한 과잉생산 갈등 해소에 관한 지도 의견》	은행감독위원회
2014년 4월 14일	《시멘트 단위 제품의 에너지 소비 한도액》	국가발전개혁위원회, 공업정보화부
2014년 7월 31일	《과잉 생산이 심각한 일부 산업의 생산 능력 대체를 위한 이행 조치》	공업정보화부
2015년 5월 7일	《탄광 초능력 생산의 엄격한 관리에 관한 통지》《2015년 석탄 산업의 낙후된 생산 능력 도태에 관한 통지》	국무원, 국가에너지국, 국가탄광안전감독국
2015년 5월 16일	《국제 생산 능력 및 장비 제조 협력 추진에 관한 지도 의견》	국무원
2016년 2월 1일	《국무원의 철강산업 과잉생산능력 해소 및 빈곤탈출발전에 관한 의견》《국무원의 석탄산업 과잉생산능력 해소 및 빈곤탈출발전에 관한 의견》	국무원
2016년 5월 5일	《국무원 판공청의 건자재 공업의 안정적인 성장 촉진, 구조 및 효율성 증대에 관한 지도 의견》	국무원 판공청
2017년 4월 17일	《2017년 철강 및 석탄 산업의 과잉 생산 능력 해소 및 빈곤 퇴치 및 발전 실현에 관한 의견》	발전개혁위원회, 공업정보화부, 재정부 등 23개 부위

자료출처: 중국사회과학원 공업경제연구소 편찬 2013~2017년《중국공업발전보고서》에 근거하여 정리함.

산업 분포의 관점에서 볼 때 국제 금융 위기 이후 중국 제조업이 직면한 과잉 생산은 예전보다 더 광범위하게 관련되어 있다. 중국 산업의 과잉 생산은 일부 산업 및 제품의 과잉에서 전반적인 과잉으로 전환되었다. 2009년 국무원에서 발표한《일부 산업의 과잉생산 억제와 중복건설로 산업의 건전한 발전을 유도하기 위한 몇 가지 의견에 관한 통지》(국발[2009]38호)에서는 "철강, 시멘트 등 과잉생산 전통산업은 여전히 맹목적으로 확장되고 있을 뿐만 아니라 전해알루미늄, 조선, 대두압착 등 산업의 과잉생산 모순도 매우 두드러지며 풍전설비, 폴리실리콘 등 신흥산업도 중복건설 경향을 보이고 있다"고 지적했다. 2012년 중앙경제공작회의에서는 철강, 시멘트, 판유리, 석탄화공, 조선 등 전통업종의 과잉생산 외에도 질소비료, 전석, 염화알칼리, 메탄올, 플라스틱 등 한때 잘 팔리던 화학제품도 과잉생산으로 판매가 어려웠고 구리, 알루미늄, 납아연 제련 등 비철금속업종의 생산 상황이 부진해 과잉생산 문제가 불거졌으며 심지어 폴리실리콘, 풍전설비 등 신흥산업분야 제품도 과잉생산 우려가 있다고 지적했다.

과잉 생산의 관점에서 볼 때 국제 금융 위기 이후 일부 산업의 과잉 생산의 정도는 매우 심각하다. 2013년 10월에 발표된 '중대한 과잉생산 갈등 해소에 관한 국무원 지침'에 따르면 2012년 말 중국의 철강·시멘트·전해알루미늄·판유리·선박의 가동률은 각각 72%, 73.7%, 71.9%, 73.1%, 75%로 국제 통상 수준보다 현저히 낮았다. 2015년까지 다양한 핵심 산업의 가동률은 더욱 감소하였으며, 그 결과 표 5-2와 같이 조강, 석탄, 판유리 및 조선의 가동률은 모두 70% 미만이다. 이후 2016년과 2017년에는 공급측 구조개혁을 거쳐 산업생산능력 가동률이 개선되어 2017년 77%까지 올랐다. 중국의 산업생산자물가지수도 54개월 연속 마이너스 성장을 한 뒤 2016년 9월부터 마이너스에서 플러스로 돌아섰지만 중국의 구조적 모순은 주로 공급측에 있다. 2018년에 중앙경제공작회의에서 공급측 구조개혁을 더욱 심화하고 '3대 1 감소 1 보완'의 효과를 공고히 할 것을 제안했다. 따라서 과잉 생산 능력을 계속 해결하는 것은 여전히 미래 중국의 중요한 경제 과제이다.

표 5-2 중국 주요 생산능력 과잉 공업품 연간 총생산량 및 생산능력 이용률(2015년)

공업품종류	연간 총생산량	생산능력 이용률(%)
조강	8.038억 톤	67.00
석탄	37억 톤	64.90
시멘트	31.8억 톤	73.80
판유리	7.39억 중량상자	67.99
전해알루미늄	3,141만 톤	75.40
조선	조선 완공량 4,184만 재중톤	<70.00

자료출처: 중국사회과학원 공업경제연구소: 《중국공업발전보고(2017)》, 경제관리출판사 2017년판, 86쪽.

2

제조 생산 능력이 왜 과잉되는가

간단해 보이는 생산능력 과잉이 중국 경제 발전의 "고질"이 된 이유는 그 뒤에에 심각하고 복잡한 원인이 있다. 물론 시장 자체의 공급과 수요 관계 변화로 인한 경제 주기 파동 방면의 원인이 있지만, 더욱 관건적인 것은 중국 경제 체제가 시급히 개혁되어야 하고, 경제 발전 방식이 시급히 전환되어야 한다는 것도 있다. 중국에서는 사회주의 시장경제 체제가 아직 성숙하지 않았고, 정부 주도의 투자가 경제 성장을 구동하는 방식은 여전히 “주류”를 이끌고 있으며, 오랫동안 대량의 낮은 수준의 중복 건설을 초래한 데다가 심지어 일부 소위 고급 산업도 우르르 올라와 생산 능력의 과잉이 나타났다.

주기적 과잉 생산은 거시 경제 변동에 따라 경기 침체기에 형성되기 때문에 각 국가에 널리 퍼져 있다. 표 5-3에서 보는 바와 같이 FED에서 발표한 미국의 산업생산능력 이용률을 보면 2009년 국제금융위기의 영향으로 미국의 생산능력 이용률은 1972년 이후 가장 낮은 시기에 빠졌고, 2009년 산업생산능력 이용률은 66.8%에 불과해 1972-2012년 평균뿐만 아니라 1990-1991년 수준에도 훨씬 못 미쳤다는 것이다. 거시경제의 역주기 조정 정책에 따라 미국 경제 주기가 점차 안정되고 생산 능력 이용률도 크게 향상되며 2012년 말까지 80%에 가까운 정상 수준을 회복했다. 마찬가지로 경기 순환의 변화도 중국의 과잉 생산 능력의 중요한 원인이다. 그림 5-1에서 보는 바와 같이 2009년에는 국제 금융 위기의 영향으로 중국 경제 주기의 하방 압력이 매우 높은 와중 중국의 이용률은 73.1%에 불과했는데, 이는 2006년 이후 가장 낮은 이용률이기도 하다. 즉, 거시경제 주기의 영향을 과소평가해서는 안 된다.

표 5-3 미국 공업 생산 능력 이용률 변화 상황 단위: %

	1972-2012 평균	1988-1989 (고)	1990-1991 (저)	1994-1995 (고)	2009 (저)	2012.1	2012.12	2013.2
모든 공업	80.2	85.2	78.8	85.0	66.8	78.1	79.3	79.6
제조업	78.8	85.6	77.3	84.6	63.8	76.1	78.2	78.3
채광업	87.4	86.3	83.9	88.6	78.5	91.8	91.9	90.2
공용사업	86.0	92.9	84.3	93.3	79.1	75.6	70.9	75.4

자료출처: 리효화:《후위기시대 우리 나라 산능과잉연구》,《재경문제연구》 2013년 제6호.

그러나 학자들은 중국제조의 과잉생산에 대해 다른 시장경제체제 국가들과 달리 과잉생산되는 체제적 원인에 더 주목하고 있다. 주기적인 원인에 의해 형성된 과잉 생산은 주기적인 변동으로 해결할 수 있기 때문에, 어떤 의미에서 주기적인 과잉 생산은 시장 경제 운영의 매우 정상적인 현상이며, 주기적인 변동에 따라 발생하며, 역주기 조절 정책의 작용 하에 주기적인 변동에 따라 사라진다. 체제적 원인으로 인한 과잉 생산의 경우 체제적 원인이 제거되지 않으면 근본적인 정책 효과의 여지가 거의 없다. 중국의 과잉생산 문제는 주로 체제와 메커니즘의 원인에 의해 형성되며, 우리가 GDP 지향의 정부 실적관을 근본적으로 바꿀 수 없다는 전제 하에 지방정부의 투자 충동을 억제하기 어렵다. 뿐만 아니라 오래된 과잉 생산 능력을 소화하기 어렵다. 예를 들어 합병 및 재편을 통해 일부 생산 능력을 소화하고, 산업 정책을 통해 일부 생산 능력을 없애려는 것은 실제 추진 과정에서 종종 큰 어려움을 당하고 만다. 종종 정책이 제대로 시행되지 못하거나 정책이 내렸는데 이에 대항하는 대책도 동시에 마련해 있다. 또한 이른바 전략적 신흥 산업까지 포함하여 새로운 과잉 생산 능력이 지속적으로 생산될 것이다. 구체적으로 중국의 과잉 생산의 원인이 되는 심층적 시스템의 원인은 다음과 같이 5가지가 있다.

첫째, 장기간에 걸친 투자 주도 경제 성장 모델의 형성은 많은 산업 투자 산업의 과잉 생산의 직접적인 원인이다. 성장률에 대한 정부의 일방적인 실적관 추구에 따른 중국의 성장은 투자와 수출 수요가 함께 움직인 측면이 크다. 그러나 이 모델은 지속 가능하지 않으며 한편으로는 국내 최종 소비자 수요를 크게 억제하고 다른 한편으로는 산업 투자 산업에 강력한 시장 수요와 투자를 통한 생산 능력 확대의 신호를 지속적으로 제공하여 결국 공업품 과잉 생산으로 이어지기 쉽다.

둘째, 정부의 개입은 요인 시장의 가격 신호를 파괴하고 수요와 공급의 혼란을 초래하여 과잉 생산 능력을 형성한다. 각지에서 경제성장을 적극적으로 추진하는 과정에서 지방정부는 토지 우대, 세제 우대, 에너지 가격 우대, 심지어 재정지원 등의 보조금 조치를 채택하고 기업에서 대출을 받을 수 있도록 돕는 등의 수단으로 투자유치 경쟁을 벌여 시장 메커니즘과 시장 자체의 기능이 심각하게 결여됐다. 일방적인 GDP 추구에 힘입어 정부는 토지, 노동력, 자금, 광물자원, 생태환경 등 요소가격의 불합리한 가격을 책정하여 자원과잉, 토지과잉개발, 환경과잉사용, 자본과잉 공업화를 초래하여 결국 공업생산능력의 과잉으로 나타난다.

셋째, 수년간의 국유기업 개혁에도 불구하고 정부가 국유기업에 크게 관여하고 많은 지방 플랫폼 기업이 정부의 제2재정이 되었으며, 이는 국유기업 고유의 '소프트 예산 제약'과 결합하여 결국 많은 국유기업이 '투자 갈증'과 '확장 충동'을 갖게 되었고 결국 과잉 생산 산업에 많은 투자를 하게 되었다. 실제로 최근 몇 년 동안 국유 기업은 생산 과잉이 심각한 중화학 산업에서 생산 과잉의 주역이다. 중국의 급속한 산업화 과정, 투자주도의 고속한 성장 및 광범위한 경제 성장 방식과 어울려 중국 국유 경제의 발전 방식은 줄곧 투자주도의 규모적인 확장을 주역으로 해 왔다. 급속한 경제 성장의 환경에서 기업은 많은 발전 기회에 직면해 있으며 모방형 배랑식 소비 수요와 대규모 인프라 투자 수요로 인해 '도약 형식' 발전은 대부분의 기업이 추구해 실현할 수 있는 개발 전략 목표로 발전했다. 민영기업의 기업가적이고 기회지향적 '도약식' 발전방식과 달리 주관적·객관적 조건은 국유기업이 투자지향적 '도약식' 발전방식을 더 많이 선택하도록 한다. 그 이유로는 첫째, 국가에서 국유기업에 국가 안전, 경제 추월 등의 국가사명을 부여하고 국가안전업종, 자연독점업, 중요 공공제품과 서비스업, 경제지주, 첨단기술산업에 관련된 국유기업이 규모 면에서 빠르게 확장됨으로써 대형의 해외 글로벌기업에 대항할 수 있도록 한다. 둘째, 지방정부는 조세 및 지역경제 발전 실적의 필요에 따라 지방 국유기업의 급속한 규모 확장을 원한다. 셋째, 정부 관료 임기제와 공기업 기업인의 조직

임명제 때문에 공기업 정책 입안자들이 투자에 의존해 빠르게 확장하려는 동기가 더 강해진다. 장기적으로 국유기업은 이러한 투자 주도 ‘도약식’ 발전 방식에 더 익숙해질 것이다. 넷째, 국유경제의 전략적 재편을 거쳐 중국의 급속한 산업화 과정와 어울리게끔 대부분의 국유기업이 투자가 높은 중화학공업이 필요하다. 다섯째, 자금 조달 시스템과 메커니즘 측면에서 국유 기업은 대규모 투자를 받을 수 있는 더 많은 편의성을 가지고 있다.[2]

넷째, 정부에서 강력한 산업 선택 정책을 채택하는 것도 생산 과잉을 초래하는 또 하나의 중요한 원인이다. 특히 전략적 신흥 산업에 대해 이렇다. 오랫동안 중국 정부는 강력한 선택형 산업정책에 익숙했으며 중국 산업 정책의 초점은 정부에서 보조금, 조세, 법규 등의 형식을 통해 특정한 산업의 발전을 직접적으로 지지, 지원, 보호 또는 제한하여 산업 구조의 전환 및 업그레이드를 가속화하고 경제 추월을 실현하는 것이다. 이에 국유 대기업을 지원하고 기업 합병 및 집중도를 장려하며 과잉 생산 능력을 억제하고 과도한 경쟁을 방지해 전략적 신흥 산업을 지원하고 기술 혁신을 장려하는 경향이 있다. 이러한 정책은 산업화 초기 및 중기에 경제 추월 역할을 발휘했지만 일련의 문제도 발생했으며 과잉 생산 문제가 반영되었다. 특히 최근 몇 년 동안 부적절한 산업 정책 개입은 태양광 산업으로 대표되는 신흥 산업에서 심각한 과잉 생산의 주요 원인이 되었다. 또한 신에너지 자동차에 대한 과도한 보조금 지급으로 인해 일부 자동차 회사에서 심각한 ‘보조금 사기’가 발생했다. 신에너지 자동차 정책이 너무 강력하면 가까운 장래에 신에너지 자동차가 과잉 생산 문제를 일으킬 수도 있다고 예상한다. 실제로 2018년까지 중국의 전체 자동차 판매량은 20년 만에 처음으로 마이너스를 기록했으며, 신에너지 자동차 판매량은 라이선스 문제

2 황군혜, <‘13차 5개년 계획’ 시기의 새로운 국유경제의 전략적 조정에 관한 연구(“十三五”时期新一轮国有经济战略性调整研究)>, 『베이징교통대학교학보』(사회과학판) 2016-2.

로 인해 여전히 크게 증가했지만 자동차 산업의 과잉 생산 문제는 멀지 않았다고 생각한다.

다섯째, 과잉 생산의 심층적인 시스템의 원인도 지방 정부의 지방 보호주의로 귀결할 수 있다. 지방정부에서 자체 경제성장을 추구하는 것도 중국 경제성장 기적의 하나의 요인이지만 부정적인 효과도 있다. 지방정부는 해당 지역의 GDP와 재정수입을 위해 지방 보호를 특징으로 하는 도덕적 해이 문제가 발생하기 쉬우며, 지방정부에서는 해당 지역의 기업에 보호조치(정부구매 및 보조금 등)를 제공하는 경향이 있으며, 외래기업 제품의 현지시장 진입경쟁 장벽을 높이거나 현지 투자기업에 각종 투자편의조건을 제공함으로써 최종적으로 '제후경제' 현상이 이루어진다. 지역의 이익에서 출발한 대규모 투자는 궁극적으로 전국에 맹목적인 투자와 중복 건설을 형성하여 과잉 생산의 중요한 원인이 된다.

위에서 언급한 심층적이고 체제적 문제의 다양한 징후는 기존 정부 거버넌스 경제 시스템에서 단기간에 해결할 수 없다. 체제적 문제를 해결할 수 없는 상황에서 심각한 과잉 생산 문제에 직면하여 정부 거버넌스 정책은 거버넌스가 점점 더 많아질 수 있다. 한편, 과잉생산능력을 해소하기 위한 시장 메커니즘은 단기간에 확립하기 어렵고, 시장경쟁의 적자생존 메커니즘은 과잉생산능력을 해소하는 가장 효과적인 도구가 될 수 없다. 시장에 과잉생산능력이 나타날 때 시장경쟁으로 통해 과잉산능을 시장에서 재빨리 할 수 없으며, 파산 메커니즘은 시장경제체제에서 과잉생산능력을 해소하는 가장 중요한 금융 및 법적 경로로서 제대로 적용하지 못한다. 또 다른 한편으로는 상급 정부에서 책임제 강화와 행정적인 조직 리더십 등의 수단으로 낙후된 생산능력을 강제적으로 없애는 경향이 높아지고 있지만, 도태량 기준이 지나치게 주관적이고 인위적으로 설정한 기술기준, 거친 행정수단으로 인해 단기적으로는 시장균형을 잡을 수 있지만 향후 과잉생산능력이 되살아나 새로운 행정 처리가 반복되기도 한다.

3
생산 과잉의 대응

중국 제조업의 생산 과잉은 주기적인 원인이 있기도 하고 체제적인 원인도 있다. 이런 복잡한 생산 과잉 문제에 직면하여 효과적으로 대응하는 것은 하나의 거대한 도전이다. 효과적으로 대응하려면 "표본과 근본을 함께 다스리는 것"만이 상책이다. 정부에서 단기적인 행정화 조치를 통해 생산능력 과잉을 해소하는 것은 기본적으로 모두 표면을 다스리는 조치이며, 시장화, 법제화 조치만이 근본을 다스리는 조치라고 볼 수 있다. 표 5-4에서 두 가지 수단의 기본적인 특성을 다음과 같이 비교했다.

표 5-4 생산 과잉 "표본 겸치": 시장화 수단과 행정화 수단 비교

	시장화 수단으로 과잉 생산 능력을 해결하기	행정화 수단으로 과잉 생산 능력을 해결하기
목표	수요와 공급이 균형을 이루며, 심각하고 지속적인 생산 과잉을 피한다.	수요와 공급의 균형을 잡고 특정 업계의 심각한 생산력 과잉을 해결한다.
진동폭	시장이 자동으로 조정되고, 연속적이고 미세적으로 조정되어, 생산 능력의 진폭이 작다.	정부에서 강제 도태, 불연속 조정, 생산 능력 진폭이 크다
적용 분야	심각하지 않은 생산능력 과잉, 체제적이고 공급측 요인에 의한 생산능력 과잉	주기적이고 수요측 요인에 의한 심각한 생산능력 과잉, 외부성 등에 의한 시장 균형의 편차에 의한 생산능력 과잉
동력	기업의 내재적 이익 추구 동력과 외부 경쟁 압력에서 비롯되며, 내재적 인센티브와 능동성이 강하다.	중앙정부에서 산업정책, 행정규정, 정책 집행자에 대한 강제요구를 통해 성장선호를 가진 지방정부로 하여금 시행하라 하며, 내재적 인센티브와 주도성이 부족하다.

탈락 순서	외부 제약이 건전한 조건에서 시장은 자동으로 도태 순서를 선택하며, 낙후된 생산 능력은 감독 요구 사항에 부합하지 않고 시장 경쟁력이 부족하여 먼저 도태되고, 낙후 정도가 높을수록 먼저 도태된다.	정부에서 관련 정책과 기준에 따라 퇴출 순서를 정해 퇴출 대상을 정하고, 기준에 맞지 않는 생산 능력은 모두 퇴출 대상에 포함시킨다.
수단	외부 제약과 시장 경쟁에 따라 기업에서 생산 능력의 감소 또는 확대를 자율적으로 결정하고 주로 기업의 자율 투자, 의사 결정 등 선택적 수단에 의존한다.	정부에서는 관련 정책과 판단, 선호에 따라 생산능력 압축, 총량통제 및 접근 제한, 요소공급제한, 사업승인 엄정파악, 낙후장치 도태 등 강제적인 수단을 채택하여 외부에서 기업에 압력을 가하거나 강제적인 요구를 하여 생산능력을 줄이도록 한다.
효과	생산능력의 자체 억제 메커니즘을 형성할 수 있어 심각하고 지속적인 생산능력의 과잉을 피할 수 있고 지속적으로 생산능력을 조절할 수 있어 심각한 과잉이 자주 발생하지 않도록 장기적인 효과는 좋지만 이미 나타난 심각한 생산능력의 과잉에 대해서는 단기적으로 효과를 보기 어렵고 구체적인 효과는 외부 제약과 정부 감독이 제대로 이루어졌는지에 달려 있다.	심각한 과잉 생산은 단기적이고 비교적으로 빠르게 시정될 수 있지만, 스스로 억제할 수 없으며, 생산능력은 압력을 가하면서 증가하며, 도태된 생산능력은 쉽게 되살아나고, 심지어 총량을 통제할수록, 투자가 활발해지고, 생산능력은 과잉을 넘어서는 악순환에 빠지며, 정부의 예측과 선택은 항상 시장의 실제 수요와 편차가 있다.

자료출처: 류지차오, 왕전: 《생산 과잉을 해결하기 위한 시장화 원리 및 조치 분석》, 《경제 관리》 2017년 6호.

정부 주체가 과잉 생산 능력의 해결을 촉진한다는 관점에서 수년 간의 실천 끝에 기본 정책 시스템이 형성되었다. 정책의 지도사상으로 보면 "분업시책, 종합시치"이다. 소위 '분업시책'은 중점 과잉 산업을 파악하여 집중적으로 맞춤형 조치를 취하여 관리하는 것이다. 예를 들어 2012년 중국 철강, 시멘트, 평판유리, 전해알루미늄, 조선업계의 가동률은 모두 70% 정도에 불과해 중점적으로 관리해야 하며, 그 중 철강과 조선 업계의 산업집중도가 낮은 문제가 두드러져 적극적인 합병재편을 통한 생산능력 통합이 필요하다. 세부적으로 살펴보면, 전해알루미늄과 평판유리 업계의 기술접근 문턱이 낮아 기술접근 기준을 조속히 높여 낮은 수준의 중복건설을 억제해야 한다. 시멘트 업계는 에너지절약 문턱을 높여 낙후된 생산능력 성장을 제한하는 데 중점을 둘 수 있다.

소위 '종합시치'는 '제한, 소화, 이전, 통합 및 제거'의 다중 관리 '칵테일 요법'을 채택하여 과잉 생산량을 종합적으로 관리하고 있다. 이에 대해 첫째, "제한"과 관련하여 구체적인 조치는 프로젝트의 승인 및 착공을 엄격히 제한하는 것을 포함하며, 이는 과잉 생산 산업의 에너지 소비, 물적 소비, 환경 보호 등의 진입 장벽을 높이고 신흥 산업에 대한 접근 기준을 제시간에 수립 및 보완할 수 있으며, 프로젝트 승인, 토지, 환경 영향 평가 등 행정의 관문을 엄격히 통제함으로써 신규 프로젝트의 승인 중지, 승인 통과 프로젝트의 착공 금지, 건설 프로젝트의 중단으로 과잉 생산 산업의 고정 자산 투자를 억제하고 생산 능력의 확장을 억제함으로써 투자의 과도한 성장, 특히 새로운 후진 생산 능력의 형성을 원천적으로 억제한다. 둘째, '소화'는 내수 확대와 창출을 통해 생산능력을 소화하는 것으로, 특히 태양광, 풍력 등 산업의 과잉 생산능력을 포함한 시장 수요와 산업발전방향을 대표하는 중점전략적 신흥산업에 대해 에너지 절약 녹색제품, 정보서비스, 제품 등은 소비정책을 통한 내수진작의 중점방향이어야 한다. 구체적으로 응용시범적 프로젝트 건설, 정부조달, 소비재에 대한 소비자 직불금, 기업 사용자에 대한 투자재의 국내 최초(세트) 장비 위험 보상 등의 조치를 통해 과잉 생산 능력을 소화하는 동시에 기업이 난관을 극복하도록 돕고 산업의 핵심 능력을 보호하고 지속할 수 있다. 셋째, '이전'과 관련하여 기업의 '세계화' 속도를 가속화하여 생산 능력을 해외로 이전하는 것을 의미한다. 이것은 또한 '일대일로' 이니셔티브에 따라 국제 생산 능력 협력을 적극적으로 추진하려는 초기 취지이기도 하다. 생산능력을 해외로 이전하면 과잉생산능력을 해소할 수 있을 뿐만 아니라 무역장벽을 피하고 무역마찰을 완화할 수 있는 장점이 있다. 국내 원가 상승으로 경쟁력을 상실한 기업의 지속적 발전에도 도움이 된다. 2015년 5월 국무원에서 반포한 '국제 생산 능력 및 장비 제조 협력 촉진에 관한 지침'은 중국 기업의 '세계화'를 촉진하고 과잉 생산 능력을 해결하는 것을 목표로 한다. 여기서 지적해야 할 것은 과잉 생산 능력이 결코 낙후된 생산 능력과 같지 않다는 것이다. 중국의 국내 수요에 있어 과잉 생산 능력이 되지만 다른 개발 단계에 처해 있는 국가에게는 마침 필요할 수도 있다. 따라서 과잉 생산 능력을 '이전'하는 것은 사실 서로에게 모두 좋다. 넷째, '통합'과 관련하여 기업의 합병 및 재편을 촉진하여 다수의 생산 능력을 통합하는 것을 말하며, 이는 국유 경제의 전략적 재편의 심층 추진과 결합될 수 있다. 2013년 1월 22일에 공업정보부, 발전개혁위원회 등 국무원 기업합병재편촉진사업부간조정팀의 12개 구성원 단위는 공동으로 '중점 업종 기업합병재편 가속화에 관한 지도의견'을 발표하여 자동차, 철강, 시멘트, 선박, 전해알루미늄, 희토류, 전자정보, 의약, 농업산업화 9대 업종과 분야를 합병재편할 주요 목표와 중점과제를 제시하였다. 이는 과잉생산 산업의 합병재편을 가속화하는 것을 목표로 하는 것이다. 특정 산업의 과잉 생산량을 관리하는 일부 정책도 인수합병을 중요한 조치로 간주하는데, 예를 들어 '전해알루미늄 산업의 과잉 생산 억제와 중복 건설로 산업의 건전한 발전을 이끄는 긴급 통지'에서는 전해알루미늄 생산량을 늘리지 않는 범위 내에서 국가에서는 기업이 자산 연결, 자원 보장, 기술 지원으로 산업 간, 지역 간, 소유제를 초월한 공동 재편을 계속 지원할 것을 제안했다. '과잉생산과 중복건설을 억제하고 판유리산업의 건전한 발전을 인도함에 관한 의견'에서는 사업승인, 토지승인, 신용투여, 조세감면 등의 분야에서 우위기업을 지원하면서 기업의 새 라인의 건설을 줄임과 동시에 합병과 재조립을 격려하도록 제안했다. 다섯째, "탈퇴"에 관하여는 일부 낙후된 생산능력을 폐쇄함으로써 도태시킨다. 2010년에 《국무원의 낙후된 생산능력 제거작업 강화에 관한 통지》에서는 과잉생산 업종에 대하여 신규생산능력과 도태능력의 "등량치환" 또는 "감량치환"의 원칙을 견지하고 환경영향평가, 토지안전생산승인, 저수준 중복건설 억제, 신규 낙후된 생산능력 증가를 방지하고 토지이용계획조정을 개선하여 낙후된 생산능력과 심각한 과잉생산업종 건설 사업에 토지를 제공하는 것을 엄격히 금지한 바가 있다. 시멘트, 판유리와 같은 과잉 생산 핵심 산업의 문서와 관련하여 낙후된 생산 능력을 제거하는 것도 과잉 생산 관리를 위한 중요한 조치로 간주된다. 2012년에 중국에서 19개 산업 분야에서 낙후된 생산 능력을 제거하기 위한 목표와 과제를 내렸고 2013년에 이 분야의 노력을 더욱 강화하고 철강, 시멘트, 전해 알루미늄, 판유리, 선박 및 기타 산업을 그 해 작업의 초점으로 삼았다. 종합적인 시책, 특히 '3제거 1강하 1보완'의 공급측 구조개혁 정책을 통해 중국의 '생산능력 제거'는 순조롭게 진행되어 2016~2017년 석탄생산능력 5억4000만톤을 철수하고 철강생산능력 1억2000만톤을 해소하며 '지조강' 1억4000만톤, 석탄발전능력 6500만kW를 제거하고 중단시켰다. 2018년 1월부터 9월까지 철강 생산량은 0.2억 톤을 초과하여 기본적으로 '13차 5개년 계획'에서 설정한 목표를 달성했으며 석탄 생산량은 5억 5천만 톤으로 목표 및 과제의 70%를 달성했다. 한편, 철강 및 석탄 생산량은 2016년의 72.3%, 59.5%에서 2018년의 78.7%, 71.4%로 증가했다.[3]

근본적으로 살펴보면, 그 관건은 제도혁신을 통해 생산능력이 과잉되거나 낙후한 생산능력이 형성된 심층적인 체제적 근원을 타파하고 시장화, 법치화의 장기적 효과메커니즘을 구축하는 것이다. 당중앙위원회 제18기 제3차 전원회의에서 생산 능력 과잉을 해소하는 장기효과메커니즘을 구축해야 한다고 명확히 제시하였다. 또한 2015년 중앙경제공작회의에서는 기업주체, 정부추진, 시장인도, 법에 의한 처리의 방법에 따라 전면

3 황한권(黄汉权), <공급측 구조개혁 방향을 위한 '팔자방침'("八字方针"为供给侧结构性改革定向指航)>, 『경제일보』, 2018.12.28.

적이고 부대적인 정책체계를 연구 및 제정할 것을 요구했다. 그리고 2016년과 2017년 정부사업보고에서는 연속적으로 시장역핍박, 기업주체의 방침을 견지하고 시장화, 법치화 수단을 더욱 많이 운용하여 새로 증가된 생산능력을 엄격히 통제하고 낙후한 생산능력의 질서있는 퇴출을 실현할 것을 강조했으며, 2017년 중앙경제공작회의에서는 철강 및 석탄 산업의 과잉 생산 문제 해결을 계속 추진하고 시장과 법치의 방법을 사용하여 심각한 과잉 생산 산업의 생산 능력 제거를 잘 수행할 것을 요구했다. 이 모든 것은 과잉 생산 능력을 해결하기 위한 시장 기반 메커니즘의 구축에 대한 요구 사항을 제시하고 방향을 제시했다. 이러한 목표를 달성하기 위해서는 첫째, 행정체제적 개혁과 정부투자금융체제적 개혁을 심화하고 불합리한 지방정부 성과평가제도, 정부기능 오프사이드, 행정독점 등의 문제를 해결해야 한다. 이 두 가지 문제가 매우 중요한데, 하나는 GDP 지향의 실적 평가관을 바꾸고, GDP의 가중치를 적절하게 낮추며, 사회 복지, 환경보호의 정부에 대한 강력한 제약을 강조하는 것이고, 다른 하나는 재정 및 조세 시스템의 개혁을 적극적으로 추진하고, 중앙 및 지방의 조세 시스템을 재구축하는 한편, 지방 재정 예산 및 결산 공개를 꾸준히 추진하고, 대중과 언론 매체의 예산 집행에 대한 감독을 적극적으로 수용하고, 정부 예산의 전면성, 엄숙성 및 권위를 강화해야 한다. 동시에 국유기업의 소득을 예산관리에 포함시키고 이익상환율을 높이며 국유기업의 부채 비율을 엄격히 통제하고 국유기업에서 과잉생산능력을 가진 산업 및 비주요사업에 자금을 투자하는 것을 엄격히 금지한다. 둘째, 시장 체계를 완비하고 자원배치에서의 시장 가격의 기초적인 역할을 더욱 잘 발휘시켜야 한다. 요소시장화 개혁을 심화하고 토지, 중요한 광물자원, 에너지, 수자원 등 요소의 가격 개혁을 중점적으로 추진하여 요소가격이 요소의 희소성을 반영할수 있도록 해야 한다. 생태환경보호의 보상메커니즘을 구축하고 보완하려면 기업이 생산하는 환경 원가는 반드시 기업의 생산원가에 완전히 내화되어야 한다. 마지막으로 시장 진입 및 퇴출 메커니즘을 개선하고 과잉 생산 문제를 해결하는 데 도움이 되는 양적 및 동적 규제 프로세스를 형성한다. 과학적이고 엄격한 시장 진입 장벽을 구축하고 에너지 절약, 배출 감소 및 생산 기술 표준을 지속적으로 최적화하고 표준의 심각성을 보장하며 표준에 도달하지 않은 투자자의 시장 진입을 엄격히 금지해야 한다. 효과적인 퇴출 메커니즘을 설계하고 업계의 현황과 발전 추세를 결합시켜 낙후된 생산 능력 표준을 확정하고 낙후된 생산 능력 퇴출을 위한 재정 보조금과 인센티브 메커니즘을 구축해야 하며, 각 이해관계자의 낙후된 생산 능력 퇴출로 인한 손실을 수용할 수 있는 범위 내에서 통제해야 한다. 특히 낙후된 생산 능력 퇴출을 위한 노동 고용, 사회보장 메커니즘 및 금융 위험 통제 메커니즘을 구축하여야 한다.

제6장

제조업의 기술혁신

기술적 혁신은 중국의 아킬레스건이다. 중국 제조업 발전의 병목은 기술 혁신으로, 공업 4대 핵심인 기초 부품(소자), 선진 기초 원자재, 핵심 기초 공정 및 업계 공통의 기초적인 기술을 강화하든, 제조업 글로벌 가치 사슬이 저단에서 고단으로의 상승을 추진하든, 모두 기술적 혁신 능력을 제고하는 데에 달려 있다. 더 나아가 제조업 혁신 효과의 발휘를 통해서만 중국 경제는 투자 추진에서 혁신 추진으로의 발전 방식을 전환하고 동적인 변혁을 실현한 후에야 고품질 발전으로 나아갈 수 있다. 따라서 혁신능력을 제고하고 혁신의 병목을 돌파하는 것은 제조업 발전의 관건일 뿐만 아니라 중국 경제가 질적 성장으로 전환하기 위한 필연적인 요구이기도 한다.

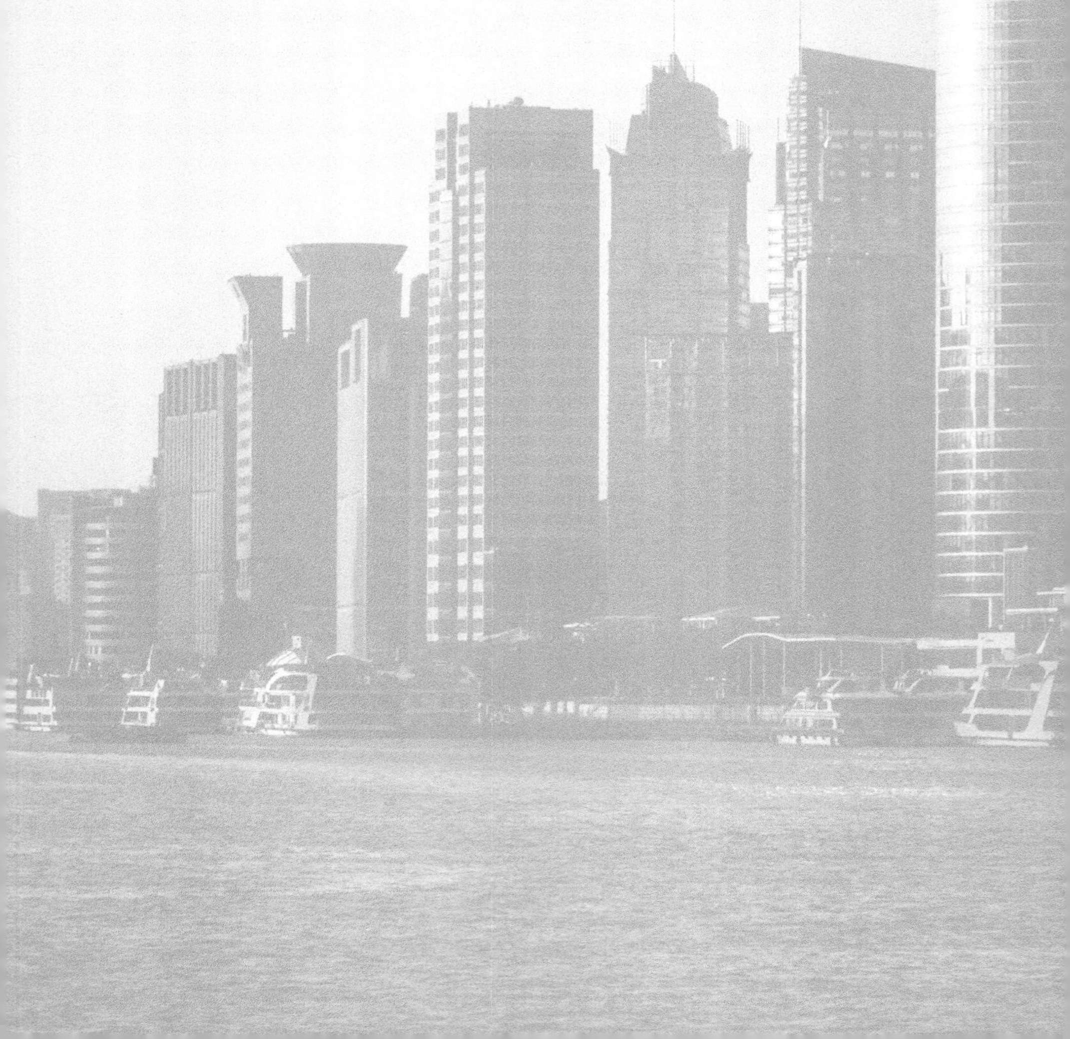

1
아킬레우스의 발뒤꿈치

비록 마르크스는 기술 혁신이 사회 발전을 추진하는 데 큰 역할을 한다고 생각하면서 항상 기술 혁신을 사회 발전을 추진하는 강력한 지렛대, 최고 의미의 혁명 역량으로 보았지만, 마르크스는 혁신에 대한 엄격한 정의를 내리지 않았다. 마르크스에 대한 학자들의 연구에 기초하여, 마르크스는 새로운 현실에 맞는 현실적인 인간으로 혁신을 정의한다고 생각할 수 있으며, 이전에 사람들이 종사해 본 적이 없는 창조적이고 복잡한 활동에 의도적으로 종사하고, 인간의 자각적인 능동성의 중요한 구현이다. 물질 생산 실천, 사회 관계 실천과 과학 실험이 세 가지 인류 실천 활동의 기본 형식에 대응하여 혁신에는 주로 기술적 혁신, 제도적 혁신, 과학적 혁신 세 가지 기본 형식이 있다. 과학혁신을 통해 과학지식을 생산력으로 전환시키고 생산도구의 변혁을 유발하여 생산관계의 변혁을 추동할 수 있다. 마르크스는 기술을 일종의 침투적인 생산 요소라고 여겼다. 기술은 노동자의 능력 제고, 자본축적의 촉진, 노동수단 특히 생산도구의 개량에 의하여 거대한 자연력과 자연과학을 생산과정에 합체시킨다. 즉, 생산 과정을 과학화시킴으로써 생산력을 높이고 경제발전을 촉진하는 데 큰 역할을 하는 것이다.[1]

현대 서방경제학의 발전에 "혁신"이란 말은 미국의 경제학자 슘페터에

---

1 관련 연구는 유홍옥(刘红玉), <마르크스의 혁신 사상 연구(马克思的创新思想研究)>, 호남대학교 박사학위논문, 2011. 방원정(庞元正), <혁신이론에서 혁신실천유물론까지(从创新理论到创新实践唯物主义)>, 『중공중앙당교학보』 2006-6. 서초원(舒远招), <마르크스의 창조 개념(马克思的创造概念)>, 『호남사범대학교사회과학학보』 1998-5 참조.

의해 1912년에 내놓은 저서 "경제발전론"에서 처음 제기했다. 슘페터의 혁신 이론에서 말하는 혁신은 "새로운 생산 함수를 만드는 것" 또는 "생산 요소의 새로운 조합"이다. 새로운 제품의 개발, 새로운 생산방법이나 공정의 사용, 새로운 시장의 발견, 새로운 원료나 반제품의 발견 그리고 새로운 조직관리 방식의 창출 등이 그것이다. "혁신"과 그에 따른 경제과정의 변화, 그리고 "혁신"에 대한 경제시스템의 반영을 경제 발전이라고 한다. 서방 경제학에는 창조적인 문제에 관한 이론학파가 즐비하다. 신고전적 성장이론(외생물학적 성장이론), 신성장론(내생적 성장론), 진화경제이론은 다른 각도에서 경제성장에 대한 기술진보의 의의 및 내적 메커니즘을 논술하였다.[2]

중화인민공화국이 창건된 후 각 시기의 경제발전실천이 보여주다시피 과학기술진보와 기술혁신 사업의 발전은 중국의 경제성장 및 건전한 발전과 밀접히 연관되어 있다. 중화인민공화국이 창건된 초기, 과학 기술 수준은 전반적으로 서방 선진국보다 100년 가까이 뒤떨어졌고, 경제는 더욱 가난했다. 1949년 이후, 중국공산당은 국외에 있는 중국과학자들을 귀국시켜 지식인과 공업화 인재를 양성 의사를 호소하기 시작하였다. 1956년, 당중앙은 전당과 전국을 향해 "과학을 향해 진군하라"라는 것을 호소했다. 그리고 1966년에 이르러 중국은 공업화의 초보적인 토대를 마련하였으며, 1966년~1976년 "문화 대혁명" 기간에는 "4인무리"의 파괴로 말미암아, 중국의 과학 기술 수준과 세계 선진 수준은 끊임없이 확대한 결과, 중국의 국민 경제는 한때 붕괴에 가까웠다. 1978년 3월 18일, 당중앙위원회는 전국 과학 대회를 열고 등소평은 '4개 현대화의 관건은 과학 기술의 현대화이며, 과학기술은 제1 생산력이며, 과학기술 종사자들은 노동자이다'라는 중요한 논의를 제기했다. "과학기술이 바로 제1 생산력이다"라는 것 중국의

2 황군혜, <중국 특색 사회주의 혁신 발전 이념에 대하여(论中国特色社会主义创新发展理念)>, 『광명일보』, 2017.9.5.

과학기술혁신과 경제 발전을 지도하는 핵심적인 이념이 되었다. 1995년 5월 6일, 중공중앙과 국무원에서 《과학기술진보를 가속화할데 관한 결정》을 내놓고 과학과 교육에 의한 국가진흥 전략을 제기하였다. 21세기에 들어선 후 당중앙은 또 혁신형 국가를 건설하는 데에 대한 중대한 결책을 창조적으로 제기하였다. 이와 같이 과학기술혁신을 중요하게 여기는 경향과 함께 한 개혁개방 몇 십년 동안 중국 경제는 고속적인 성장을 유지하였다.

시진핑을 주축으로 하는 당중앙에서 제기한 "혁신·조화·녹색·개방·공유"라는 5대 발전 이념이 중국 발전의 원동력, 방법론 원칙 및 발전에 관한 일부 중대한 문제에 해답을 주었다. 혁신과 발전의 이념을 지침으로 삼아야 한다. 중국특색적인 사회주의 혁신 발전 이념을 실시하는 총체적 전략 계획에는 주로 다음과 같은 것들이 포함된다. 《중화인민공화국 국민경제와 사회 발전 제13차 5개년(2016-2020년) 계획요강》《국가혁신에 의한 발전 추진 전략 요강》《"13.5" 국가 과학 기술 혁신 계획》 및 '제조강국 전략' 등이다. 혁신발전 전략을 둘러싸고 중국은 이미 혁신을 촉진하는 방대한 정책 체계를 형성하였다. 현재 혁신 정책의 체계는 과학연구 기구, 대학교, 기업, 중개 기구 등 각종 혁신 주체를 포괄하고 있으며 기초 연구, 기술 개발, 기술 이전, 산업화 등 혁신 사슬의 모든 고리도 포괄하고 있다. 이를 보조하는 정책으로는 과학기술 정책, 재정 정책, 조세 정책, 금융 정책, 지적 재산권, 산업 정책, 경쟁 정책, 교육 정책 등 다양한 정책들이 해당된다. 18차 당대회 이래, 혁신에 의한 발전 추진 전략을 둘러싸고 국가에서는 일련의 법률과 정책을 출범했는데 주로 다음과 같다. 《중화인민공화국 과학기술 성과 전환법》《체제개혁을 심화하고 혁신에 의한 발전 추진 전략을 가동함에 관한 중공중앙과 국무원 약간의 의견》《대중 창업과 만민 혁신 약간의 정책조치를 적극적으로 추진함에 관한 국무원 의견》《과학기술 체제 개혁 심화에 관한 실시 방안》《국가의 중대한 과학연구 기초시설과 대형 과학 연구 기기를 사회에 개방함에 관한 의견》《중앙 재정의 과학연구 프로젝트와 자금 관리를 개선하고 강화함에 관한 약간의 의견》《중앙재정 과학기술 계획(특정항목, 기금 등) 관리 개혁을 심화함에 관한 방안》《인재 발전 체제와 메커니즘 개혁을 심화함에 관한 의견》《새로운 추세에서 지적 재산권 강국 건설을 가속화함에 관한 국무원 약간의 의견》《산업 혁신능력 발전에 관한 공업정보화부 계획(2016-2020년)》 등이다. 이런 정책들은 혁신에 의한 발전 추진 전략을 실시하고 체제와 메커니즘의 장애를 제거하며 혁신형 인재의 양성과 사용 메커니즘을 보완하는 데 좋은 효과를 거두었다.

특히, 《국가 혁신 추진 발전 전략 요강》에는 중국의 혁신 추진 전략과 혁신형 국가건설이 3단계로 계획되어 있다. 2020년에는 혁신형 국가의 행렬에 들어서고 2030년에는 혁신형 국가의 선두에 서며 2050년에는 세계 과학기술 혁신 강국으로 건설된다는 내용이다.[3] 이를 지표 면에서 3단계의 핵심적 요구를 정리할 수 있다.

첫 번째 단계는 2020년에 이르러 혁신형 국가의 행렬에 진입하고 중국 특색적인 국가 혁신 체계를 기본적으로 구축하여 전면적인 초요사회의 실현 목표를 유력하게 지지한다. 이 단계의 핵심적 평가 지표는 다음과 같다. 첫째, 혁신형 경제 구도가 기본적으로 형성된다. 그리고 일부 핵심 산업이 글로벌 가치사슬의 고단에 진입하고 국제경쟁력을 갖춘 혁신형 기업과 산업클러스터로 성장된다. 과학기술 진보의 기여률을 60% 이상으로 높이고 지식집약형 서비스업의 부가가치가 국내 총생산에서 20%를 차지하도록 한다. 둘째, 자주적 혁신능력은 대폭적으로 향상된다. 미래지향적 발전을 향해, 과학기술 혁명을 맞이하는, 산업 변혁을 촉진하는 혁신적인 배치가 이루어진다. 따라서 경제 사회 발전과 국가 안전을 제약하는 일련의 중대한 병목 문제를 돌파하고 관건적이고 핵심적인 기술을 장기적으로 구속받

3 <중공중앙국무원 <국가 혁신 주고 발전 전략 개요> 인쇄·발행(中共中央 国务院印发〈国家创新驱动发展战略纲要)>, 『인민일보』, 2016.5.20.

는 국면을 초보적으로 전환시킨다. 따라서 약간의 전략적이고 중요한 분야에 독특한 우세를 이룸으로써 국가의 번영과 발전을 위한 전략 비축과 전략적 공간의 개척을 재공해 준다. 그리고 국내 총생산에서 차지하는 과학연구와 실험발전R&D 경비 지출 비중을 2.5%에 달성시킨다. 셋째, 혁신 시스템은 협동적이고 효율적이다. 과학기술과 경제의 융합은 더욱 원활하고 혁신 주체에 활력이 넘치며 혁신사슬이 유기적으로 연결되고 혁신 관리가 보다 과학적으로 이루어지며 혁신 효율이 대폭 제고된다. 넷째, 혁신 환경이 더욱 완화된다. 혁신을 격려하는 정책과 법규가 더욱 건전해지고 지적 재산권에 대한 보호가 더욱 엄격해짐으로써 혁신 창업을 숭상하고 과감하게 참 하며 혁신창업을 격려하는 가치 인도와 문화 분위기가 형성된다.

두 번째 단계는 2030년까지 혁신형 국가의 행렬에 들어서고 발전 구동력의 근본적 전환을 실현하며 경제와 사회 발전 수준과 국제 경쟁력을 대폭 향상시켜 경제 강국과 공동의 부유한 사회 건설을 위해 튼튼한 기초를 마련해 준다. 이 단계의 주요 평가지표는 다음과 같다. 첫째, 주요 산업이 글로벌 가치사슬에 진입해 새로운 기술과 제품, 모델, 비즈니스 스타일, 수요, 시장을 지속적으로 창출함으로써 더욱 지속 가능한 발전과 높은 질의 고용, 더욱 높은 수준의 소득 그리고 고품질의 삶을 실현한다. 둘째, 총체적으로 과학기술 혁신에서 추적 위주의 국면을 돌려세운다. 일부 전략 영역에서 병행하면서 선도적으로 나아가고 세계학술 발전을 선도하는 중국 학파를 형성하며 세계 과학기술 발전과 인류 문명 진보에 중요한 영향을 미치는 원천의 성과를 산출한다. 국방 과학기술을 제약하는 주요한 난제를 돌파한다. 국내 총생산에서 차지하는 과학연구와 실험발전R&D 경비 지출의 비중이 2.8%에 달하였다. 셋째, 국가 혁신 체계가 더욱 완비되었다. 과학기술과 경제의 심층적 융합을 실현하여 상호적으로 촉진하다. 넷째, 혁신적 문화 분위기가 짙고 법치적 보장이 튼튼하여 온 사회적으로 혁신활력이 경쟁적으로 분출되고 혁신의 원천이 끊임없이 솟는 국면이 이루어진다.

세 번째 단계는 2050년까지 세계 과학기술 혁신 강국을 건설해 세계에서의 주요한 과학 중심과 혁신 고지가 됨으로써 중국을 부강하고 민주적이며 문명하고 조화롭고 아름다운 사회주의 현대화 국가로 건설하고 중화민족의 위대한 부흥이라는 중국 꿈을 실현하는 데 강력한 버팀목이 될 것이다. 이 단계의 평가 지표 체계는 다음과 같다. 첫째, 과학기술과 인재는 국력 부강의 가장 중요한 전략적 자원이 되고 혁신은 정책 제정과 제도적 배치의 핵심적 요소로 된다. 둘째, 노동생산성과 사회생산력의 제고는 주로 과학기술의 진보와 전면적 혁신에 달려 있다. 경제발전의 질이 높고 에너지와 자원 소모가 낮으며 산업 핵심적 경쟁력이 강하다. 국방 과학기술이 세계 선두 수준에 달한다. 셋째, 많은 세계 일류의 과학연구기구, 연구형 대학과 혁신형 기업이 있고 많은 중대한 독창적인 과학 성과와 국제 최고 수준의 과학 가들이 배출되어 세계 고급 인재의 혁신과 창업의 중요한 집결지가 된다.(4) 혁신의 제도적 환경, 시장 환경과 문화 환경이 더욱 최적화되고 지식 존중, 혁신 추구, 재산권 보호, 다원성을 포용하는 것이 온 사회의 공동적 이념과 가치 지도로 된다.

2016년 8월, 국무원에서 〈"13.5"국가 과학기술 혁신 계획〉을 발표했으며, 〈국가 혁신에 의한 발전 전략 요강〉에서 제시한 혁신형 국가 건설 목표와 평가 지표에 대해 "13.5" 기간에 이루어야 할 목표에 대한 요구를 제시했는데 표 6-1에서 표시한 바와 같다. 계획의 연구개발에 대한 투입 강도 물론 발명 특허 건수, 논문 수 등과 같은 과학기술 발전 능력의 자체적 반영 지표를 규정한 것과 함께 과학기술 진보의 기여도와 지식 집약형 GDP에서 차지하는 서비스업의 부가가치 비중 등 과학기술 경제와 사회 발전을 나타내는 지표도 특별히 강조하고 있으며, 과학기술 혁신의 질을 더 잘 반영할 수 있는 지표도 나타내고 있다. 이에 대하여 〈특허협력조약〉PCT 경로를 통해 제출한 특허 출원량이 2015년보다 2배 늘었다는 것 등을 사례로 들 수 있다.

표 6-1 <"13.5"- 국가 과학기술 혁신 계획>에서 제시한 과학기술 혁신 발전 지표

지표	2015년 지표 값	2020년 목표치
국가 종합적 혁신 능력의 세계 순위	18	15
과학기술 진보의 기여도(%)	55. 3	60
연구개발비의 투입 강도(%)	2. 1	2. 5
만 명당 취업 인원 중의 연구개발 인원(인당 년)	48. 5	60
첨단기술기업의 영업 수입(1조원)	22. 2	34
지식집약형 서비스업의 부가가치가 GDP에서 차지하는 비중(%)	15. 6	20
규모 이상 공업기업의 연구개발 경비 지출과 주요 경영 업무 수입의 비율(%)	0. 9	1. 1
pct 특허 출원량(만건)	3. 05	2015년 지표의 배
인구 만 명당 발명 특허 보유량	6. 3	12
전국 기술계약 거래 금액(억원)	9,835	20,000
과학적 자질을 구비한 인력 비율(%)	6. 2	10

자료출처: <"13.5"국가 과학 기술 혁신 계획의 인쇄 발부에 관한 국무원의 통지>, 중화인민공화국 과학기술부 웹사이트(http://www.most.gov.cn/mostinfo/xinxifenlei/gjkjgh/201608/t20160810_127174.htm).

혁신적 발전 이념의 지도, 혁신적 발전 전략과 계획의 인도, 혁신정책체계의 보장에서 중국의 기술혁신 능력은 거대한 진보를 이룩했다. 총체적인 과학기술 혁신능력이든, 산업 혁신능력이든, 기업과 제품 혁신능력이든 모두 끊임없이 발전하고 있으며 과학기술혁신과 경제 성장과의 관계, 산업 업그레이드 촉진, 기업 활력 제고, 민생 개선 등의 역할이 날로 두드러지고 있다. 이에 중국은 점차 일련의 주요 기술을 습득하게 되었다. 유인 우주비행, 달 탐사 프로젝트, 유인 심해 잠수, 슈퍼컴퓨터, 100만 kw 급

원전 장비, 대형 비행기, 대형 액화천연가스lng 선, 고속 궤도 교통, 클라우드 컴퓨팅, 일부 업종의 응용 소프트웨어 등 핵심적 분야에 힘을 입어 일련의 주요 핵심기술을 습득해 세계 선진 행렬에 들어섰다. 게다가 첨단기술선박, 자동차엔진 핵심부품, 고정밀도냉연판, 탄소섬유 등 중점 분야 기술의 연구개발과 산업화도 추진하였다. 그리고 특고압 송변전 설비, 백만 톤의 에틸렌 플랜트 설비, 풍력 발전기 등 일부 분야의 장비 제품 기술 수준은 이미 세계 앞자리를 차지했고, 첫 항공모함도 선로에 진입했으며 대형 고속 고효율 제어 전자동 스탬핑 생산라인도 선진국에 대량으로 수출하였고 28 나노미터 칩제조공정이 양산에 진입하였음으로 핵심적 기술에 대한 통제 능력이 뚜렷이 강화되었다. 2015년 12월 말까지 전자정보, 장비제조, 경공업, 석유화학, 철강, 자동차, 방직, 선박, 비철금속 등 9대 업종의 발명 특허 출원 총량은 445만 건을 초과했고, '12차 5개년' 기간 9대 업종의 발명 특허 출원 연평균 성장률은 26%에 달했다.[4]

그러나 우리는 반드시 중국의 과학기술 혁신 능력이 여전히 강하지 못하고 기술혁신 능력이 선진국에 비해 비교적 큰 격차가 있으며 일부 핵심기술과 장비는 주로 수입에 많이 의뢰하고 있으며 새로운 과학기술과 산업혁명의 기회를 보유한 채로 빠른 제고를 실현해야 한다는 점을 알아야 한다. 시진핑 주석이 제의한 바와 같이 "비록 중국의 경제 총량이 세계 2위로 올라왔지만, 크기만 하고 강하지 않으며, 비대하고 약한 문제가 상당히 두드러진다. 주로 혁신 능력이 강하지 못한 데서 나타나는데, 이것은 우리 나라 경제의 '아킬레스 발뒤꿈치'이다. 혁신을 통해 발전을 인도하고 추진하는 것은 이미 우리 나라 발전의 필수 요소가 되었다. 혁신을 도모하는 것은 곧 발전을 도모하는 것이고, 혁신을 도모하는 것은 곧 미래를 도모하

4 <산업정보화부의 산업혁신역량 발전계획(工业和信息化部关于产业创新能力发展规划)(2016-2020년)>, 국가발전개혁위 발전계획국 홈페이지(http://ghs.ndrc. gov.cghwb/giigh/201706/220170622_852124. html)

는 것이다."[5] 혁신을 통해 발전을 이끌고 추진하는 것은 이미 중국 발전의 필수 요소가 되었다는 것을 구체적으로 말하면 다음과 같은 두가지 방면의 원인이 있다. 한편으로 국내에서는 경제발전의 난제를 돌파하고 심층적인 모순과 문제를 해결하려면 혁신에 의거해야 한다. 개혁 개방 이래 중국경제의 지속적인 고속 성장이 이루어진 것은 주로 전세계 산업 이전 추세를 포착하고 중국의 풍부한 노동력 자원의 비교적 우위를 충분히 발휘한 덕이었다. 하지만 최근 들어 인구 보너스가 사라지고 임금 수준이 오르면서 중국의 저원가에 따른 국제 경쟁력도 약화됐다. 1차 생산요소를 기초로 한 낡은 운동 에너지는 점차 고갈되어 노동력, 자원, 토지의 투입에 의존하는 전통적인 발전 방식은 지속되기 어렵다. 경제 발전에서의 병목과 심층적 모순을 해소하고 경제 성장 방식의 전환과 경제 사회의 지속적이고 건전한 발전을 실현하는 근본적 진로는 끊임없이 과학기술혁신을 추진하고 끊임없이 사회생산력을 해방·발전시키며 노동생산률을 제고하는 데 있다. 다른 한편으로는 국제에서 새로운 산업혁명이 가져다 준 기회를 포착하기 위해서는 혁신에 의거하여야 한다. 현재, 빅 데이터, 클라우드 컴퓨팅, 사물 인터넷, 로봇, 인공지능, VR, 신소재, 생물과학 기술 등을 대표로 하는 신기술이 곧 나올 것이며, 중요하고 혁신적인 기술들이 나오고 있음으로써 전통산업의 제품과 비즈니스 모델, 경영방식에 심각한 영향을 미치면서 많은 새로운 산업 분야도 생기도록 추한 것이다. 세계의 주요 선진국들은 잇달아 새로운 혁신 전략과 정책을 내놓고 인재, 특허, 표준 등 전략적 자원에 대한 쟁탈전을 강화하며 신흥기술의 배치와 신흥산업의 육성에 박차를 가하고 있다. 새로운 과학기술 혁명과 산업 변혁은 후발국들에게 우회로를 통해 추월할 수 있는 기회를 제공해 주고 있다. 중국에 있어

5 중공중앙문헌연구실, 『시진핑의 사회주의 경제건설 논설 발췌집(习近平关于社会主义经济建设论述摘编)』, 중앙문헌출판사, 2017, p.34.

서는 현재 과학기술과 경제력이 대폭적인 향상을 이뤘음으로써 새로운 공업혁명과 산업변혁에서 가져온 기회를 사로잡는 조건이 이미 구비되었다. 경제 발전 수준, 기술, 산업적 조건과 새로운 공업혁명의 기회 간의 결합이 당해 사상 어느 시기보다도 "두 개의 100년"과 중화 민족의 목표가 서로 이렇게 일치한 적이 없었다. 그렇기 때문에 중국에서는 반드시 혁신을 통해 천재일우의 역사적 기회를 잡아야만 한다.

2
중진국의 함정을 뛰어넘기

위에서는 기술혁신이 경제성장에 미치는 의의를 논술하였다. 본 절에서는 기술 혁신이 제조업의 전형과 업그레이드, 효율 향상에 미치는 중요한 의의에 초점을 맞출 것이다. 제조업의 혁신과 업그레이드야말로 제조업 효율을 향상시키는 원동력이며, 제조업 효율의 향상은 개발도상국에서 '중급 수입의 함정'을 뛰어넘을 수 있는 결정적인 힘이다.

보통 '중급 수입의 함정'이란 한 나라가 저소득 국가의 행열에서 벗어난 후, 1인당 소득의 성장이 장기간으로 정체되어 고소득 국가로 수렴하지 못하는 일종의 안정적인 상태를 가리키는 것으로 여겨진다.[6] "중급 수입의 함정"은 두 가지 방법으로 정의할 수 있다. 하나는 절대적인 1인당 소득 기준

---

6 채방, <중진국 함정의 이론, 경험 및 목표성("中等收入陷阱"的理论、经验与针对性)>, 『경제학동향』 2013-12.

을 사용하는 것이다. 세계은행에서 2015년 1인당 소득이 1,026~12,475달러에 이르는 국가를 중급 소득국가로 정의하며, 이런 국가들이 오랫동안 같은 수준에 머물러 있으면 "중급 수입의 함정"에 빠진다고 간주할 수 있다. 다른 하나는 상대적인 1인당 소득 표준을 채택하는 것이다. 다시 말해 중급 소득의 경제 체제와 같은 시기에 고소득 국가(일반적으로 미국)의 1인당 소득이 장기적으로 일정한 수준(20~40%)을 유지하는 것을 '중급 수입의 함정'이라고 한다. 후발국가의 공업화와 경제발전은 본질적으로 선진국을 따라잡거나 초월하는 것이기에 상대적으로 일인당 소득 기준이 더욱 과학적이다.

한 연구에 따르면,[7] 그로닝겐 성장 및 개발 센터Groningen Growthand Development Centre, GGDC의 데이터베이스를 이용하여 같은 기간 미국의 PPP 기준으로 중남미와 동아시아의 경제 규모를 계산(그림6—1)한 결과, 1970년대부터 2010년까지 대부분의 라틴아메리카 경제 체제의 상대적 1인당 소득은 장기적으로 20~40%에 머물러 '중급 수입의 함정'에 빠진 것으로 나타났다. 반면, 동아시아 경제권은 매우 다르다. 1978년, 아시아에서는 일본, 홍콩, 싱가포르 등 소수 경제체만 평균 소득이 40%를 넘었다. 중국 대만과 한국의 상대적 일인당 소득은 1989년과 1991년에 연이어 40%의 상한선을 돌파하였다. 말레이시아와 태국은 1980년대 중위 소득 구간에 진입한 뒤 약 20년간 40%를 넘지 못해 '중급 수입의 함정'에 빠질 위기에 처해 있다. 1978년, 중국의 상대적 1인당 소득은 5.3%로 인도, 파키스탄과 같았다. 이후 2007년에는 중국의 상대적 일인당 소득이 20%를 초과하였는데 이는 중국이 중등 소득국의 행열에 들어섰음을 의미한다. 2010년에 중국의 상대적 1인당 소득은 26%로, 1950년대 말 일본이나 1970년대 말 대만, 1980년대 초 한국, 1990년대 초 말레이시아, 2000년대 초 태국과 비

7 황군혜·황양화(黄阳华)·하준·강비도(江飞涛), <중고소득 단계에 진입한 중국의 산업화 전략 연구(步入中高收入阶段的中国工业化战略研究)>, 『중국사회과학』 2017-12.

슷한 수준이었다. 왜 라틴아메리카와 같은 국가들이 오랫동안 '중급 수입의 함정'에 빠져 헤어 나올 수 없는가 하는 것이 문제였다. 또 어떤 계기로 아시아의 "네마리 용" 인 동아시아 국가들이 "중급 수입의 함정"에서 벗어나 '동아시아의 기적'을 만들게 되었는가? 중등 소득단계에 들어선 중국은 어떻게 해야 중등 소득단계를 뛰어넘어 고소득 국가의 행열에 들어설수 있을까?

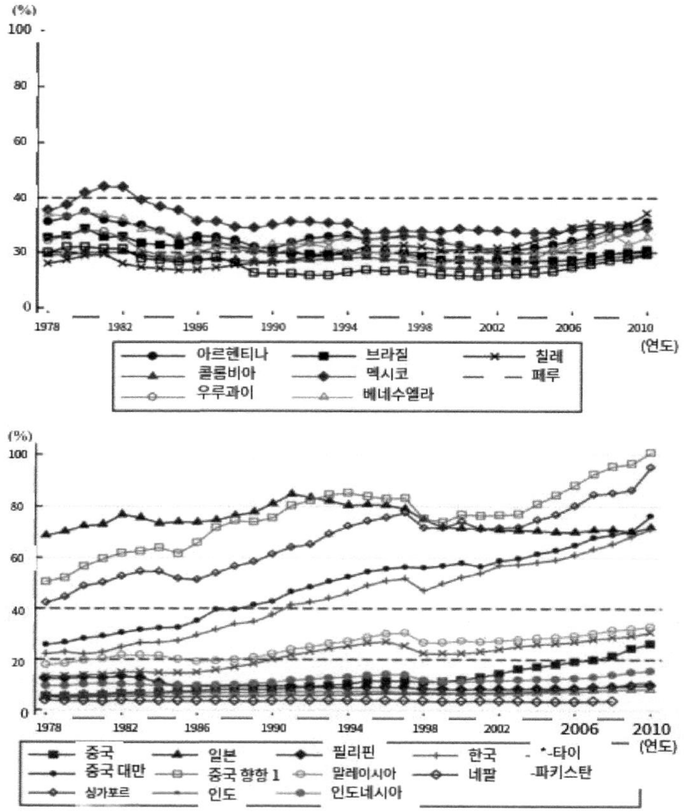

자료출처: 황춘혜, 황양화, 허준, 장페이타오. "중상류소득단계를 위한 중국공업화전략연구", "중국사회과학", 제12기. 2017.

많은 연구가 보여준 데에 따르면 라틴아메리카의 일부 경제 체제가 "중급 수입의 함정"에 빠진 것은 가속화된 도시화와 너무 이른 탈공업화과 직접적으로 관련된다. 이런 국가에서 급진적인 경제 개혁을 추진하고서 "탈공업화"를 시작하므로 제조업에 따른 기술 침투 효과, 산업 연관 효과와 외환보유액 효과가 충분히 구현되지 못했다. 따라서 제조업을 대체할 것은 낮은 기술, 낮은 생산율, 낮은 무역 유형의 서비스업일 가능성이 컸다. 이로 인해 이런 서비스업으로 경제의 새로운 성장 엔진을 대체할 수 없는 제조업의 역할, 고속 성장을 통한 경제 추적이 불가능한 '중급 수입의 함정'에 빠지게 된다. 이제까지 서술한 연구가 보여주다시피 일본과 한국이 "중급 수입의 함정"을 넘어선 성공적인 경험은 바로 중등국 단계에 진입한 후 제조업 생산 효율 제고에서의 과학기술 혁신의 기초적인 역할을 더욱 중요시했다는 것이다. 20세기 70년대 이후, 일본은 경제의 안정적인 발전을 포착하여 과학 기술 혁신에 대한 새로운 요구를 제기하고 점차적으로 국가 혁신 시스템을 구축했다. 일본이 시행했던 주요 조치는 다음과 같다. 미국과 독일의 과학 기술 투자를 기준으로 연구 개발 경비 지출을 증액하고, 미래 지향의 전략적 신흥 기술 개발에 중점을 두었다. 또한, 자주적으로 기술을 개발하는 능력을 높여 단방향적인 기술 도입에서 국제 과학기술 협력을 추진함으로써 전환시킨다. 국립 연구기관의 기술 공급 기능을 강화하고 과학 기구를 설립한다. 이를 통해 기술 교육 훈련 체제를 완비하고 기술 인력의 공급을 늘이는 것이다. 일본은 1980년대에 들어 기초연구를 중심으로 한 창조적인 연구개발을 추진하기 위해 연구관리, 연구인재, 연구개발 인프라, 과학기술정보활동 등을 체계적으로 전개해 기술진보의 경제 성장 기여도가 40% 이상이나 됐다. 이러한 노력의 결과로 일본은 '국가 혁신 시스템' 연구의 대표적인 사례가 되었다.[8] 마찬가지로 한국

8 C Freeman,"Japan:A New National System of Innovation,"in G. Dosi, C.

의 경우, 1970년대 말 한국의 평균 임금 상승률이 연평균 20%를 넘어서면서 노동절약형 기술 채택이 제조 업체의 현실적 선택이 됐다. 1980년대 이후 한국은 주로 기업의 연구개발R&D 강화, 해외 선진기술 도입, 자본재 수입 증가 등을 통해 산업 기술 진보를 이끌었다. "투자율이 정체된 상황에서도 기술혁신으로 생산성을 높이고 경제성장의 토대를 마련했다"는 것이다.[9] 따라서 일본과 한국은 중등 소득 단계에 진입한 후 제조업의 전통적 비교 우위가 약화되는 도전에 직면해 탈산업화를 선택한 것이 아니라 자본의 심화와 산업기술의 혁신을 지속적으로 강화함으로써 제조업의 생산성 향상을 촉진했다는 것이었다.

일본과 한국의 경험이 표명하다시피 중등 소득 경제체는 신흥산업을 지속적으로 육성하고 발전시키며 산업 간 사슬을 연장하여 제조업의 규모경제를 계속 실현할 수 있다. 즉, 자본의 산업혁신체계 건설의 심화와 강화를 통해 제조업의 효율 경제를 지속적으로 향상시킬수 있다. 일본의 기술집약적 산업 생산성 향상과 한국의 고·중·저 기술 산업의 고도화 경험은 중국과 같이 중등 소득 수준의 완벽한 공업 체계를 갖춘 세계 공업대국으로서는 배울 점이 많다. 중국이 중등 소득 단계에 진입한 후, 제조업 발전 전략의 선택은 "탈공업화"가 아니라 어떻게 새로운 시대의 기술 경제 조건하에서 제조업의 규모 경제와 효율 경제를 개조하고 제고하여 그것이 다시 장기적인 경제 성장의 엔진이 되도록 할 것인가 하는 것이다.

사실상 개혁개방 이래 중국경제가 고속성장을 이룩한 과정도 혁신에 의해 추진되는 전요소생산률이 끊임없이 성장한 것에 대한 결과였다. 이에 대하여 우리는 KLEMS 데이터 베이스 중국 제조업의 누적 TFP 지수를 산

Freeman,R. Nelson, G. Silverberg, L. Soete(eds.), Technical Change and Economic Theory, London: Pinter Publishers,1988, pp.330-348.

9 박영섭(朴永燮), <경제변화와 '중진국 함정': 한국의 경험(经济转型与"中等收入陷阱": 韩国经验)>, 『경제사회체제비교』 2013-1. 참고.

출했다.[10] 계산 결과에 따르면, 지난 30여년간 중국 제조업의 효율성은 비교적 뚜렷이 향상됐다. 1981년부터 2010년까지 전자 및 통신 장비, 전기설비, 화학 및 화학 제품, 기계 장비 등 기술 집약적 산업의 TFP 누적 지수는 지속적으로 증가하여 중국 제조업의 TFP 누적 지수가 1981년 71.0에서 2010년 110.0으로 빠르게 상승하는 것을 이끌었다. 그러나 여기에서 주의해야 할 점은 과거에 상대적으로 중국의 기술혁신은 주로 자신의 전통 기술 진보의 모방식 혁신이었다가 중국 경제의 성장이 중등 소득 단계에 진입하면서 중국 기술 수준이 점차 글로벌 기술 수준에 접근함에 따라 모방식 혁신의 어려움이 커졌다는 것이다. 따라서 전통적 발전 모델이 한계에 부딪혀 자주적 혁신에 기초한 효율제고의 중요성과 긴박성은 날로 두드러지고 있었다. 2004~2007년과 2008~2010년 제조업 TFP의 평균 변화를 계산한 결과, 중등 소득 단계에 진입한 후 중국 제조업의 누적 TFP 지수의 평균 증가율은 2004~2007년의 3.23%에서 2008~2010년의 2.96%로 0.27%p 줄었다. 주의할 점은 18개 주요 제조업 업종의 TFP 증가속도도 각 다르게 감소하였다. 타 실증 연구 결과에서도 중국 TFP 연평균 성장률은 2004-2013년에 -0.80% , 2004-2008년에 0.58%, 2009-2013년에 -2.17%였음을 보여주었다.[11]

제조업 전체 요소 생산율이 하락하고 있는 추세가 보여주다시피 중국 제조업 혁신 구동 발전의 동력을 약화시키는 제약 요소를 찾아내야 한다. 중국 제조업 기술 혁신의 핵심 체제와 메커니즘에 대한 단속을 통해 개혁개방의 새로운 제조업 기술의 혁신을 추진하는 강도를 높여야 하며 가일층 제조업 혁신 구동 발전의 잠재력과 활력을 방출한다. 혁신생태계 이론

---

10 황군혜·황양화·하준·강비도, <중고소득 단계에 진입한 중국의 산업화 전략 연구>, 『중국사회과학』 2017-12.

11 강비·도무붕(武鹏)·이효평(李晓萍), <중국 산업 경제 성장 동력 메커니즘 전환(中国工业经济增长动力机制转换)>, 『중국산업경제』 2014-5. 참고.

에 기초하면 한 국가의 기술혁신 능력의 향상에 있어서는 연구개발 자금과 인재투입 등 요소의 증가가 필요하다. 더욱 중요한 것은 혁신요소 간, 혁신요소와 시스템, 환경간의 동태적 관계의 최적화, 즉 전반 혁신생태계의 개선이 필요하다는 것이다. 따라서 제조업 혁신 생태를 보완하는 것은 중국 제조업의 혁신능력을 향상시키고 제조강국 건설을 추진하는 데 중요한 의의가 있다.[12]

첫째, 제조업 혁신사슬을 보완하여 과학기술 성과의 전환률을 높인다. 과학기술 성과의 전환률이 낮은 것은 중국의 혁신능력이 강하지 못한 것에 대한 결과이다. 일반 공업선진국의 과학기술 성과의 전환률은 30~40%에 이르지만 중국은 겨우 10% 정도이다. 그 중 핵심 원인의 하나가 바로 중국의 혁신사슬이 기초연구와 산업화 사이에 단절되거나 파손된 것이다. 미국 구조 혁신 네트워크NNMI을 만들 때 국가 기초 연구 제조 기술을 상용화와 생산 사이를 구분할 기초 연구를 만들기 위해, 개념 검증 실험실 연구, 시험 제작, 원형 제조, 생산 조건 능력 배양, 생산성 향상 여섯 단계 제기 NNMI 실험실에서 시험 제작, 보전을 위한 원형 두 부분을 제조할 능력이 부족 하기 때문이다. 중국은 과학연구사업 단위의 체제와 메커니즘의 제약을 받아 과학연구 프로젝트는 흔히 현실적인 생산력으로 전환시키는 것이 아니라 과제를 완성하는 것을 목표로 하고 있는데 여기서 해당 문제가 더욱 두드러지게 나타나고 있다. 즉, 공급측 구조개혁의 심화, 과학연구 사업 단위 체제와 메커니즘에 대한 제약을 타파하고 업종을 둘러싼 기존 혁신 매개체와 자원을 통합하고 신형 제조업 혁신 플랫폼 구축한다. 업종 전반과 핵심 기술, 선진 제조 기초 공예 등에 연구개발과 산업화 등 방면의 사업을 추진하고 기술 연구개발과 산업화 사이의 혁신 사슬 부재, 과

12 황군혜, <공급측 구조개혁으로 제조업 혁신 생태계 개선(《以供给侧结构性改革完善制造业创新生态)>, 『광명일보』, 2016.3.27.

학기술 성과의 전환률을 제고하고 제조업 기술혁신의 기초 능력을 강화하는 데 아주 중요하다.

둘째, 제조업 혁신 네트워크를 구축하여 혁신 생태계의 개방과 협동성을 향상시킨다. 협동 개방 효과가 있는 것은 혁신 생태계의 기본 요구 체제와 메커니즘의 제약을 받지만, 중국의 각종 혁신 조직 사이에는 정부·기업·대학교, 과학연구 기구, 중개 기구와 지역사회 조직에서 혁신 정보 공유, 과학기술 인재 사용 및 혁신 자본 유동 등에서 열린 협동성은 모두 턱없이 부족하다. 따라서 공급측 구조 개혁을 추진할 때 행정, 사업과 국유기업의 체제와 메커니즘 개혁을 심화해야 하며 시장화 원칙에 따라 정부, 기업, 과학연구원, 대학교 등 각 방면의 혁신 주체 간의 충분한 상호 교류를 강화하고 각종 조직 간에 정보, 인재, 자금이 효과적으로 유동하도록 촉진해야 한다. 개방적이고 협력적인 혁신네트워크와 형태가 다양한 혁신공동체를 형성하여 세계 각종 조직의 혁신 자원을 효과적으로 이용하고 혁신 조건을 보완하며 중국제조업의 혁신능력과 국제경쟁력을 향상시켜야 한다.

셋째, 중소기업의 혁신 "생태계"를 개선하고 중소기업의 제조 혁신 능력을 향상시킨다. 외국 선진국의 경험이 보여주다시피 중소기업은 제조혁신 생태계에서 중요한 지위를 차지하고 있는 바 과학연구 성과 전환의 주요 핵심 주체이다. 대다수 전복적인 기술혁신은 모두 중소기업에서 실현한다. 제조업의 정보화가 제조업 기술혁신의 주도적 추세로 되어 가는 가운데 중소기업의 혁신 역할이 더욱 두드러지고 있다. 하지만 중국 중소기업 혁신 생태계에서의 지위는 혁신 자금의 획득이든, 과학기술 성과의 원천이든, 정부의 산업 정책의 편중이든 대기업에 비해 비교적 낮아 열세에 처해 있고, 중소기업의 기술 혁신에서의 역할은 아직 좋은 위치를 차지하지 못하고 있다. 따라서 공급 측면의 구조개혁을 추진할 때 행정체제와 과학연구체제 개혁을 심화하고 '대중창업, 만민혁신'의 환경을 한층 더 보완하여 중소기업의 혁신 능력 향상에 더욱 좋은 조건을 마련해야 한다.

넷째, 각 차원의 공정 기술 일군에 대한 양성을 강화하여 기술 노동자의 혁신능력을 높여야 한다. 제조업 혁신 생태계에서 각 차원의 공정 기술 일군의 자질과 능력은 제조업의 기초 공예 혁신의 결정적 요소로서 세계 공업 혁신강국들은 모두 리더형 인재로부터 일선기술 노동자에 이르기까지 각 차원의 공정 기술 일군의 양성을 매우 중요시하고 있다. 이에 중국은 공급측 구조개혁을 추진할 때 교육체제 개혁을 심화하는 데 중점을 두어야 한다. 세부적으로 말하자면, '공과대학의 이공화'와 단순히 엘리트형 육성과 도입을 중요시하는 교육 모델 대신 엔지니어, 고숙련 노동자와 일반 산업 노동자의 일반 기능 향상을 동시에 주목하는 정책 방향으로 전환해야 한다. 다시 말해, 기업·대학·공과대학·개혁 서비스 기관이 함께 참여하는 평생 학습체계를 구축해 혁신생태계의 기초혁신능력을 동적으로 유지하는 데 중점을 두어야 한다는 것이다.

3
제조업 혁신체계 완성

제조업 혁신 생태를 보완하려면 제조업 혁신 체계를 보완하는 것이 관건이다. '제조강국 전략'은 중국 공업 분야에서 처음으로 제조업 혁신체계 보완 등을 중요한 내용으로 상술한 장기적 계획이다. '제조 강국 전략'은 국가 제조업 혁신 시스템을 보완해야 한다는 내용을 담고 있다. 첫째, 최상위 설계를 강화하고 혁신센터를 핵심 기관으로서 공공서비스 플랫폼과 공정데이터센터를 중요한 버팀목으로 하는 제조업 혁신 네트워크 구축을 가속화하며 시장화된 혁신방향 선택 메커니즘과 혁신 장려 위험 분담, 이익 공유 메커니즘을 구축한다. 기존의 과학기술 자원을 충분히 이용하고 정부와 사회의 협력, 정부, 산업, 교육, 연구용 산업혁신 전략연맹 등 새로운 메커니즘과 모델을 채택하여 제조업 혁신센터(공업기술연구기지)를 이룩하여 핵심 범용 중대기술 연구와 산업화 응용 시범을 전개한다. 둘째, 제조업 협동혁신을 촉진하는 일련의 공공서비스 플랫폼을 건설하여 서비스 표준을 규범화하고 기술연구개발, 검사측정, 기술평가, 기술거래, 품질인증, 인재양성 등 전문화 서비스를 전개하며 과학기술 성과의 전환과 보급응용을 촉진한다. 셋째, 중점 분야의 제조업 공정데이터센터를 건설하여 기업에 혁신지식과 공정데이터의 개방공유서비스를 제공한다. 제조업의 관건적인 공통적 기술을 지향하여 일련의 중대한 과학연구시설과 실험시설을 건설하고 핵심기업의 시스템통합 능력을 향상시키며 가치사슬의 첨단으로의 확장을 촉진한다.

'제조강국전략'은 제조업혁신센터(산업기술연구기지) 건설프로젝트를 제조업혁신체계 건설의 핵심 임무로 삼았다. 즉 중점 업종의 전환과 업그레이드를 둘러싸고 차세대 정보기술, 지능제조, 부가재료제조, 신소재, 생물의약 등 분야의 혁신적 발전의 중대한 일반성 수요를 중심으로 하였다. 일련의 제조업 혁신센터(산업기술연구기지)를 형성하여 업종의 기초와 공통적 핵심 기술 연구개발, 성과의 산업화, 인재양성 등 업무를 중점적으로 전개하며 제조업 혁신센터의 선정, 심사, 관리 표준과 절차를 제정하고 보완한다. 구체적인 목표는 다음과 같다. 2020년까지 15개 정도의 제조업 혁신센터(공업기술연구기지)를 중점적으로 형성한다. 2025년까지 약 40개의 제조업혁신센터(공업기술연구기지)를 형성한다는 것이다. 2016년 공업·정보화부에서 반포한 ≪제조업 혁신 체계를 보완하고 제조업 혁신 센터 건설을 추진함에 관한 지도 의견≫에서 제조업 혁신 센터 건설에 관한 구체적인 메커니즘을 더욱 확정했다. 즉 기업을 주체로하고 산학연을 결합해, 기업 법인 등의 형식으로 조립해 운행 메커니즘을 탐색하고 보완함으로써 내생적 성장 동력이 형성된다.[13]

2016년에 공업정보화부 등에서 "제조업 혁신센터 프로젝트 건설 실시 지침(2016-2020년)"을 반포하여 제조업 혁신센터의 주요 직책을 다음과 같이 명확히 했다. 첫째, 산업의 최첨단기술과 범용핵심기술에 대한 연구개발을 강화하고 제조업의 발전을 제약하는 기술적 병목을 대상으로 최첨단기술과 범용핵심기술의 공급에서의 혁신센터의 핵심담체역할을 발휘시키며 산업발전에서의 산업범용기술의 공급이 부족한 문제를 중점적으로 해결한다. 둘째, 기술 이전 확산과 첫 번째 상업화 응용을 촉진한다. 기술 연구개발, 이전 확산과 산업화 사슬을 연결시켜 시장화 메커니즘을 핵심으로 하는 성과 이전 확산 메커니즘을 형성함으로써 과학기술 성과의 이전 확산과 상업화 응용을 서둘러 추진한다. 셋째, 제조업 혁신 인재 건설을 강화하고, 제조업 혁신센터를 매개체로 하여 학교-기업 협력 추진, 실습 훈련기지 건립, 견습제 시범 등 활동을 통해 제조업 발전을 위해 다차원의 혁신 인재를 제공한다. 넷째, 제조업 혁신을 위한 공공서비스를 제공한다. 제조업 혁신을 촉진하기 위한 각 업종의 공공서비스 플랫폼 건설이 부족한 문제를 겨냥하여 기업에 연구개발시험, 검사측정, 시험인증 및 기술이전 등 공공서비스를 제공하여 기업의 혁신과 발전을 지원한다. 다섯째, 국제 교류와 협력을 적극적으로 전개하여 프로젝트 협력, 고수준 기술 및 팀 도입, 연합 연구 개발, 연합 공동 건설 등 수단을 통해 업계 공통기술 수준의 향상과 산업 발전을 촉진한다.

국가 제조업 혁신 센터는 제조업 혁신 체계에서 중요한 기능과 역할을

---

13 <제조업혁신센터 공사시행지침(制造业创新中心工程建设实施指南)(2016-2020년>, 공화인민국화국공업정보화부 사이트(http://www.mit.gov.cn/n1146295/n1652858/n1652930/n3757016/e5215611/content.html)

발휘할 수 있다. 즉 전연 산업 및 범용 핵심기술 개발, 산학연협동 혁신 메커니즘의 구축, 지적재산권 보호의 강화, 과학기술성과의 상용화 촉진, 표준 인도와 보장 역할의 강화, 응용 서비스를 대중 창업 만민 혁신, 다원적인 인재육성, 국제적 협력의 촉진 등이다. 그러나 중국 제조업 혁신체계에는 아직 두 가지의 단점이 존재한다. 첫째, 국가실험실 등 중요한 과학기술 인프라의 제조업 혁신체계에서의 역할과 상호 작용 메커니즘이 아직 완벽하지 못하다. 둘째, 선진 제조업 기술의 확산체계가 아직 완벽하지 못하다. 그러므로 앞으로 제조업혁신체계를 보완함에 있어서 다음과 같은 3가지 방면의 건설을 강화해야 한다.[14]

첫째, 중국공업기술연구원을 높은 수준으로 건설하여야 한다. 기존의 과학연구소에 의뢰하는 것이 아니라 해외의 다원적 인재에 의뢰하여 완전히 새로운 중국공업기술연구원을 설립함으로써 중국제조업의 공성적 기술을 공급하는 중요한 기구로 삼아야 한다. 이와 동시에 각 지방에서의 우세한 산업과 과학기술자원기초에 근거하여 다양한 형식으로 본 지역의 공업기술연구원을 건설하여 본 지역 제조업의 기술 공급의 주체로 삼도록 권장하여야 한다. 또한, 국제 공통 기술 연구 기관의 일반적인 규칙을 참조하여, 중국 산업 기술 연구소는 "민관 협력" 운영 모델을 채택해야한다. 운영 경비의 약 1/3은 국가 재정에서 받고, 1/3은 각급 정부의 경쟁 구매에서 받고, 1/3은 시장에서 받는다. 거버넌스 메커니즘 면에서 기술전문가, 정부관원, 기업인 대표 및 학자들로 구성된 전문위원회는 최고의사결정기구로서 연구원 최고관리자(회장)는 세계적으로 공개초빙하는 방식을 채택하고 전문위원회와 관리의 사회화를 통해 정부의 행정적 간섭을 줄인다. 동시에 연구원의 고효율적인 운영과 전문적인 관리를 보장하며 연구원은

14 황군혜·이효화(李晓华)·하준, 『'13차 5개년' 공업의 전환과 업그레이드의 방향과 정책("十三五"工业转型升级的方向与政策)』, 사회과학문헌출판사, 2016.

매년 사회에 상세하고 확실한 운영 보고서를 발표하여 연구원의 재무수지와 업무활동을 공개함으로써 사회감독메커니즘을 형성한다. 연구원 연구진의 수입은 경쟁력이 있는 고정보수를 위주로 하고 프로젝트 수입은 연구자의 보수만으로 보충하여 연구내용과 프로젝트 설정의 지나친 상업화를 피해야 한다. 연구원의 기구도 학과 체계보다는 산업발전수요에 따라 설치하며 연구진의 평가도 순수한 학술성과보다는 사회기여위주로 하여 연구성과의 응용서비스기능을 보장하여야 한다. 국가에서는 기술선도기업, 과학기술형 중소기업과 낙후 지역의 제조업 등 사회 외부성이 비교적 강한 분야에 대한 연구원의 투입을 유도하기 위해 관련 자금을 설립하는 것을 고려할 수 있다.

둘째, 학제간, 임무지향, 장기주기 연구프로젝트의 국가실험실을 건립한다. 발달한 공업 국가와 비교해 볼 때 중국의 국가(중점) 실험실은 위치가 정확하지 못한 심각한 문제가 존재한다. 미국의 국립연구소는 인사, 재무와 관리 등 방면에서 상대적으로 대학과 독립되어 있지만 중국의 국립연구소는 완전히 대학과 학과에 의존하고 있다. 때문에 중국의 대학과 학과 교수가 주도하는 국립실험실은 사실상 학과 건설과 기초연구 발전의 플랫폼이 되었다. 임무 지향형, 전략적 선단기술 연구 주체는 중국의 혁신체계에서 유명무실하다. 또한 중국의 국가실험실은 모두 단일 학과인 데 반해 미국과 독일의 국가실험실 건설은 대학의 학문 교차 부족 문제를 보완하고자 하는 것이므로 다학제적이고 종합적인 연구구조를 가지고 있다. 중국 국가실험실의 또 하나의 심각한 문제는 연구프로젝트 설립이 기존의 대학교나 과학연구소와 구별되지 않아 비교적 심각한 중복 설립이 이루어지고 있다는 점이다. 대학교와 중국과학원 등 연구기구의 학술형 연구와 달리 국가실험실의 연구 프로젝트는 임무 중심의 연구와 응용 중심의 연구여야 한다. 더 중요한 것은 연구개발프로젝트와 투자금액이 거대하기 때문에 대학과 기업에서 부담할 수 없다. 국가실험실의 연구성과는 일반적으로 20~30년의 축적과 전환을 거쳐야 경제적 효익을 이룩할 수 있다. 그러므로 장기의 연구 개발이 이루어져야 한다.

셋째, "모공장" 건설에 의거하여 선진 제조기술 혁신의 확산을 촉진한다. 생산 시스템 자체의 기술 집적 특성이든 독일의 '공업4.0'을 추진하는 과정에서 특히 강조한 시스템 운용면에 배치한 전략적 논리든 선진적 제조 시스템에서 대량의 반복 실험과 현장 시스템 차원의 지속적인 최적화에 대한 응용 과정은 선진적 제조 기술 경쟁 우위를 유지하는 핵심적인 고리이다. 선진 제조 기술 시스템 최적화를 지지하는 주체는 선진 제조 시스템의 기술 조건과 기술 요구 사항을 명확하게 제시할 수 있는 선진 제조기술과 상응하는 현대 생산 관리 방법과 노동 기능을 갖춘 현대식 공장, 즉 일본의 "모공장"이다. "모공장"에 의거하여 선진적인 제조시스템 응용 주체의 건설을 가속화하는 것은 선진적인 제조기술을 확산하고 선진적인 제조업을 전면적으로 향상시키는 중요 요소이다.[15] 20세기 80년대 중반, 노동 비용 상승과 엔화 강세의 영향으로 많은 일본 기업이 해외에 투자해 공장을 건설하기 시작했는데, 국내 부문과 해외 공장의 관계를 어떻게 처리할지가 기업 전략적 결정의 중요한 과제가 되었다. 모든 기능을 통째로 외국으로 이전할 것인가 아니면 외국에서 국내와 '분업'을 할 것인가의 문제였다. 다수의 미국 제조업체가 제조와 공장을 모두 해외로 이전한 것과 달리 많은 일본 기업이 후자를 택한 것이었다. 마쓰시타는 국내 공장의 기능을 개편해 고부가가치 제품을 생산하는 공장을 새로 지었다. Minebea 정밀전기회사는 국내공장을 연구개발기지로 확정한다. 국내 공장을 해외 공장의 모델로 지정해 설비·공정·직원 교육, 현지 맞춤형 기술개발 등을 맡는 기업도 있다.국내 공장을 해외 자회사의 기술기반으로 삼아 국내 기

15 하준·유상려(刘湘丽), <"모공장"에 의한 일본 선진제조 발전의 실천과 시사점(日本依托"母工厂"发展先进制造的实践与启示)>, 『중국당정간부포럼』 2013-10.

술혁신의 씨앗이 되는 것을 모공장제라고 한다. 대체로 일본의 '모공장'은 그 제조업 체제에서 기술 지원, 시제 개발, 자국 기술 지위 유지, 자국 고급 시장 충족 기능을 담당하고 있다. '모공장'은 중국의 선진적인 생산제조 기술을 체계적으로 끊임없이 최적화하고 능력을 개선하는 중요한 플랫폼과 주체이며, 중대한 기초 과학 연구성과와 첨단 제품 기술산업화의 장애를 제거하는 중요한 돌파구이며, 중국 제조업 제품의 품질을 향상시키는 중요한 수단이다. 일본의 경험을 살려 중국의 '모공장 건설 계획'을 내놓고 모공장 중심의 생산체제를 갖추는 데 박차를 가해야 한다. 일련의 "모공장" 건설을 주체와 수단으로 하여 인공지능, 디지털 제조, 공업용 로봇 등 선진적 제조기술과 제조도구의 연구개발과 응용을 가속화하며 "체계적으로" 선진제조기술과 선진제조산업을 발전시킨다.

제7장

스마트 제조

스마트 제조는 신新 산업혁명에서 제조업 발전의 기본적 방향이다. 인류 사회가 스마트 사회로 나아가는 과정에서 스마트 제조는 그 기반이다. 중국 제조업 발전에 있어 세계적 스마트 추세를 파악해 중국 스마트 제조의 수준을 적극적으로 향상시키는 것은 제조업의 국제 경쟁력을 제고하는 데 필요한 조건이기도 하며, 개혁의 심화를 통해 공급측 신동력新動能 육성을 가속시키고 중국 경제 발전과 현대화 과정에서의 필연적 조건이기도 하다.[1]

1 黃群慧:『신과학기술혁명을 통해 본 공급측 신동력(從新一輪科技革命看培育供給側新動能)』,『인민일보(人民日報)』 2016년 5월 23일。

1

신新산업혁명의 이해

역사를 되돌아보면 '혁명'은 과학기술 발전의 중요한 표현 형식 중의 하나임을 알 수 있다. 미국의 철학자 토마스 쿤의 관점에 의하면 과학 혁명은 시간적·공간적 구조가 있는 과정이며 그 주된 본질은 새로운 모델로 옛 모델을 대체하는 데 있다. 모델이란 공인된 과학적 성취를 말하며 일정 기간 동안 실천해왔던 공동체에 의해 받아들여진 과학적 개념·법칙·이론 및 도구 등이 포함된다.[2] ① 생산력 발전의 차원에서 볼 때 생산력의 거대한 변화는 더욱 직접적으로 산업혁명 혹은 공업혁명에서 가져온다. 산업혁명은 기술혁명으로 인해 초래된 신경제모델이 구경제모델을 대체하는 활동과 과정을 가리킨다. 그 내용은 인류 생산방식과 경제구조의 거대한 변화를 언급한다. 그 본질은 기술-경제 모델의 전환, 즉 기술 경제 시스템 본래 운행 방식의 기본적 변화이다.

지금껏 인류 역사에서 과학기술과 산업혁명이 몇 번 일어났는지에 대한 학계의 의견은 일치하지 않고 있다. 대체적으로 2-3번의 과학혁명, 3-6번의 기술과 산업혁명이라는 상이한 분류가 존재한다. 2008년 국제 금융위기 이후 영국과 미국의 일부 학자들이 세계 기술 변혁 추세, 제조업 발전과 국가 경쟁력 문제를 연구하는 문헌을 발표하며 제3차 산업혁명이라는 견해가 널리 전파되었다. 중국에서는 세 편의 문헌이 큰 영향을 끼치며 '제3차 산업혁명'이 유행어로 자리잡게 되었다. 첫 번째는 2012년 1월 11

---

2 Thomas S.Kuhn 저, 김오윤(金吾伦)·호신리(胡新利) 역, 『The Structure of Scientific Revolutions)』, 베이징대학교출판사, 2003.

일 『워싱턴 포스트』에 실린 「왜 중국은 자국의 제조업을 걱정하기 시작했는가」이고, 두 번째는 2012년 4월 21일에 출간된 영국 『이코노미스트』지로서 전세계적 '제3차 산업혁명'에 관해 전문적으로 논하였다. 세 번째는 제레미 리프킨이 2011년에 낸 『제3차 산업혁명』이라는 책이 중국에서 번역 출간된 것이다.[3] 제3차 산업혁명에 관한 이해는 다양하지만 학계와 사회 모두 세계가 이미 제1차 산업혁명이 가져온 증기 시대와 제2차 산업혁명이 가져온 전력 시대를 거쳐 제3차 산업혁명이 가져온 정보화 시대로 접어들었다고 생각한다. 반면 독일인들은 산업화 단계에 입각하여 정보화 시대를 정보기술에 기반한 자동화 단계와 물리적 정보 시스템에 기반한 AI단계로 세분화하여 '산업 1.0'에서 '산업 4.0'까지 제4차 산업혁명이라는 분류를 제시했다. 세계경제포럼을 통해 클라우스 슈밥은 증기기관의 발명이 제1차 산업혁명을 추진했고, 생산라인 운영과 전력의 사용이 제2차 산업혁명을 촉발했으며, 반도체·컴퓨터·인터넷의 발명과 사용이 제3차 산업혁명을 촉진하였다고 설명했다. 이어서 사회와 기술의 기하급수적 발전에 힘입어 제4차 산업혁명이 이미 시작되었으며, 그 핵심은 AI와 정보화를 통해 고도로 스마트하고 인간적이며 디지털화된 제품 생산과 서비스 모델을 형성하는 것이라 주장했다.[4]

신과학기술혁명 추진으로 인해 산업 시스템 전체가 점차 더 풍부하고

---

3 Jeremy Rifkin 저, 장체위(张体伟) 역, 『The Third Industrial Revolution: How Lateral Power Is Transforming Energy, the Economy, and the World』, 중신출판그룹, 2015.

4 Klaus Schwab 저, 이정(李菁) 역, 『The Fourth Industrial Revolution』, 중신출판그룹, 2016. 사실 몇 차례의 산업혁명에 얽매이는 것은 큰 의미가 없으며, 몇 년 동안 3차 산업혁명의 개념을 제시하지 않고 4차 산업혁명을 제안한 것은 학자들의 '명성 추구'의 결과일 가능성이 더 크다. 우리는 정보화, 디지털화, 지능화를 기본 특징으로 하는 새로운 과학기술과 산업혁명을 총칭하여 신산업혁명으로 부르기에 충분하다고 본다.

다층적인 거대한 변화를 겪을 것이며, 이러한 변혁이 바로 신산업혁명이다. 현재 이러한 변혁은 4가지 측면에서 나타난다. 첫째, 고효율 에너지 연산·초광대역·레이저 본딩·신소재 등을 대표로 하는 통용 기술 측면이다. 둘째, 통용 기술을 기반으로 하는 인공지능·디지털 제조·로봇·3D프린팅 등을 대표로 하는 제조 기술 측면이다. 셋째, 플렉시블 제조 시스템과 재구성 가능 생산 시스템을 대표로 하는 각종 집적 기술 측면이다. 넷째, 정보물리융합시스템 측면이다. 정보물리융합시스템은 바로 독일 '산업4.0'의 목표이자 핵심이다. 독일 '산업4.0'에 대응하여 미국이 제안한 산업 인터넷은 인터넷과 제조업을 심도 있게 융합해 AI제조를 핵심으로 하여 개인 맞춤화·AI생산·네트워크화 협동·서비스화 전형을 실현할 수 있는 산업 생산 시스템을 형성한다. 따라서 신산업혁명의 본질적 특징은 바로 지능화 추세와 그에 따른 산업과 사회 전체의 변화이다.

스마트 기술 중 가장 권위적이고 영향력이 큰 기술은 바로 인공지능이다. 인공지능은 로봇지능이라고도 하는데, 1956년 미국 다트머스대학 학회에서 처음 제안되었다. 인공지능은 분산 인공지능과 다중지능 주체 시스템·인공지능 사고 모델·지식 시스템·지식 발견 및 데이터 마이닝·유전 및 진화 계산·딥 러닝·인공지능 응용 등을 포함한 방대한 지식과 기술 시스템을 의미한다. 인공지능을 분류하자면 약弱 인공·강強 인공·초超 인공으로 나눌 수 있는데, 우리는 아직 약인공지능 단계에 위치해있다. 약인공지능은 휴대전화에 들어가는 휴먼 대화 소프트웨어처럼 어느 한 쪽만 잘하는 것이다. 강인공지능은 기술 면에서 인간의 지능과 동등하게 할 수 있는 것이다. 초인공지능은 모든 분야에서 인간의 지능을 초월하는 스마트 머신 시스템이다.

스마트를 특징으로 하는 신산업혁명이 이끄는 변혁은 결코 산업적 차원에 제한된 것이 아니라 사회 전반적 차원에서 진행되는 것이기에 일본에서는 '소셜 5.0'이라는 '초지적 사회超智慧社會' 개념을 제시하고 있다. 지능화 사회를 상상하는 것은 현재 주로 미래학자를 비롯해 각 분야 여러 학자들의 관심사이다. 슈밥은 2016년 중국에서 열린 세계경제포럼에서 10년 후 신산업혁명이 사회에 가져올 21개의 폭발점을 다음과 같이 제시하며, 미래지식사회의 특징을 어느 정도 부각시켰다. (1) 10%의 사람들이 언제든 인터넷 접속 가능한 복장 착용. (2) 90%의 사람들이 무료로(광고주가 후원하는) 무제한 저장공간 사용. (3) 1조 센서의 인터넷에 접속. (4) 미국에서 최초의 로봇 약사 출현. (5) 10%의 인터넷 접속이 가능한 독서용 안경. (6) 80%의 사람들이 인터넷에서 디지털 신분증 취득. (7) 최초의 3D 프린팅 자동차 생산 개시. (8) 정부에서 인구 센서스를 처음으로 빅데이터 소스로 대체. (9) 첫 임플란트폰 상용화. (10) 5%의 소비품이 3D 프린팅으로 생산. (11) 모든 사람이 스마트폰 사용. (12) 모든 사람이 항상 인터넷 접속 가능. (13) 자율주행차가 미국 도로 주행 차량의 10% 차지. (14) 첫 3D 프린팅 간肝 이식 실현. (15) 30%의 기업 감사를 인공지능으로 수행. (16) 정부에서 처음으로 블록체인 기술을 사용하여 세금 징수. (17) 가정용 전기나 장비들이 인터넷 트래픽의 절반 이상을 차지. (18) 세계적 범위에서 병차출행의 수가 자가용을 초과. (19) 인구 5만 명이상의 신호등 없는 도시가 처음으로 등장. (20) 세계 GDP의 10%가 블록체인 기술로 저장. (21) 인공지능 기기가 처음으로 회사 이사회 진입.[5]

스마트 실현은 결국 정보 기술의 돌파와 발전의 결과다. 인간의 사회활동은 정보(데이터)의 생성·수집·전송·분석·이용과 직결되어 있다. 정보나 데이터가 객관적으로 존재하였으나, 이전에는 이러한 정보나 데이터의 독립성과 유동성이 약했다. 그러나 정보 기술의 돌파적 발전에 따라 클라우드 컴퓨팅·빅데이터·인터넷·사물인터넷·퍼스널 컴퓨터·모바일 단말기·

5 Klaus Schwab 저, 이정 역, 『The Fourth Industrial Revolution』, 중신출판그룹, 2016.

웨어러블 장치·센서와 다양한 형태의 소프트웨어 등과 같은 '클라우드 네트워크 융합雲網端' 정보 인프라가 점차 나아졌다. 이전까지 정보(데이터)가 다른 요소들과 긴밀히 결합되어야 했던 데 비해, 이제 그 가용성과 독립적 유동성이 날로 강화되고 있다. 과거에는 경제적 공급 요소가 주로 자본·노동력·토지·혁신 등이었다면, 이제 정보가 독립적으로 새로운 경제적 공급 요소가 되었다고 할 수 있다. 정보(데이터)는 점차 사회 생산 활동의 독립적 투입·산출 요소가 될 뿐만 아니라 CPS 시스템을 이용해 한계 이익 기여도를 대폭 향상시킬 수 있으며, 사회 경제 운용 효율과 지속 가능한 발전의 핵심 결정 요소가 되었다. 미래에 정보(데이터)는 현대화 수준의 결정적 요소로 여겨질 것이다. '클라우드 네트워크 융합雲網端'정보 인프라의 중요성 또한 데이터를 핵심 요소로 하며, '클라우드 네트워크雲網'를 인프라로 하는 신산업혁명을 더욱 부각시킬 것이다. 또한 생산 조직과 사회적 분업의 사회화·네트워크화·플랫폼화·편평화·미세화를 더 촉진할 것이다. 이에 따라 대규모 맞춤형 생산과 개인화 맞춤형 생산이 갈수록 주류 제조 패러다임이 되어 소비자의 개인적 요구를 만족시킬 것이다. 그뿐만 아니라 기업 조직의 경계가 갈수록 모호해져, 플랫폼에 기반한 공유 경제와 개인 혁신 창업이 거대한 발전 공간을 확보함으로써 경제의 급속한 발전을 촉진할 것이다. 본질적으로 말하면 신산업혁명이 경제 발전을 촉진하는 것은 범위의 경제 역할을 수행하기 때문이다. 이른바 범위의 경제는 지능형 경제 성장의 주요 효율적 원천이 된다.[6]

6 황군혜, <신경제의 기본 특징과 기업 관리 변혁 방향(新经济的基本特征与企业管理变革方向)>, 『요녕대학학보』(철학사회과학판) 2016-5.

2

스마트 제조와 신新경제

신산업혁명의 기류에서 산업 발전의 관건과 핵심은 바로 지능화 제조이다. 지능화 제조란 직관적으로 말해 인공지능 기술과 제조 기술의 통합에 기반해 최적화된 목표를 충족하는 제조 시스템 또는 모델을 말한다. 지능화 제조가 처음 제안되었을 때에는 내용이 상대적으로 협의적이었고 최적화 목표도 비교적 구체적이었지만, 새로운 제조 모델의 지속적 출현과 정보 기술의 지속적 발전으로 인해 지능화 제조의 의미는 점차 광의화되었다. 지능화 제조는 기술적 기반에서 볼 때 단순한 인공지능 단계부터 빅데이터·사물인터넷·클라우드 컴퓨팅 등을 포함한 차세대 정보 기술 단계로, 제조 과정에서 볼 때 단순한 생산 가공 단계부터 제품의 전체 생애주기로, 제조 시스템의 차원에서 볼 때, 제조 장비 유닛부터 작업장·기업·공급망을 포함한 온 제조 생태 시스템으로, 최적화 목표에서 볼 때 최초의 인공적 개입 없는 소량 생산 실현부터 소비자 맞춤형 수요 만족·최적화 실현·생산 유연성 제고·생산 효율과 자원 활용도 향상·제품 품질 향상·제조 주기 단축·친환경화 구현 등 일련의 목표를 달성함으로써 발전할 것이다. 따라서 현재 지능화 제조는 이미 광의적으로 빅데이터·사물인터넷 등과 같은 차세대 정보 기술과 제조 기술의 집적으로 널리 이해되고 있다. 이는 제조 환경의 변화에 동적으로 적응되고 있다는 뜻이다. 더 나아가 제품 설계·제조부터 재활용까지 전체 생애주기의 고효율화·양질화·친환경화·네트워크화·개성화 등 최적화를 목표로 한 제조 시스템 또는 모델을 보장할 수 있다. 구체적으로는 스마트 제품·스마트 생산·스마트 서비스·스마트 재활용

등 광범위한 내용을 포함한다.[7]

스마트 제조 실현에서의 핵심은 차세대 정보 기술 시스템을 통한 기술적 지원이다. 현재 비교적 공인된 지능화 제조 기술의 기반은 정보-물리 시스템CPS, 또는 가상-실체 시스템이다. 쉽게 말하면 이는 산업 실체 세계에서 기계·재료·공예工藝·사람 등을 인터넷을 통해 가상 세계의 각종 정보 시스템과 효과적으로 연결하는 네트워크 공간 시스템이다. 이 시스템은 오프라인 실체 세계에서 산업 데이터에 관한 전면적이고 심층적인 감지와 실시간 동적 전송·고급 모델링 분석을 통한 네트워크 정보 시스템과 오프라인 공간의 심층적 융합·실시간 교류·상호 결합과 갱신의 구현으로 지능화된 책략과 제어를 이룸으로써, 궁극적으로 전체 제조업의 지능화 발전을 촉진한다. 이 시스템은 독일 '산업4.0'에서는 CPS로, 미국 산업 영역에서는 산업 인터넷이라고 불린다. 미국 산업 분야의 관점에서는 산업 네트워크를 인터넷을 통한 산업의 모든 영역과 전체 가치사슬 절차의 융합적이고 집대성적인 응용이며, 지능화 제조를 뒷받침해주는 핵심적이고 종합적인 정보 인프라로 본다. 이 시스템을 통해 제조 과정의 자체적 조직화·자체적 조정·자체적 의사 결정 등 자주적으로 환경 변화에 적응하는 지혜로운 특성을 실현할 수 있다. 더 나아가 고高 복잡성·고高 품질·저低 비용·저低 소비·저低 공해·다多 품종 등과 같이 앞선 전통적 제조 모델에서 서로 모순되고 동시에 실현 불가능한 일련의 최적화 목표를 충족시킬 수 있다. 미래 인류가 원하는 제조업은 모두 개인화 맞춤·지능화 생산·연구개발 네트워크 협동·서비스화 융합의 특징을 가질 것이다. 이는 제조업이 발전해 나갈 방향이다. 즉, 지능화 제조를 구현함으로써 미래의 제조업은 고高 품질·다多 품종·고高 효율·친환경·혁신이란 요구를 충족시킬 수 있게 될 것

7 황군혜, <스마트 제조를 신경제의 주요 방향으로 하여(以智能制造作为新经济主攻方向)>, 『경제일보』, 2016.10.13

이다.

스마트 제조에서 산업용 로봇은 기본적 장치이다. 산업용 로봇은 기계·전자·제어·컴퓨터·센서·인공지능 등 다多학과의 선진적 기술이 집약된 현대 제조업에서 중요한 자동화 장비이다. 1962년 미국에서 세계 최초의 산업용 로봇을 개발한 이래, 로봇 기술과 그 제품은 플렉시블 제조 시스템FMS·자동화 공장FA·컴퓨터 통합 제조 시스템CIMS의 자동화 장비가 되어 왔다. 산업용 로봇은 자동차 및 자동차 부품 제조업·기계 가공 산업·전자 및 전기 산업·고무 및 플라스틱 산업·식품 산업·물류 등 여러 분야에서 널리 사용되어, 생산 효율의 향상과 노동 환경의 개선에 도움이 되며 자체적 적응 능력과 인지 능력을 갖추고 있다. 산업용 로봇은 기계 시스템·제어 시스템·센서 모니터링 시스템의 세 부분으로 구성된다. 중국은 현재 기계 시스템 분야 기술은 세계와 발맞추고 있지만, 로봇 지능 제어 기술은 여전히 상대적으로 낙후되어 있다. 가장 큰 문제는 산업 소프트웨어이며, 대외 의존도가 매우 높기에 대부분의 경우 수입에 의존한다.

경제학 연구에 따르면 한 나라의 경제적 국제 경쟁력과 장기적·지속적 성장의 관건은 복잡한 제품을 만드는 능력에 있다. 지능화 제조는 제조업 전형 및 업그레이드의 목표이자 미래 제조업이 발전해 나갈 방향과 경제 구조의 고급화 추세를 대표하며, 한 나라에서 복잡한 제품을 만드는 능력을 결정한다. 따라서 지능화 제조는 현재 세계 각국의 기술 혁신과 경제 발전 경쟁의 초점이 되었다. 이러한 의미에서 지능화 제조 추진 및 제조 강국 건설은 중국의 공급측 구조 개혁을 심화하고 새로운 경제 성장 에너지를 육성하며 경제 성장의 에너지 전환을 촉진하는 것이 관건이다.

이러한 신산업혁명의 배경에서 새로운 산업 조직 형태와 비즈니스 모델이 끝없이 나오는 동시에 경제 성장의 새로운 요소·원동력·모델도 계속 나타나, '신新경제'가 등장하게 되었다. '신경제'라는 단어 자체는 새롭지 않다. 1990년대 말부터 2000년대 초까지 미국에서 정보 기술과 세계화에 힘입어 고성장·저인플레이션·저실업률·저재정적자 등의 특징을 보이는 경제 발전 시기를 거치며, 이를 '신경제'로 인식해왔기 때문이다. 그러나 2000년대 후반 이후 인터넷 기술과 금융이 주도하는 신경제의 거품이 결국 꺼지게 되었는데, 그 근본적 원인은 인터넷 기술을 제조업과 결합시키지 않았기 때문이다. 제조업을 떠나 과학기술 발명과 금융 차원에만 멈춰 파생된 경제는 결국 대부분 거품이 될 것이다. 미국에서 20세기 말에 '신경제'를 제기한 것이 성급했다면, 현재야말로 '신경제'를 제기하기에 적기이다. 정보 기술의 비약적 발전으로 정보 기술 원가가 대폭 절감되는 동시에 정보 기술과 제조업도 점진적으로 융합되고 널리 사용되어, 사회경제적 삶의 변화가 이루어졌기 때문이다.

현재 '신경제'의 본질은 신과학기술혁명·신산업혁명으로 인한 새로운 생산· 교환·소비·분배 활동이 이루어지는 것이다. 이러한 활동은 인류 생산 방식의 진보와 경제 구조의 변화, 신경제 모델이 구舊 경제 모델을 대체하는 것으로 나타난다. '신경제'의 경제 성장 원천은 적어도 아래와 같은 3가지로 분석된다. 첫째, 정보(데이터)의 독립적 유동성이 날로 증가함에 따라 점차 사회 생산 활동의 독립적·핵심적 투입 산출 요소가 되어 정보 한계 효율에 대한 기여가 늘었다. 둘째, '클라우드 네트워크 융합雲網端'을 대표로 하는 새로운 정보 인프라 투자가 경제 성장에 적극적 영향을 미쳤다. 셋째, 생산 조직과 사회 분업 방식이 사회화·네트워크화·플랫폼화·편평화·소미세화를 지향해 소비자의 개성화 요구에 부합하고 범위 경제 역할을 더욱 확장했다. 현재 중국 경제가 뉴노멀에 들어서고 경제 성장 동력 전환이 시급한 상황에서 '신경제'를 대대적으로 발전시키는 것은 신산업혁명의 도전에 적극적으로 대응하는 전략적 선택일 뿐만 아니라, 공급측 구조개혁을 통해 자원 배분을 최적화하려는 중국의 전략적 요구이기도 하다. 특히 2016년 3월 리커창李克强 총리는 정부 업무 보고에서 '신경제'를 확실하게 언급해 국가 차원에서 '신경제'가 중요시함을 보여주었다. 그러나 현재 '신경제'의 의미·본질·측정을 비롯해 미래 발전 정책·방향 등 많은 문제에 관한 공감대가 형성되지 않았다. 더욱이 신과학기술혁명에서 전복적 기술·신업종·신비즈니스 모델이 계속 나오기 때문에, '신경제'는 아직 정형화되지 않았다. 이는 통계 차원에서 '신경제'를 가늠하기가 매우 어렵다는 뜻이다. 일부 지방 정부에서는 '신경제'의 기여도가 지방 경제 전체의 60% 또는 70%나 차지한다고 주장하지만, 사실 '신경제'를 가늠할 수 있는 통일적 통계 수단을 갖추기는 어렵다. 그러나 국가 통계국의 일부 탐색은 참고할 만하다. 국가통계국은 이미 '신산업·신업종·신비즈니스 모델의 통계 모니터링 제도(시행)', '신산업·신업종·신비즈니스 모델의 통계적 분류(2018)', '신산업·신업종·신비즈니스 모델의 부가가치 산정 방법' 등을 발표한 바 있다. 이런 제도를 바탕으로 국가통계국 통계과학연구소에서는 경제 발전 신동력新動能 지수의 통계지표 체계를 구축해, 고정기준지수법으로 2015년부터 2017년까지 중국 경제 발전 신동력 지수를 초보적으로 측정했다. 측정 결과에 따르면, 2015년부터 2017년까지 중국 경제 발전 신동력 지수는 각각 123.5, 156.7, 210.1로 전년 대비 각각 23.5%, 26.9%, 34.1% 정도 증가해 매년 가속화되는 추세를 보이고 있다.[8] 한편 국가통계국은 '신산업·신업종·신비즈니스 모델의 통계적 분류(2018)' 및 '신산업·신업종·신비즈니스 모델의 부가가치 산정 방법'에 의해 2017년 전국 '3신新' 경제의 부가가치를 12조9,578억 위안으로 계산해, GDP 의 15.7%를 차지함으로써 전년 대비 0.4% 정도 증가했다. 당시 가격 기준으로 계산한 증가율은 14%인데, 동기간 GDP 당시 가격의 증가율에 비해 2.9% 높다.[9]

---

8 <2017년 중국 경제 발전의 신동력 지수 전년 대비 34.1% 증가>, 2018.11.23. 국가통계국사이트(http://www.stats.gov.en/tjsj/zxb/201811/20181123 1635449.html)

9 <2017년 중국의 '3신' 경제 부가가치 GDP의 15.7 해당(2017年我国"三新"经济增加值相当于GDP的比重为15.7)>, 2018.11.22. 국가통계국 사이트(http://www.stats.gov.cn/tjsj/zxb/201811/t20181122_1635086.htm)

'신경제'에서 산업 체계는 스마트 기술에 의존하는 산업 융합적 발전이다. 전통적 발전경제학 관점에서는 산업화의 진행에 있어 하나의 산업 시스템을 3가지 산업이 차례로 주도하는 고급화 과정이 있다고 본다. 현대 산업 구조는 종종 현대 서비스업이 주도하는, 점유율 70%에 달할 수 있는 산업 구조로 나타난다. 그러나 신과학기술혁명·신산업혁명의 배경에서 산업화·정보화가 깊이 융합되며 3차 산업의 경계가 점점 모호해지고, 신기술·신제품·신업종·신유형이 계속 등장하므로 현대 산업 시스템의 함의가 변화하고 있다. 따라서 통계적 3차 산업 구조의 양적 비례 관계를 통해 산업 시스템의 현대화 수준을 측정하기가 점점 더 어려워진다. 정보 기술의 획기적 발전으로 클라우드 컴퓨팅·빅데이터·인터넷·사물인터넷·개인용 컴퓨터·모바일 단말기·웨어러블 장치·센서 및 여러 형태의 소프트웨어 등 '클라우드 네트워크 융합雲網端' 정보 인프라가 끊임없이 완비됨에 따라, 정보(데이터)는 점차 사회 생산 활동의 독립적 투입·산출 요소가 되어 사회 경제 운영의 효율성과 지속 가능한 발전에 중요한 역할을 하고 있다. 이렇듯 정보(데이터) 요소는 산업 시스템의 현대적 핵심 요소가 되었다. 산업 시스템의 현대화 수준은 주로 정보(데이터)의 핵심적 투자를 통한 각 전통 산업의 변혁 수준과 신흥 산업의 발전 수준으로 나타난다. 계량적 경제지표의 관점에서 보면 주로 정보(데이터) 요소 투입으로 인한 산업 한계 효율 개선과 노동 생산 효율의 향상 수준으로 나타난다. 핵심적 요소인 정보(데이터)가 계속 투입됨에 의해 컴퓨터·인터넷·사물 인터넷(또는 물리적 정보 시스템) 등의 기술 지원으로, 현대 산업 시스템은 디지털화·네트워크화·지능화라는 융합적 발전의 주된 노선을 따라 계속 발전하고 있다. 이러한 관점에서 현대 산업 시스템의 최종 방향은 지능화 및 융합화이다. 이는 사회 전체가 지능화 방향으로 전환되는 데에도 큰 도움이 되었다.[10]

---

10 황군혜, <스마트 제조를 현대 산업의 새로운 시스템 구축을 위한 지침으로 활용(以智

스마트를 지향하는 현대적 산업 신新 시스템을 구축하려면 우선 전략적으로 어떤 산업이 선도 산업인지를 명확히 하고, 나아가 선도 산업에 의해 전체 산업 시스템의 현대화를 추진해야 한다. 중국은 규모가 크고 수요가 다양한 국내 시장에 힘입어 최근 몇 년간 전자상거래가 먼저 도약적 발전을 이루어 왔지만, 현대적 산업 시스템의 선도 산업은 전자상거래가 아니라 지능화 제조이다. 한편, 칩 기술의 도약적 발전·인터넷 시설의 발전·값이 싸고 양이 많은 센서의 공급·선진 제조 기술의 끊임없는 혁신에 따라 스마트 제조 산업은 신과학기술혁명·신산업혁명을 선도하며 신속히 발전하고 있어, 현대적 산업 시스템에서 거대한 발전 잠재력을 가지는 산업으로 성장하고 있다. 다른 한편, 제조업은 다른 산업에 통용적 기술 수단을 제공해 줄 수 있다. 제조업은 기술 혁신의 수요측일 뿐만 아니라 기술 혁신의 공급측이기도 하다. 현대적 산업 시스템에서 혁신 발전의 주 원동력은 바로 제조업 발전에서 비롯된다. 지능화 제조의 발전은 스마트 팜·스마트 시티·스마트 교통·스마트 그리드·스마트 물류·스마트 홈과 같은 여러 분야의 지능화 발전을 한층 더 지원하고 촉진해, 생산자와 소비자의 스마트하고 맞춤화된 수요를 충족시킨다. 또 지능화 제조의 발전에 힘입지 않으면, 신업종·신비즈니스 모델도 결국 도태될 것이다. 바로 이렇기에 독일 '산업 4.0'도, 미국에서 제기된 선진 제조업 국가 전략적 계획도 모두 지능화 제조를 주요 노력 방향으로 삼고 있다. 지능화 제조는 '제조 강국 전략'이 나갈 주요 방향이자, 중국 제조 강국 건설의 핵심이기도 하다. 미래의 제조 강국은 반드시 지능화 제조 강국이기도 할 것이다.

能制造为先导构造现代产业新体系)>, 『광명일보』, 2016.6.8.

3

중국 스마트 제조의 발전

최근 몇 년간 새로운 산업화 전략 추진, 중국 차세대 정보 기술과 제조업의 심층 융합으로 중국 지능화 제조는 막대한 발전을 이루었다. 고급 CNC 공작기계·산업용 로봇·스마트 계측기를 대표로 하는 핵심적 기술 장비가 긍정적 진전을 이루었고, 이산형 산업 제조 장비의 디지털화·네트워크화·지능화 속도가 빨라졌으며, 공정형流程型 산업의 과정 제어와 제조 실행 시스템이 전면적으로 보급되어 핵심적 공정 수치 제어율이 대폭 향상되었다. 그러나 스마트 제조는 핵심적 공성 기술과 장비 면에서 여전히 외국에 구속되는 곤경에 처해 있다. 지능화 제조 기준·소프트웨어·네트워크·정보 보안 기반이 취약하고, 기업에서 필요로 하는 산업 소프트웨어의 90% 이상을 수입에 의존하고 있으며, 기업자원계획ERP·제품생명주기 관리PLM·제조 업체 생산 공정 관리 시스템MES·3차원 디자인·가상 시뮬레이션·제어 시스템·운영 시스템·데이터베이스 등의 소프트웨어는 주로 외국에서 공급받는다. 고급 및 특수 센서·지능형 계측기·자동 제어 시스템·고급 수치 제어 시스템·로봇의 시장 점유율은 5% 미만이다. 외국에 비해 중국 신新스마트 제조의 신新모델은 성숙도가 낮고, 시스템의 전반적 솔루션 공급 능력이 낮으며, 신스마트 제조 분야의 인재가 매우 부족하다. 이러한 스마트 제조의 발전 현황을 바탕으로 중국의 제조 강국 건설·신경제 발전·신구동력 전환新舊動能轉換의 차원에서 볼 때, 중국의 미래 스마트 제조에 있어 다음과 같은 몇 가지 역점에 주의해야 한다.

첫 번째는 스마트 추세에 발맞추어 새로운 산업 융합적 발전 시스템을 구축하는 것이다. 신과학기술혁명·신산업혁명에서 스마트 제조의 발전은 정보 기술이 전통 산업에 주어진 변혁을 가속화함으로써, 제조업과 서비스업 간의 융합을 한층 더 촉진시킨다. 3차 산업의 융합적 발전은 점차적 전환과 업그레이드를 실현해, 더 높은 생산성을 가지고 있는 현대적 산업 시스템 형성을 촉진했다. 따라서 체제 개혁을 심화하고, 산업 발전의 지도 이념을 조정해야 하며, 성장 지향을 강조하는 규모의 비례 관계에서 효율성 지향을 강조하는 산업 융합과 산업 품질 능력 향상으로 전환해야 한다. 또한, 정부 주무부처의 한계와 일개 부처의 시각에서만 산업 발전을 사고하는 관성을 깨뜨려, 생산 요소와 자원의 부처 간 이동을 격려해야 한다. 지능화 제조의 발전과 스마트 제조 시스템 구축이 선도하는 농업의 '스마트 팜' 전환과 서비스업으로의 확장을 촉진한다. 스마트 시티의 건설과 지능화 제조의 발전 촉진에 목표를 두어 서비스업, 특히 생산적 서비스업의 거대한 발전을 추진한다. 그리하여 도시와 농촌 1, 2, 3차 산업의 융합을 지향하는 신업종을 육성한다.

두 번째는 중국 국정에 맞는 스마트 제조 발전 신전략을 모색하는 것이다. 중국은 이미 산업화 후기에 접어들었고, 중국의 종합 국력은 세계 상위를 차지해 왔다. 중국은 세계에서 가장 완비된 현대 산업 시스템과 거대한 제조 기반을 보유함으로써, 세계 1위의 제조업 강국이 되어 왔다. 그러나 중국 제조업은 규모가 크지만 강하지 않다. 다시 말해 세계 주요 산업 선진국에 비해, 중국 제조업은 지능화 측면에 있어 발전이 상대적으로 낙후되어 있다. 전반적으로 중국 제조업은 기계화·전기화·자동화·정보화가 함께 존재하는 단계에 있어, 지역별·산업별·기업별로 지능화 발전 수준의 차이가 매우 크다. 중국의 지능화 제조 발전에는 여전히 두드러진 문제들이 많이 존재한다. 주로 감지·제어·의사 결정 및 실행 등과 같은 핵심 절차의 핵심 기술·장비를 여전히 외국에 구속받고 있다. 또한 지능화 제조의 표준과 소프트웨어·네트워크·정보 보안의 기반이 여전히 취약하다. 그리고 여러 가지 스마트 제조 관리 모델을 시급히 육성·보급해야 하며, 스마트 집적 응용 분야가 매우 제한적이라는 등의 문제들이 있다. 따라서 중국은 제조업 국정에 부합하며 국제 경쟁 환경과 스마트제조 발전 추세를 충분히 고려하는 중국 자체의 스마트 제조 발전 전략을 모색해 나아가야 한다.

세 번째는 과학적 정책 메커니즘을 구축하고, '제조강국전략'과 '인터넷+'전략을 구현하는 것이다. 신과학기술혁명·신산업혁명에 앞서 중국은 이미 '제조강국전략'과 '인터넷+'전략을 제정하고, 중국제制 '5대공정五大工程'·'10대 분야'·'인터넷+'의 '11개 행동계획'을 규정·계획했다. 이처럼 과학적 정책 메커니즘을 구축하고 적극적으로 시행해야 하며, 시행에 있어서는 산업 정책과 경쟁 정책의 관계를 정확히 처리해야 한다. 산업 정책의 시행력을 확실히 파악해 산업 정책의 지원·인도·추진 소임을 잘 발휘하는 동시에 정부에서 모든 일을 도맡아 하는 급공근리急功近利 식의 강強 선택적 산업 정책의 낡은 틀에 얽매이지 않도록 해야 한다. 추진 방향에 있어 지능화 제조·녹색 제조·고급 제조 등 신기술·신산업·각종 신비즈니스 모델 자체의 발전만 중요시할 것이 아니라, 신기술·신업종·신비즈니스 모델을 전통적 산업에 응용·보급하는 것도 중요시해야 한다.

네 번째는 제도 혁신과 인적 자본 육성을 강화하고, '클라우드 네트워크 융합雲網端' 인프라 건설에 대한 투자를 확대하는 것이다. 신과학기술혁명·신산업혁명의 빠른 발전에 앞서 중국은 이념·인재 구조· 관리 시스템·인프라 등에 완전히 적응하지 못하고 있는 문제가 있다. 한편 교육·과학기술·행정관리 시스템의 개혁을 심화하고, '장인정신'을 제창하며, 인재 인센티브 제도를 완비해 인재 구조를 최적화하고, 지적재산권과 표준 전략의 대대적 실시로 무형자산 보호를 강화해 중국이 신과학기술혁명·신산업혁명에 순조롭게 대응하며, 경제 성장의 신동력을 육성하는 '소프트 파워'를 높여야 한다. 다른 한편으로는 빅데이터·클라우드 기술·슈퍼브로드밴드·에너지 인터넷·스마트그리드·산업 인터넷 등 각종 정보 인프라에 대한 투자를 가속화해 중국 지능화 인프라 발전의 '결함'을 보완해 중국이 신과학기술혁명·신산업혁명에 순조롭게 대응하고, 경제 성장의 신동력을 육성하는 '하드 파워'를 높여야 한다.

다섯 번째는 혁신 드라이브를 강화하는 것이다. 스마트 제조 수준은 한 국가의 제조 능력의 핵심적 구현이며, 제조 강국 건설 실력을 판단하는 중요 지표이다. 스마트 제조 수준을 결정하는 관건은 제조업 혁신 능력이다. 스마트 제조 분야에서 현재 중국 제조업 혁신 능력은 세계 산업 강국과 여전히 큰 격차가 존재한다. 산업 무선 기술·표준 및 산업화·핵심 데이터 기술·보안 기술 등이 포함된 일부 산업 네트워크 분야의 핵심 기술에서 아직 돌파구가 필요하다. 산업용 인터넷의 핵심 소프트웨어와 하드웨어 지원 능력이 아직 충분하지 않은 상황이다. 중국 전체 제조업 기술 수준은 아직 전기화에서 디지털화로 들어서는 단계에 있다. 스마트 제조는 디지털화에서 지능화로 나아가는 발전을 이끌고 있다. 독일 '산업 4.0'이라는 구분에 따라 선진 산업 국가에서 추진하는 스마트 제조가 '산업 3.0'에서 '산업 4.0'으로 발전하는 것이라면, 중국에 필요한 스마트 제조는 '산업 2.0'·'산업 3.0'·'산업 4.0'의 공진화이다. 한편으로는 중국 국정을 결합해 스마트 제조를 촉진해야 하며, 다른 한편으로는 혁신 드라이브를 한층 더 강화해야 혁신 능력의 초월을 실현할 수 있다.

중국 스마트 제조 발전 현황과 미래 수요에 대한 분석·판단을 바탕으로 국가 산업·정보화부, 재정부에서는 2016년 12월 8일에 「스마트 제조 발전 계획(2016-2020년)」을 발표해 2025년까지 스마트 제조 발전을 추진하는 '2단계 실시' 전략을 다음과 같이 제시했다. 첫 번째 단계는 2020년까지 스마트 제조 발전 기반과 지원 능력을 분명히 강화하고, 전통 제조업 중요 분야에서 디지털 제조를 대부분 실현하는 것이다. 조건과 기반을 갖춘 핵심 산업 스마트 전형에 있어 뚜렷한 진전을 이루게 되며, 구체적 목표는 표7-1과 같다. 두 번째 단계는 2025년까지 지능화 제조 지원 시스템을 기본적으로 구축하고, 핵심 산업의 스마트 전형을 초보적으로 실현하는 것이다. 「계획」에서는 다음과 같이10개의 핵심 임무를 제시했다. 첫째, 스마트 제조 장비의 발전을 가속화함으로써 핵심 기술 장비를 극복하고 품질과 신뢰성을 높이며, 핵심 분야에서의 집적 응용을 추진한다. 둘째, 핵심 공성 기술의 혁신을 강화함으로써 일부 핵심 공성 기술을 돌파하고 일부 핵심 지적 재산권을 배치하고 쌓는다. 셋째, 스마트 제조 표준 시스템을 건설하고 표준 연구와 실험 검증을 전개함으로써 표준의 제정·개정과 보급적 응용을 가속시킨다. 넷째, 산업 인터넷 기반을 구축하여 새로운 산업 네트워크 장비 및 시스템, 정보 보안 소프트웨어나 하드웨어 제품을 연구·개발하고 시험 검증 플랫폼을 구축하고 건전한 위험성 평가·검사 및 정보 공유 메커니즘을 구축한다. 다섯째, 스마트 제조 시범지 보급 강도를 높이고 스마트 제조 신모델에서의 시범지 시범을 전개하며, 스마트 제조의 벤치마킹 기업을 선정해 지속적으로 경험과 모델을 총괄하여 관련 산업에 이식·보급한다. 여섯째, 중요한 분야에서 스마트 전형을 추진하고 '제조강국 전략'10대 중점 분야에서 디지털 작업장/지능화 공장을 시범적으로 건설하며, 전통 제조업에 디지털 응용 기술, 시스템 집적 기술, 스마트 제조 장비를 보급한다. 일곱째, 중소기업의 지능화 개조를 촉진하고, 중소기업이 자체적으로 개조를 추진하도록 유도함으로써 클라우드 제조 플랫폼과 서비스 플랫폼을 구축한다. 여덟째, 스마트 제조 생태 시스템을 육성하고, 일부의 시스템 솔루션 공급업체 육성을 가속화하며, 선도 기업을 적극적으로 발전시키고, 일련의 '專精特'시리즈 기업을 더욱 우수화, 강화시킨다. 아홉째, 지역간 스마트 제조의 협력 발전을 촉진함으로써 스마트 제조 장비 산업의 클러스터 건설을 추진하며 인터넷에 기반한 지역간 스마트 제조 자원의 협력을 강화한다. 열째, 스마트 제조 인재를 육성하고 인재 양성 계획을 개선하며 스마트 제조 인재 양성을 위한 교육을 강화하고 스마트

제조의 훈련 단지를 건설함으로써 다층적인 인재 구성을 준비한다.[11]

표 7-1 2020년 중국 지능화 제조의 발전 목표

항목	목표 및 요구	구체적 지표
1	스마트제조 기술과 장비에 돌파를 얻는다	일련의 핵심적 스마트 제조 기술과 장비를 연구・개발함으로써 강한 경쟁력을 갖추고 국내 시장 만족률이 50%를 초과한다. 일련의 스마트 제조의 핵심적 공성 기술을 돌파한다. 핵심적 지원 소프트웨어들의 국내 시장만족률은 30%를 넘는다.
2	발전의 기반이 확실히 강화된다	스마트 제조의 표준 시스템이 기본적으로 완비되어 스마트 제조 표준이 200개 이상 제정(개정)되며, 제조업을 위한 산업 네트워크 및 정보 보안・보장 시스템이 초보적으로 세워진다.
3	스마트 제조의 생태적 시스템이 초보적으로 형성한다	주영업 수입이 10억 위안을 넘고 비교적 뛰어난 경쟁력을 갖추고 있는 시스템 솔루션 공급업체를 40개 이상 육성하고 지능화 제조의 인재 구비를 기본적으로 완성한다.
4	핵심 분야에서의 발전 업적이 현저하다	제조업 핵심 분야에서의 기업 디지털화 연구・개발・설계 도구의 보급률이 70%를 넘고, 핵심공정의 수치제어화의 점율이 50%를 넘으며, 디지털화 작업장/지능화 공장의 보급률이 20%를 넘고, 운영원가, 제품의 연구・개발 주기와 제품의 불량률이 대폭 감소된다.

자료출처: 「지능화 제조의 발전 계획(2016-2020)」, 중화인민공화국 산업과 정보화부 사이트 (http://www.miit.gov.cn/n1146295/n1652858/n1652930/n3757018/c5406111/content.html).

국가 강대국 전략과 국가 스마트 제조 계획에 따라 각 지역에서 제조업과 인터넷의 융합적 발전을 심화하고 스마트 제조 프로젝트 건설을 적극적으로 추진하며 기업의 지능화 업그레이드와 변혁을 지원하기 위해 노력하고 있다. 2018년 8월까지 베이징, 톈진, 상하이, 광둥, 후난, 저장, 장

11 <스마트 제조 발전 계획(智能制造发展规划)(2016-2020년>, 중화인민공화국공업정보화부 사이트(http://www.miit.gov.cn/n1146295/n1652858/n1652930/n3757018/c5406111/content.html)

쑤 등 24개 성(자치구, 직할시)에서 스마트 제조에 관련된 전문적 정책 문서를 연속적으로 제정하고 발표하였다. 제조업 기업의 스마트 개조와 스마트 제조 플랫폼 건설이란 두 가지 주요한 중추부터 입각하여 현지 제조업의 지능화 발전을 촉진하는 데 중점을 둔다.

한편, 각 성(자치구, 직할시)에서는 정책 조치에 대량의 기업의 스마트 개조에 대한 정량적 목표를 명확히 설정하였다. 이런 목표는 기업 내부의 디지털화 연구·개발·설계 도구 보급률, 핵심 공정의 수치제어화율, 정보기술의 종합적이고 집적 응용률, 지능화 공장/디지털화 작업장의 보급률, 핵심 업종의 로봇 밀도, 기계의 교환 상황, 에너지 이용률, 제품의 불량품율 등 여러 핵심적 지표가 향상되었음을 촉진하였다. 예컨대 장쑤성은 '13차 5개년 계획'에 따르면'13차 5개년 계획'말까지 1000개의 지능화 작업장을 건설할 계획이다. 2017년 6월까지 장쑤성에서는 벌써 388개의 시범 지능화 작업장을 건설했으며 이들 작업장에서의 에너지 이용률, 제품 불량품률 물론 제품 프리미엄도 확실히 개선되었다. 2015년 장쑤성 최초의 시범 지능화 작업장 중 하나로 우시창장정밀방직유한공사無錫長江精密紡織有限公司 즉 우시일면無錫一棉의 고급 면사 양자강揚子江 작업장에는 9만여개의 센서가 있어 작업장에서 지능화 생산라인 네트워크를 이룸으로써 생산 상태, 제품 품질, 유닛 전기정보를 실시간으로 모니터링할 수 있다. 기업의 만정萬錠 당 사용하는 노동력은 국내 방직 산업 평균 수준의 1/5이며, 동일 종류 제품의 판매 가격은 시장가격보다 10% 이상 높다. 또 다른 예로는 저장성浙江省에서 「저장성 스마트 제조 행동 계획(2018-2020)」「저장성 스마트 제조 평가 방법」「저장성 전통적 제조업의 전면적 개조 및 업그레이드 행동 계획(2017-2020)」 등 정책을 내놓아 2020년까지 성급 이상 수준의 스마트 제조 신모델 적용 시범 핵심 프로젝트 100개 이상 실시하고, 성급 지능화 제조의 벤치마킹 기업 30개를 육성할 전망을 제시하였다. 그리고 핵심 제조업 기업자원계획ERP 보급률은 90%, 제조실행시스템MES의 보급률은

60%, 공급망관리SCM의 보급률은 80%, 제품 전체 생애주기관리시스템PLM의 보급률은 70%에 달할 계획이다.

한편, 각 성(자치구, 직할시)에서 산업 사슬과 공공 서비스의 전반적 발전에 입각하여 스마트 제조 서비스 플랫폼을 적극적으로 구축함으로써 스마트 제조의 생태계를 조성한다. 예를 들어 「장쑤성 '13차 5개년' 스마트 제조의 발전 계획」에서 스마트 제조을 위한 공공 서비스 플랫폼의 개발을 가속화해야 한다고 제안한 바 있다. 공성 기술 연구, 지적 재산권, 빅 데이터, 산업 클라우드 정보 등에 관련된 전문적 스마트 제조 공공 서비스 플랫폼의 구축을 조정함으로써 기업에 스마트 제조 기술의 개발, 데이터 교환, 검사와 테스트, 지능화 개조의 컨설팅 실시 등과 같은 서비스를 제공해 준다. 2017년 4월 13일 중국 전자기술 표준화연구원이 장쑤 풍운과학기술서비스유한공사江蘇風雲科技服務有限公司와 협력하여 만든 쑤저우蘇州시 스마트 제조 공공 서비스 플랫폼이 정식으로 출시되었다. 이 플랫폼은 웹페이지와 위챗의 듀얼 플랫폼을 구축함으로써 업그레이드 대상 제조업자에게 지능화 제조 진단 서비스, 스마트 제조 등급평가서비스, 전문적 솔루션 도킹서비스 등을 제공해 준다. 동시에 스마트 제조 분야에서의 우수한 서비스 업체를 추천하여 수요가 있는 기업에 통일된 전문화 서비스를 제공함으로써 지역 지능화 제조산업사슬의 선순환을 형성하게 되었다. 다른 예로 베이징시에서 「兩化融合양화융합을 통한 경제발전 촉진에 대한 실시 의견」 「베이징 빅데이터 및 클라우드 컴퓨팅 발전 행동계획(2016-2020)」을 내놓아 빅데이터가가 의신에너지 스마트카, 집적회로, 지능화 제조, 통용항공, 위성 등 분야에서 널리 응용할 것을 추진하고, 산업 스마트 제조 클라우드 서비스 플랫폼을 구축하며 연구·개발·설계·생산·경영 등 전체 과정의 클라우드 서비스를 제공해야 한다고 제안하였다. 또 예를 들어 상하이시에서 내놓은 「상하이 스마트 제조의 발전을 가속화하여 글로벌 과학기술혁신센터 건설에 관한 실시 의견」에서 2020년까지 상하이시의 스마트 제조 시스템이 전국에서 가장 먼저 구축되었다. 이에 스마트 제조 발전에 적합한 보급응용시스템, 고급산업시스템, 플랫폼서비스시스템, 표준지원시스템과 인재서비스시스템이 기본적으로 구축되었다. 동시에 일련의 시그니처 스마트 제조 시범 공장들이 건설되며, 강한 시장 경쟁력을 갖추는 시스템 집적, 장비 개발, 소프트웨어 개발과 스마트 제조의 신모델 응용 등 분야의 선두 기업을 육성·지원하여 국가급 스마트 제조 공공 서비스 플랫폼을 창출해 생산효율과 에너지 이용률을 효과적으로 높이고 운영 비용, 제품 개발 주기와 제품 불량품율을 낮추게 되었다.

제8장

녹색 제조

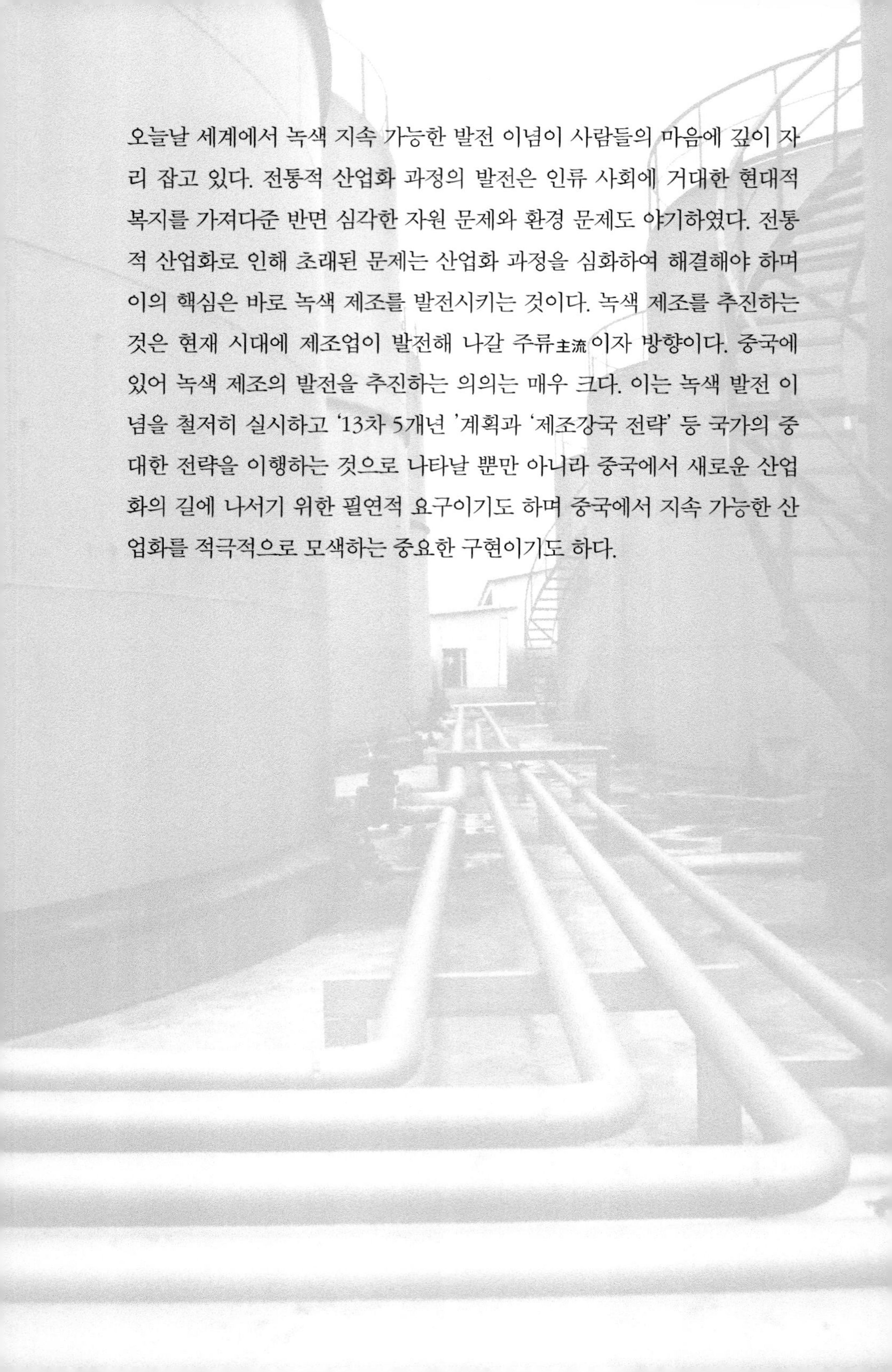

오늘날 세계에서 녹색 지속 가능한 발전 이념이 사람들의 마음에 깊이 자리 잡고 있다. 전통적 산업화 과정의 발전은 인류 사회에 거대한 현대적 복지를 가져다준 반면 심각한 자원 문제와 환경 문제도 야기하였다. 전통적 산업화로 인해 초래된 문제는 산업화 과정을 심화하여 해결해야 하며 이의 핵심은 바로 녹색 제조를 발전시키는 것이다. 녹색 제조를 추진하는 것은 현재 시대에 제조업이 발전해 나갈 주류主流이자 방향이다. 중국에 있어 녹색 제조의 발전을 추진하는 의의는 매우 크다. 이는 녹색 발전 이념을 철저히 실시하고 '13차 5개년 '계획과 '제조강국 전략' 등 국가의 중대한 전략을 이행하는 것으로 나타날 뿐만 아니라 중국에서 새로운 산업화의 길에 나서기 위한 필연적 요구이기도 하며 중국에서 지속 가능한 산업화를 적극적으로 모색하는 중요한 구현이기도 하다.

1

포용적인 지속적 산업화

1972년 로마 클럽에서 발표한 첫 연구 보고서 「성장의 한계」에 자연자원의 제한된 공급으로 인해 경제 성장이 무한정 지속될 수 없다는 비관적 예언을 처음 내놓아 사람들이 환경, 자원 등 글로벌 시스템 문제에 대한 관심은 물론, 전통적 산업화의 길에 대한 인간 사회의 반성도 불러일으켰다. 21세기에 들어서면서 로마 클럽에서는 기후 변화와 지구 온난화 문제를 더욱 강조하였다. 2018년 10월 8일, 2018년도 노벨 경제학상은 윌리엄 노드하우스William D. Nordhaus와 폴 로머Paul M. Romer에게 수여되었다. 윌리엄 노드하우스가 기후 요인을 전통적인 경제 성장 모델에 포함시켜 탄소 배출이 기후 온난화에 미치는 영향을 분석한 것을, 폴 로머가 경제 성장 모델에 지식을 도입해 내생적 성장 이론을 제기하고 장기 경제 성장의 동력을 '내생화內生化'로 설명한 것을 각각 표창하였다. 두 수상자의 연구 분야는 겉으로 보기에 관련이 없는 것 같지만 둘 다 경제성장 문제에 관한 내용이다. 즉 경제성장의 자연적 제약과 내생적 원동력이다. 이는 경제성장의 원동력 문제 뿐 아니라 경제 성장의 제약,[1] 즉 지속 가능한 경제 성장 문제에도 관심을 기울여야 함을 어느정도 일깨워 주었다. 이 문제는 산업화 차원에서 보면 바로 인류사회가 환경과 자원의 제약, 지속 가능한 산업화에 관심을 기울여야 한다는 것이다.

세계 산업화 과정은 산업화가 현대 사회 변천의 원동력임을 보여주었

1 진영위(陈永伟), <경제 성장: 어디서 왔을까, 어디서 끝날까(经济增长：从何而来、终于何方)>, 『경제관찰보』, 2018.10.15.

다. 선진국의 산업화 도로가 주로 경제 성장 목표에 중점을 둔 전통적인 산업화 도로의 전형적인 예이다. 인류는 산업화 전략이 기술 혁신을 통한 경제성장의 효율성 목표만 고려할 것이 아니라 사회적 공정 목표와 지속 가능한 발전 목표에도 더 많은 관심을 기울일 필요가 있음을 인식하였다. 바로 이러한 맥락에서 유엔UN은 포괄적이고 지속 가능한 산업 발전을 촉진하는 것을 「우리의 세계를 변혁시킨다: 2030년 지속 가능한 발전 의제」를 통해 9번째 목표로서 제안하였다. 2015년 유엔산업발전기구에서 「2016년 산업 발전 보고서: 기술과 혁신이 포용적이고 지속 가능한 산업 발전에 해당하는 역할」을 발표했는데 이 보고서에는 포용적이고 지속 가능한 산업발전이 세 가지 요소가 포함되어 있다고 지적하였다. 첫 번째 요소는 장기적이고 지속 가능한 산업화이며 이는 경제 발전을 촉진하는 원동력이다. 두 번째 요소는 사회적 포용성을 가지는 산업 발전과 사회이며 이는 평등한 취업 기회와 이익의 공평한 분배를 제공한다. 세 번째 요소는 환경의 지속 가능성이다. 이는 산업 활동이 가져온 번영을 자연자원의 과도한 사용과 부정적 환경 영향과 분리시킨다.[2]

이전의 전통적인 산업화 도로는 사회적 포용성과 환경적 지속 가능성을 덜 고려하는 것이다. 이 두 요소는 종종 산업화 속도에 영향을 미치는 제약으로 간주된다. 성공적인 산업화 전략을 진정으로 실현하려면 경제 성장을 유지하고 사회적 포용성을 촉진하며 녹색 경제의 전형을 이루는 과정에서 이해득실을 따져야 할 경우에 많이 부딪친다. 이것은 바로 산업화 전략과 정책의 핵심이기도 한다. 포용적이고 지속 가능한 산업화 전략의 원동력은 전통적 산업화 전략과 같이 혁신에 의해 주도되는 기술 혁명과 산업 변혁이다. 그러나 둘의 가장 핵심적인 차이점은 사회적 포용성과 환

---

2 황군혜·곽조선 등, 『지속 가능한 산업화와 혁신 드라이브』, 사회과학문헌출판사, 2017, pp.9-11.

경적 지속 가능성을 충족시키면서 경제 성장과 산업화 과정을 추진하기 위해 어떤 기술 혁신을 선택할 것인가에 대한 판단이다. 환경적 지속 가능성의 입장에서 볼 때, 청정에너지 기술, 녹색 제조 기술 등 친환경적 기술의 응용과 보급은 당연히 기술 혁신의 주방향이다. 이러한 기술 혁신은 구체적 생산공정의 변화와 산업 구조의 변화로 나타날 수 있는데 전자는 보통 기업 생산 과정에서의 기술 혁신이고 후자는 국가 차원에서 촉진한 첨단 기술과 저급 기술의 대체를 통해 실현된다. 물론 이러한 기술 대체와 공정 혁신의 채택은 높은 비용의 제약에 부딪치고 있다. 이것들은 모두 전략과 정책 차원에서 포용적이고 지속 가능한 산업화를 어떻게 추진할 것인지를 고려해야 한다(그림8-1). 이 과정을 거친 후에 혁신 구동에 의한 포용적이고 지속 가능한 산업화의 핵심적 내포를 보다 전면적으로 이해할 수 있다.

그림 8-1 혁신 구동의 포용적이고 지속 가능한 산업화 설명

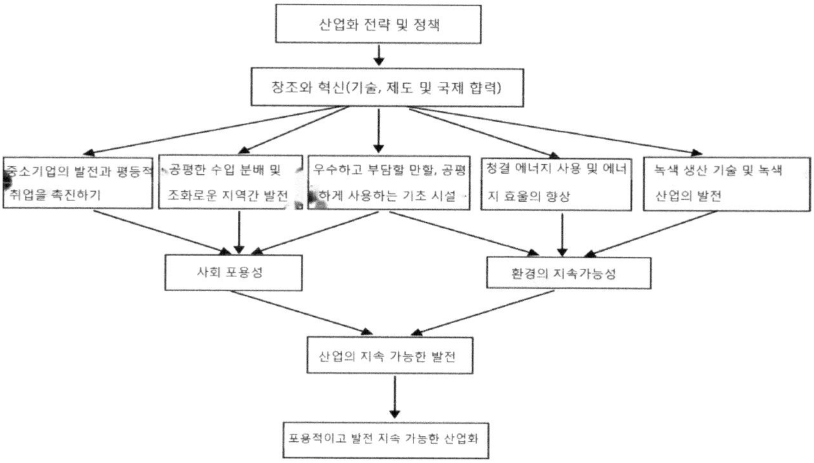

자료출처: 黃群慧, 郭朝先 등, 『지속 가능한 산업화와 혁신 구동』, 사회과학문헌출판사, 2017, p11.

〈그림 8-1〉에서 해명하려는 것은 혁신을 원동력으로 하여 기술 혁신, 제도 혁신과 국제협력을 통해 사회적 포용성과 환경적 지속 가능성의 요구를 충족시킴으로써 산업발전과 경제 성장을 실현하는 것이 바로 한 나라의 산업화 전략과 정책의 핵심이라는 것이다. 구체적으로 중소기업의 발전과 평등 고용의 확대, 지역 간의 균형적 발전, 소득 인상과 사회소득 분배의 공정, 양질의 누구나 부담하고 평등하게 사용할 수 있는 인프라 개발, 녹색생산공정의 광범위한 채택과 사용, 녹색 산업의 급속한 발전, 청정에너지의 광범위한 사용, 에너지 효율의 대폭 향상 등 여러 분야의 의미를 포함하고 있다. 여기서 두 가지를 더 강조할 필요가 있는데 하나는 포용적이고 지속 가능한 산업화의 실현은 반드시 산업의 지속 가능한 발전이며 '탈산업화'가 아니다. 산업의 발전이 없으면 현대화가 실현될 가능성도 절대 없다. 사회적 포용성과 환경적 지속 가능성은 반드시 혁신에 의한 지속 가능한 산업 성장을 통해 실현하여야 한다. 산업 특히 제조업의 고高수준적 발전이 없으면 기술 혁신 능력이 약화되거나 심지어 기술 혁신이라 말도 할 수 없게 된다. 또 하나는 포용적이고 지속 가능한 산업화의 실현은 반드시 자국의 국정을 기반으로 해야 하며, 자국의 국정을 벗어나 제정된 산업화 전략과 정책은 오히려 지속 가능하지 않다. 각국은 자신의 물질 및 인적 자원, 그리고 자국의 경제 발전 단계와 사회 상황에 근거하여 여러 이해득실을 잘 판단한 후 해당하는 기술 혁신과 제도 혁신을 진행하며, 정확한 기술 조합을 선택해야만 포용적이고 지속 가능한 산업화를 실현할 수 있다.

중국의 경우 중국 공산당 제16차 전국대표대회에서 신형 산업화도로를 제시한 이래 중국은 전통적 산업화 도로와 다른 신형 산업화 도로를 모색하기 위해 노력해 왔다. 신형 산업화 도로란 '정보화로 산업화를 견인하고, 산업화로 정보화를 촉진함으로써 과학기술의 함량이 높고, 경제적 수익이 높으며 자원 소모나 환경오염이 적고 인적 자원의 우위가 충분히 발휘되는 신형 산업화 도로'를 핵심 내용으로 하는 산업화 전략이다. 중국 공산당 제18차 전국대표대회에서 신형 산업화, 도시화, 정보화, 농업 현대화라는 '4화동보四化同步'를 제기함으로써 중국 산업화의 방향을 더욱 명확히 하고 산업화와 도시화, 정보화, 농업 현대화의 조화로운 발전을 강조하였다. '13차 5개년 계획'에서 제기된 혁신 발전, 조화 발전, 녹색 발전, 개방 발전, 누림 발전이란 5대 발전 이념은 중국 산업화를 지도하는 기본적 원칙이자 중국 미래의 포용적이고 지속 가능한 산업화가 심화되는 기본적 보증이기도 하다. 중국의 '13차 5개년 계획'에서 제기된 경제 사회 발전의 주요 목표는 다음과 같다. 발전의 균형성, 포용성, 지속 가능성을 높이는 기초에서 2020년까지 국내총생산과 도시·농촌 주민의 1인당 소득은 2010년에 비해 2배로 증가할 것이며, '녹색 발전'을 중요한 발전 이념으로 제기하고 전체 내용에 일관되게 제기한다. 그리고 제조강국의 건설을 가속화하고 '제조 강국 전략'을 실시하면서 '녹색 청정 생산을 지원하고, 전통적 제조업의 녹색 변혁을 촉진하며 녹색 저탄소 순환 발전 산업 시스템 구축을 촉진한다'고 구체적으로 요구하였다. 따라서 녹색 제조를 추진하는 것은 이미 중국의 '13차 5개년 계획'을 실행하고 신형 산업화 전략을 추진하는 중대한 임무이자 핵심 요구 사항이 되었으며 포용적이고 지속 가능한 산업화에 필수적 기술 지원 요구 사항이 되기도 하였다.

2

중국의 녹색 제조 프로젝트

일반적으로 녹색 제조란 제품의 기능과 품질을 보장하는 전제에 환경적 영향과 자원적 효율성을 종합적으로 고려하는 제조 모델과 공정으로 여겨진다. 녹색 제조는 기술 혁신과 시스템 최적화를 통해 녹색 설계, 녹색 기술과 공예, 녹색 생산, 녹색 관리, 녹색 공급망, 녹색 고용을 제품의 전체 수명 주기에 걸쳐 구현하여 환경 영향을 최소화하고 자원 및 에너지 이용률을 극대화로 하며 경제적, 생태적, 사회적 이익을 조화롭게 최적화한다. 녹색 제조의 실현을 위해서는 녹색 제품의 개발, 녹색 공장의 건설, 녹색 단지의 개발, 녹색 공급망의 구축, 녹색 기업의 최적화, 녹색 감독의 강화와 표준 시스템의 개선을 포함한 하나의 시스템이 필요하다. 이것이 바로 녹색 제조 시스템이다. '제조 강국 전략'에 기반하여 중국에서는 녹색 제조 사업을 전면적으로 추진하려고 하는데 주로 세 가지 측면의 내용을 포함한다. 첫 번째는 제조업의 녹색 개조와 업그레이드를 가속화시키는 것이다. 구체적으로 철강, 화학산업 등 전통적인 중重화학산업, 고高오염산업, 에너지 고高소모산업을 대상으로 생산 과정의 청정화 개조를 실시한다. 그리고 녹색 공정, 기술과 장비를 개발함으로써 독성이나 유해 오염 물질의 배출을 감소시킨다. 한편 전자정보, 신新에너지, 신新소재, 첨단장비와 바이오의약 등 신흥의 첨단기술산업에 대해서는 녹색 저탄소화적 발전을 시종일관하게 확립해야 한다. 두 번째는 자원의 고高효율적인 재활용을 추진하고 자원 재활용 산업과 재생산 산업을 적극적으로 발전시키며 제조업체의 에너지, 물질 및 수자원, 전통적 화석 에너지 소비를 줄임으로써 녹색 저탄소 에너지 소비를 촉진하는 것이다. 세 번째는 녹색제품의 개방, 녹색공장의 건설, 녹색단지의 개발, 녹색공급망의 조성을 핵심 내용으로 하는 녹색 제조 시스템을 적극 구축하고 녹색 감독을 강화시키는 것이다.

녹색제조시스템의 구축은 녹색제조 추진의 핵심이다. '제조강국전략'에서 녹색 제조 사업의 1단계 발전 목표는 2020년까지 녹색 시범 공장 수천 개와 녹색 시범 단지를 100개나 건설하며 일부 중화학산업의 에너지자원 소모를 확실히 줄이고 선두산업의 주요 오염물질 배출을 20%나 감소시키는 것이다. 녹색 제조 사업의 2단계 발전 목표는 2025년까지 녹색 제조 시스템을 기본적으로 구축하고 제조업의 녹색 발전 수준이 세계 선진 수준에 달하는 것이다.

2016년 6월에 산업정보화부에서 「산업녹색발전계획(2016-2020)」을 더 인쇄하였다. 2016년 9월에 「녹색 제조 사업의 실시 지침(2016-2020)」이 공식적으로 발표하여 '13차 5개년 계획' 기간 제조업 녹색 발전의 주요한 임무와 목표를 더욱 명확히 해명하였다. 그리고 2020년까지 중국의 녹색 제조 수준이 크게 향상되고 녹색 제조 시스템이 초보적으로 구축되며 기업과 각급 정부의 녹색 발전 이념이 크게 강화되고 에너지 절약 및 친환경 산업이 크게 성장함으로써 새로운 경제 성장 엔진과 국가 경제 기둥이 형성될 것이라고 제안하였다. 이 제안사항이 시행된다면, 녹색 제조 능력이 꾸준히 향상되고 많은 녹색 제조 핵심적 공성기술의 산업화 응용이 실현되며 핵심적 경쟁력을 갖춘 일련의 중추 기업이 나타나게 될 것이며, 비교적 완비된 녹색 제조 관련 평가 표준 시스템과 인증 메커니즘이 초보적으로 조성되고 100개의 녹색 산업 단지, 천 개의 녹색 시범 공장이 건설되며 만 가지의 녹색 제품을 보급하고 녹색 제조 시장화 추진 메커니즘이 기본적으로 형성됨으로써 제조업 발전이 자원 환경에 미치는 영향이 완화되기 시작할 것이다.[3] 구

3 <녹색제조 프로젝트 시행 지침(绿色制造工程实施指南)(2016-2020년>, 2016.9.14. 중화인민공화국공업정보화부 사이트(http://www.miit.gov.cn/n1146285/n1146352/n3054355/n3057542/n5920352/c5253469/content.html)

체적으로 말하면 녹색 제조 사업에 포함된 핵심 과제는 〈표 8-1〉과 같이 나와 있고 해당 중요한 관련 지표의 요구 사항은 〈표 8-2〉와 같이 나와 있다.

표 8-1 2016-2020년 중국 녹색 제조 사업 건설의 주된 과제

전체적 층면	주된 과제	기본적 요구 사항	항목 및 목표
전통적 산업의 녹색 개조	생산 과정의 청정화 개조를 실시하기	오염물의 발생에 입각해 근본적으로 오염물을 줄이는 것을 기점으로 전통 생산 공정 장비를 혁신하고 기업이 선진적이고 적용 가능한 청정 생산 공정 기술을 채택하여 업그레이드와 개조를 실시하도록 격려한다.	중점지역 청정생산 특별사업, 중점유역 청정생산 특별사업, 중금속 오염물 저감 특별사업, 낙후된 사업의 도태 특별사업
	고효율적, 저탄소적 에너지 이용 개조를 실시하기	선진 절능(節能) 저탄 기술 장비의 사용을 가속화하고, 에너지 이용 효율을 높이며, 신에너지의 사용 비율을 확대한다.	에너지 고(高)소모 설비 시스템의 절능(節能) 개조 특별사업, 계통산업 시스템 개조 특별사업, 여열(餘熱)과 여압(餘壓)의 고효율 회수 특별사업, 저탄소화 개조 특별사업
	수자원 이용의 고효율적 개조를 실시하기	산업용수 총량 제어, 용수 효율 향상, 물 환경 보호를 목표로 물 시스템의 균형으로 전체 솔루션을 최적화하는 등 절수 기술을 채택하여 화공, 철강, 제지(造紙), 날염(捺染), 식품, 의약 등 물 고소모 업종에 대한 개조를 실시한다.	화학공업 절수 특별사업, 철강 절수 특별사업, 제지 절수 특별사업, 날염 절수 특별사업, 식품·의약품 절수 특별사업
	기초적 제조 공정의 녹색 개조를 실시하기	청정 주조(鑄造), 단조(鍛壓), 용접(焊接), 표면 처리, 절삭(切削) 등의 가공 기술의 응용을 가속화하고, 전통적 기초 제조 공정의 녹색화, 지능화 발전을 촉진함으로써 기초 제조 공정 녹색화 시범 사업를 건설한다.	주조· 단조· 용접· 절삭의 제조 공정 개조 특별사업, 열표 처리 청정화 특별사업
자원의 재활용	산업자원의 종합적 이용을 강화하기	제련 슬래그와 흙먼지, 화학 폐기물 슬래그, 미광(尾礦), 석탄 전기 고형 폐기물 등 이용하기 어려운 산업 고형 폐기물에 중점을 두고 자원의 종합적 이용을 확대하며, 재생 자원으로 기업을 규범함에 의거하여 재생 자원 산업의 집적 발전을 촉진하고, 재생 자원 산업의 집약화, 전문화, 규모화 발전을 실현한다.	대량적 산업 고형 폐기물의 종합적 이용 특별사업, 재생 자원 산업 특별사업

	산업의 녹색 협동 링크를 추진하기	순환 가능한 생산 방식을 실시하여 기업, 단지, 산업 간 연결 공생, 원재료 상호 공급, 자원 공유를 촉진하고 산업 간의 고형 폐기물 협동, 에너지 전환, 폐기물 재자원화 등 기능을 확대함으로써 산업 간, 사회 간 에코링크 모드를 혁신한다. 지역 자원 환경 특성에 입각해 산업 자원의 종합적 이용과 산업의 지역 간의 협동 발전을 촉진하다.	산업의 녹색 융합 특별사업, 자원의 종합적 이용 구역간 협동 특별사업
	재제조 산업을 육성하기	재제조 표면공정, 증(增)자재 제조, 피로검사, 잔여 수명 평가 등의 기술공법의 사용을 적극적으로 추진함으로써 재제조 역방향 지능화 물류 시스템을 구축하고 재제조 제품 인정제도를 완비한다.	첨단 지능화 재제조 특별사업, 현역 재제조 특별사업
녹색 제조의 기술 혁신과 산업화	에너지 절약 핵심 기술과 장비를 돌파하기	에너지 절약 산업의 발전을 제한하는 핵심적 기술과 장비를 중심으로 석탄 절약, 전기절약, 여유 에너지 재활용, 고(高)효율 에너지 저축, 지능화 제어 등 분야에서 연구 개발과 시범의 강도를 강화하고 핵심적 경쟁력을 갖춘 용두 기업을 육성한다.	2020년까지 에너지 절약 및 환경보호산업의 생산 가치는 각각 1조 7천억 위안과 2조 위안에 달할 것이다. 100개의 선진 환경보호 기술 장비 응용 시범 공사를 건설하고 20개의 에너지 절약 환경 보호 장비 제조 기지를 조성하며 50개의 환경 보호 기술 장비, 40개의 중요한 에너지 절약 기술 장비를 돌파하도록 노력한다.
	자원의 종합적 이용에 적용하는 기술과 장비를 개발하기	산업자원의 종합적 이용 기술과 장비의 수준을 높이고 산업화 응용을 촉진하는 것을 목표로 자원재활용산업의 발전에 적합한 기술연구개발과 장비산업화 능력을 기본적으로 형성한다.	환경보호 기술 산업화 특별사업, 에너지절약 기술 산업화 특별사업, 자원의 종합적 이용 기술 산업화 특별사업, 100개 중대한 종합적 자원이용 기술과 장비를 돌파하고 100개의 종합적 자원이용산업혁신센터를 육성한다.

녹색 제조 시스템의 구축	녹색 기준을 세우고 건전하기	종합적 자원 이용 및 녹색 제조 관리 시스템 등 표준 규범을 제정·개정하고, 전체 생애주기의 녹색 기준을 완비하며, 녹색 공장, 단지, 공급망 기준을 제정하고, 개방적인 녹색 기준 창제 공공 플랫폼을 구축하고, 기준의 실시를 강화한다.	중요한 산업 분야에서 녹색 디자인제품의 평가 기준을 100개, 녹색 공장 기준 10-20개를 내놓아 녹색단지, 녹색공급망 기준을 세운다.
	녹색 제품을 개발하기	제품의 전체 생애주기 녹색 관리 이념과 에너지 자원 소모 최소화, 생태 환경 영향 최소화, 재생 가능률 최대화 원칙에 따라 녹색 제품을 개발·보급하여 녹색 제품 목록을 발포함으로써 녹색 생산을 이끌어낸다.	가정용 세제, 분해 가능한 플라스틱, 파워 배터리, 녹색 건축 자재 등을 우선적 돌파구로 하여 녹색 설계 시범을 대대적으로 전개함으로써 2020년까지 만 가지의 녹색 제품을 개발·보급한다.
	녹색 공장을 창설하기	토지 집약화, 생산 청정화, 폐기물 자원화, 에너지 저탄소화 원칙에 따라 산업 특성을 고려하면서 종류별로 녹색 공장을 건설한다.	2020년까지 1,000개의 녹색 시범 공장을 건설한다.
	녹색 산업 단지를 건설하기	기업집합, 산업 생태화 링크와 서비스플랫폼 건설에 중점을 두고 단지 종합적 에너지 자원의 통합적 솔루션을 추진하고 단지의 순환화 개조를 심화하여 단지 에너지 사다리식 이용, 수자원 순환이용, 폐기물 교환이용, 토지절약·집약적 이용을 실현한다.	혁신 능력이 강하고 시범적 의미가 큰 시범 단지 그룹을 육성한다. 2020년까지 100개의 녹색 산업 단지를 건설한다.
	녹색 공급망을 구축하기	자동차, 전자·전기, 통신, 대형 플랜트 장비 등 분야의 용두 기업을 기반으로, 녹색 공급 기준과 생산자 책임 확장 제도를 뒷받침으로 자원 절약, 환경 친화를 지향하는 구매, 생산, 마케팅, 재활용과 물류 시스템의 구축을 가속화한다.	녹색 공급망 관리 시범 프로젝트를 전개하고 2020년까지 용두 산업에서 녹색 공급망 관리 시스템을 초보적으로 구축하고 생산자 책임 확장 제도에 실질적인 진전을 이룩한다.
	녹색 제조 서비스 플랫폼을 건설하기	제품 전체 생애주기 기초 데이터베이스와 용두산업 녹색 제조 생산 과정 물질류(物質流) 및 에너지류 데이터베이스 그리고 녹색 제조 평가 시스템을 구축하고, 녹색 제조 기술 특허풀과 녹색 제조 혁신 센터, 녹색 제조 산업연맹을 구축하며 제3자 서비스 기관 건설에 적극적으로 나선다.	2020년까지 에너지 절약· 환경 보호 서비스업의 생산가치는 1조 8천억 위안에 달한다.

자료출처: 「녹색 제조 사업의 실시 지침(2016-2020)」에 의거하여 정리됨, 2016.9.14, 중화인민공화국산업과 정보화부 사이트(http://www.miit.gov.cn/n1146285/n1146352.n3054355/n3057542/n5920352/c5253469/content.html).

표 8-2 2016-2020년 중국의 녹색 제조 사업 건설 지표 요구 사항

지표	2020년 목표(2015년에 비하여)
용두 산업의 주된 오염물 배출 강도	20% 줄임
산업 고형 폐기물의 종합적 이용률	73%
규모이상단위 공업부가 가치에너지 소비	18% 줄임
톤당 강철의 종합적 에너지 소모	0.57t의 표준 석탄
톤당 산화알루미늄의 종합적 에너지 소모	0.38t의 표준 석탄
톤당 합성 암모니아의 종합적 에너지 소모	1.3t의 표준 석탄
톤당 시맨트의 종합적 에너지 소모	85kg의 표준 석탄
전기 기계보일러 시스템의 운행 효율	5% 향상
고효율 배전변압기의 네트워크 운행 비례	20% 향상
단위 산산업 부가가치당 이산화탄소 배출량	22% 줄임
단위 산업 부가가치당 물 사용량	23% 줄임

자료출처: 「녹색 제조 공사의 실시 지침(2016-2020)」에 의거하여 정리됨, 2016.9.14, 중화인민공화국산업과 정보화부

서술된 녹색 제조 사업의 내용을 보면 중국에서 제조업의 녹색 발전을 추진하려는 의지를 알 수 있다. 환경 보호 및 지속 가능한 발전을 촉진하는 차원에서 녹색 제조를 적극적으로 추진하는 것은 이미 세계적인 추세가 되어 버렸다. 중국에서는 녹색 제조의 발전을 격려하는 동시에 일련의 환경 규제 조치를 채택하여 고배출 산업의 발전을 제한해야 한다. 환경 규

제는 이미 중국 산업 정책의 중요한 국면을 맞이하였다. 그러나 지금까지 이론계에서 환경 규제가 녹색 제조에 미치는 영향에 대한 일치된 견해는 아직 없다. 일부 경제 학자들은 과도한 환경 규제 조치를 사용하여 기업에 오염 물질 배출 감소, 생산 감소 혹은 더 깨끗한 제조 기술로 채택하도록 강요하면 기업 비용을 증가시키고 기업 경쟁력을 감소시키며 기업 발전에 악영향을 미침으로써 경제 성장에 저해를 가한다. 특히 단기적 효과의 시각에서 보면 해당 문제는 더욱 두드러질 것이다. 중국이 산업화 후기에 접어들면서 경제 성장률이 감소하는 상황에서 엄격한 환경 규제는 이러한 추세를 더 심화시킬 것이다. 또 다른 관점은 이른바 '포트 가설'을 인정하는 것이다. 즉, 엄격한 환경 규제는 기업이 기술적 혁신을 실시하도록 더 큰 인센티브를 제공해 줄 수 있으며 연구개발 투입을 늘리고 기업의 혁신 수준을 향상시킴으로써 생산성을 높인다. 장기적이고 동적인 관점에서 보면 기업 경쟁력을 오히려 높일 수 있다. 규제 비용은 가격 인상을 초래할 수 있지만 환경적 개선은 소비자에게 복지적 개선을 가져왔기 때문에 전반적으로 소비자 잉여가 줄어들지는 않을 것이다. 물론 위의 두 가지 관점을 절충하는 관점도 있는데, 환경규제의 강도가 높아지고 시간이 지남에 따라 환경규제가 혁신이나 기업경쟁력에 미치는 영향은 'U'자 형태로 나타난다는 것이다. 이와 같이 중국 제조업 데이터를 기반으로 환경규제가 제조업 경쟁력, 혁신, 발전에 미치는 영향에 대한 논의, 실증문헌이 많이 존재하지만 결론은 모두 다르다. '포트 가설'을 지지하는 실증연구[4]도 있고 녹색생산규제가 기업 연구개발에 부정적 영향을 미침을 증명하는 연구[5]도 있다. 본질적으로 보면 경제학 연구는 이제까지 서술된 녹색 제조의

4 유열(刘悦)·주묵함(周默涵), <환경규제의 기업경쟁력 저해 여부: 이질적 기업을 기반으로 한 이론적 분석(环境规制是否会妨碍企业竞争力:基于异质性企业的理论分析)>, 『세계경제』, 2018-4.

5 장채운(张彩云)·여월(吕越), <녹색 생산 규제와 기업 연구 개발 혁신-영향 및 메커

산업 정책이나 환경 규제 정책을 실시하는 데 전반적이고 긍정적인 지지를 아직 제공할 수 없는 실정이다. 그러나 녹색 제조의 추세는 제조업 전형과 업그레이드의 필연적인 방향임에는 의심할 여지가 없다. 사실 제조업의 녹색화는 단순히 경제학적 효율성의 시각에서만 해석할 수 있는 것이 아니라 이념적 차원의 것이 더 많다. 기업에 있어 기업의 사회적 책임과 마찬가지로 녹색 제조는 제조업체의 녹색 제조 규제에 대한 수동적 체계로 추진되는 것이 아니라 제조업의 녹색 발전 추세에 대한 능동적인 추진이 이루어져야 한다.

3
녹색 제조 체계의 건설 추진

중국에서 녹색 제조 사업을 추진한 이래 중국 제조업의 녹색화 발전은 주목할 만한 성과를 거뒀다고 봐야 한다. 2017년에 총 225개의 녹색 제조 시범 사업을 실시하여 433개의 녹색 제조 시범 명단을 발표하였다. 특히, 오염방지 및 에너지, 수자원 절약 분야의 경우, 큰 성과를 거두었다. 그 결과, 연간 규모 이상의 단위 산업 부가가치당 에너지 소모는 전년 동기 대비 4% 이상 감소하였고, 단위 산업 부가가치당 물 사용량은 전년 동기 대비 약 6% 감소하여 연간 목표치를 초과 달성하였다. 전통적 제조업의 녹

니즘에 관한 연구(绿色生产规制与企业研发创新——影响及机制研究)>, 『경제관리』, 2018-1.

색화로의 개조 진도가 가속화되고 녹색 저탄소 산업 규모가 계속 커지자 각 업종, 각 지역 및 관련 부서에서는 즉각 적극적으로 호응함으로써 2017년 말까지 이미 30개가 넘는 지역에서 관련 지원 정책을 내놓았다. 그 결과, 에너지 절약 감찰이 끊임없이 심화되면서 산업 에너지 효율 및 물 효율이 지속적으로 향상될 뿐 아니라 자원의 종합적 이용 수준이 대폭으로 향상되고 제조업의 발전이 가속화됨으로써 2017년 중국의 자원에 대한 종합적 이용 수준은 크게 향상되고, 많은 산업 고형 폐기물의 종합적 이용량은 14억 톤에 달할 것으로 예상되며 재생 자원의 종합적 이용량은 2.65억 톤에 달할 것으로 예상된다. 또한, 주요 지역의 유역 청정 생산 수준이 꾸준히 향상되고 표준의 주도적 역할이 점점 더 두드러지며 녹색 제조 시스템의 구축 속도가 빨라지고 녹색 발전 이념이 점차 심화될 것이다.

그러나 해외 선진국의 녹색 제조 수준에 비해 중국은 여전히 문제가 존재한다. 첫째, 국가에서는 전통산업의 녹색 개조 관련 기술 및 장비의 연구개발을 적극적으로 지원하나 녹색 제조의 기술 수준이 높지 않고 연구개발 혁신능력이 향상될 필요가 존재하며, 선진기술과 장비가 산업 녹색 전환에 대해서는 지원력은 여전히 부족하다. 특히 녹색 설계와 소프트웨어 측면의 기술은 여전히 녹색 제조를 제약하는 가장 두드러진 단점이다. 이는 녹색 제조 기술의 연구개발 혁신 활동이 부분적으로 흩어져 있고 플랫폼식, 체계화, 집적화 기술 혁신이 현저히 뒤처져 있음을 집중적으로 나타낸다. 자원 재활용 산업과 재생산 산업의 발전은 비교적 빠르지만 산업 규모는 여전히 작다. 둘째, 녹색 기준 시스템이 건전하지 않고 더 개선해야 되므로 표준적 시스템 구축에 있어 갈 길이 멀다는 점이다. 녹색 제품 로고는 아직 통일된 제정 및 인증 기준을 이룩하지 않았다. 일부 녹색 기술과 제품의 '녹색 정도'를 정량화하기 어려우므로 지속적 기본 데이터와 충분한 공개 정보 지원이 부족하다. 그렇기 때문에 녹색 기준 및 로고 제정의 인증이 어렵고 녹색 설계, 녹색 제품 보급, 녹색 평가 등 작업의 진행에 나쁜 영향을 미침으로써 녹색 제조 시스템 구축에 불리하다. 셋째, 국가에서는 재정, 조세, 금융 혁신 등을 통해 녹색 발전을 지원해 주지만 여전히 큰 자금 부족이 존재한다. 게다가 녹색 금융 혁신도 추진하고 구현하여야 하며 자금 및 원가가 초래한 스트레스로 인해 기업의 녹색 제조 발전이 방해를 받는다. 이 단계에서 대부분 기업의 에너지 절약, 배출 감소, 청정 생산과 종합적 활용에 대한 투자는 시장 경쟁의 압력, 국제 무역 장벽과 환경 규칙의 제약에 직면할 때 하는 수동적 선택이 대부분이다. 경제 성장률이 하락하면서 많은 기업은 녹색 기술과 제품 연구 개발을 위한 자금 조달 면에서 어려움을 겪고 있다. 특히 향후 녹색 제조에는 최소 3~4조 위안의 투자가 필요할 것으로 추정되며 그 중 정부 특별 보조금은 10~15%에 불과하고 나머지 85% 심지어 90%는 사회적 자본 지원이 필요하다. 따라서 녹색 제조의 발전에는 여전히 큰 자금 부족이 있으며 재정적 지원은 계란으로 바위치는 것에 불과하며 사회 자금이 녹색 제조 분야로 이동하도록 유도하는 것이야말로 현재 직면한 가장 시급한 과제 중 하나이다. 넷째, 녹색 발전 이념이 완전히 형성되지 않았으며 녹색 GDP 평가 메커니즘과 녹색 감독 시스템의 구축에 있어 여전히 관련 기준 시스템의 구축과 개선이 필요하다. 다섯째, 녹색 제조에서의 공공적 서비스 능력을 약화시키고 제3자 서비스 기관의 발전이 표준화되어야 한다. 제3자 서비스 산업은 전반적으로 초기적 발전 단계에 있으며, 시장 규모가 작고, 서비스 품질이 균형화되지 않으며, 산업 발전이 통일된 지침과 규범적 관리가 부족하기에 녹색 제조 시스템 구축에 대한 서비스 지원 역할이 약하다.

녹색 제조 시스템을 한층 더 적극적으로 구축하기 위해서는 단순한 에너지 절약과 배출 감소의 강제적 제약을 하는 것 보다는 긍정적인 인센티브를 지향하는 정책 아이디어를 채택하는 것이 더 적당하다. 정책의 초점은 이념적 전환, 기술적 지원, 기준의 개선 등에 중점을 두어야 하며, 실행 방법에 있어 주로 격려와 지도를 위주로 해야 한다. 구체적으로는 다음 8

가지 측면에 중점을 두어야 한다.[6]

첫째, 핵심적 기술의 연구 및 개발, 녹색 제조 기술의 집단적 돌파의 실현을 가속시킨다. 핵심 분야의 녹색 제조 기술 노선도를 서둘러 제정하는 데에는 신新에너지와 자원의 집약적 이용, 오염된 생태계 복원, 오염물질 건강위해 평가 및 예방, 인공화학물질 제어 등 기술의 연구개발에 중점을 둔다. 기업에서 고성능 청정 성형成形 기술, 정밀 소성 성형成形 기술, 양질의 고효율 연속 기술, 정밀 열처리 기술, 양질의 고효율 개질 기술, 코팅 기술, 급속 성형成形 기술 및 재제조 기술을 연구 개발하도록 격려함으로써 생산 과정의 에너지와 원자재 소모는 물론 배출량도 현저히 감소된다. 녹색기술은 업종과 전문성을 동시에 가지고 있으므로 생물, 재료, 에너지, 자원환경 등 다양한 분야의 녹색 기술 공공플랫폼을 구축하여 과학연구기관, 대학교, 연구형 기업의 참여를 유도함으로써 기술집적능력을 향상시키며, 응용효율을 보급할 수 있다. 특허 보호, 지적 재산권 시장 거래 시스템을 완비함을 통해 녹색 기술 연구개발과 기업 간의 이익 결합 긴밀도를 높인다. 또한, 기술 도입의 품질과 흡수 능력을 개선하고, 해외 녹색 핵심 기술의 발전 동향을 면밀히 추적하며, 그 기술 전망을 평가함으로써 기술의 도입을 지도하고 관리하며, 공공 정보 서비스 시스템을 완비하여 관련 기업이 녹색 전형을 실현하도록 기술 선택, 기술 발전 추세, 제품 시장 전망에 대한 자문 서비스를 제공한다.

둘째, 제조업 구조적 조정을 심도 있게 추진하고 녹색 제조업 시스템을 구축하며 '등량치환等量置換' 또는 '감량치환減量置換'의 원칙에 따라 전력, 철강, 코크스, 건축자재, 전석, 비철금속 등 산업의 낙후된 생산능력을 도태시킨다. 또한, 구조 조정을 통해 전통 산업에 대해 녹색 개조 업그레이

6 황군혜·양단휘, <녹색 제조 체계의 중점 구축(构架绿色制造体系的着力点)>, 『경제일보』, 2015.12.10.

드를 진행하며, 기술의 업그레이드와 낙후 도태를 착안점으로 기업의 합병과 재편을 촉진하고 전통산업과 녹색 기술 간의 통로를 뚫으며 점차 녹색기술과 녹색공정을 전통산업의 각 고리에 침투시켜야 한다. 이후 녹색 신흥 산업을 대대적으로 발전시키고, 새로운 녹색 성장 지점을 육성한 후, '제조 강국 전략'에 의하여 핵심 계획 분야를 산업의 녹색 전형을 가속화하는 돌파구로 삼는다. 동시에 녹색 산업의 발전 규칙과 시장화 전망을 깊이 연구하고 녹색 산업의 발전에 적합한 비즈니스 모델을 창조하며 새로운 녹색 제품의 산업화를 가속시킨다.

셋째, 국제 경험을 참고하여 녹색 제조 기술 표준 및 관리 규범을 개선한다. 가능한 한 빨리 녹색 기술, 녹색 설계 및 녹색 제품의 산업 표준과 관리 규범을 수립하고 개선한다. 그리고 현행 표준에 대한 전면적인 검토 및 평가를 실시하고 녹색 및 지속 가능한 원칙에 따라 기존 표준을 보완수정하며 신기술 및 신제품에 대한 표준 제정을 가속화하고 표준 관리를 엄격하게 시행한다. 녹색 국제 표준의 제정에 적극적으로 참여하고 주도함으로써 중국의 녹색 표준의 국제화를 촉진한다.

넷째, 금융 기관에서 제품 혁신을 격려하고 녹색 제조에 대한 자금 지원을 늘린다. 국내 외 각종 금융기관이 녹색제조시스템 구축에 참여하도록 유도하고, 금융기관이 기업의 녹색전형과 저탄소 개조를 위해 적용 가능한 금융신용상품을 제공하도록 격려하며, 벤처자금, 사모펀드 등 새로운 융자 수단을 적극적으로 활용하도록 하여 산업의 녹색 발전에 적합한 벤처투자시장 조성을 모색한다. 중앙과 지방 재정은 자질이 좋고 관리가 표준화된 중소기업 신용보증 기관에 대한 지원을 확대하고 은행, 보증기관 등 금융기관에서 중소기업의 녹색혁신과 저탄소 전환을 위해 편리하고 우대적인 보증서비스와 신용지원을 제공하도록 격려해야 한다.

다섯째, 녹색 운송을 적극적으로 발전시킴으로써 녹색 물류의 발전을 촉진한다. 국정에 따라 복합운송, 공동운송 및 정보 네트워크 등의 방식을 통해 운송 절차의 녹색화를 실현한다. 녹색 창고 시스템을 구축하고 창고 배치를 합리적으로 계획하며 창고 시설의 녹색 활용을 실현한다. 녹색 포장을 표준화하고 포장재 및 포장 형태의 녹색화를 촉진한다. 녹색 회수를 장려하고 재활용 제품의 설계는 쾌속해체 요구 사항을 충족해야 하며 실력 있는 기업이 재활용 기술의 특별 연구 개발에 참여하도록 유도하고 관련 해체 및 재활용 생산 라인을 구축하고 주요 사용자 시장을 위한 재활용 기반을 구축해야 한다. 또한, 전문적 재활용 기관과 회사의 발전을 지원하고, 전문화된 종합 활용 서비스를 제공하며, 재활용의 범위와 비율을 높인다.

여섯째, 정부의 녹색 구매 프로젝트를 시작하여 녹색 소비 행위를 유도한다. '정부구매법'을 더 개선하고 정부의 녹색 구매 프로젝트를 실시하며 선진국 경험을 참고하여 녹색표시를 녹색 구매 제품 목록 및 지침 제정의 기초 근거로 삼고, 산업별, 제품별로 녹색 구매 표준 및 목록을 제정배포하고, 정부의 녹색 구매 시행 책임과 의무, 포상 및 처벌에 대한 명확한 규정을 제공하여 소비자가 녹색 소비에 대한 신뢰를 구축하도록 유도한다. 이를 바탕으로 다층적이고 다형식적인 홍보 및 교육을 실시하고 기업에서는 녹색 마케팅과 제품 전략을 결합하도록 유도하며 새로 출시된 녹색 제품을 홍보할 때 소비자가 녹색 소비 습관을 이룩하도록 지도한다.

일곱번째, 산업협회의 역할을 충분히 발휘하여 기업의 녹색 경영관리 혁신을 촉진한다. 각 업계 협회(상회회)는 교량과 연결고리 역할을 충분히 발휘하여 정부 관련 부서의 지도 하에 업계의 녹색 전환에 필요한 자금, 기술 및 제도적 장애를 심층적으로 조사하여 업계의 녹색 전형의 비용과 수익을 종합적으로 평가하고 기업의 정책 요구를 실시적으로 반영하여 정부의 의사결정에 근거를 제공해야 한다. 정부 보조금 등 재정적 수단을 이용하여 기업의 기술 혁신, 에너지 절약 및 배출 감소, 청정 생산, 자원 종합 이용 및 환경 보호 방면의 자주적 투자를 늘리고 기업의 녹색 발전 잠재력을 자극하고 기업의 녹색 경영 관리 혁신을 촉진하도록 지원한다. 기업과 환경 감독 부서의 협력을 강화하고 환경 감독 부서는 산업 협회와 공동으로 기업 환경 보호 자율을 강화하도록 촉구해야 하며 단일 기업 또는 기업 단체와 '녹색 행동 협약'을 체결하는 등의 방식을 통해 기업이 전 과정의 녹색 관리 및 자체 검사 시스템을 독립적으로 구축하도록 장려하고 기업이 녹색 발전의 사회적 책임을 주도적으로 실천하도록 지도해야 한다.

여덟째, 녹색 제조를 위한 인재 보장을 제공하기 위해 인재 양성 시스템 구축을 강화한다. 인재 양성을 녹색 제조 시스템의 중요한 조치로 삼고 녹색발전의 총체적 요구에 따라 전략적 사고와 전략적 안목을 갖춘 의사결정 인재, 국가 차원의 총체적 기술 연구개발 리더십 인재, 기업 차원의 자체 연구개발 능력을 갖춘 핵심 기술 인재 등을 육성하는 데 중점을 둔다. '13차 5개년 계획' 기간 동안 한편 국내 관련 연구와 교육 역량을 통합함으로써 단기 전문 기능 훈련을 실시하여 자원 평가, 장비 제조, 모니터링 인증, 프로젝트 관리 등 분야의 기술자의 전문성 수준을 신속하게 향상시킨다. 또 한편은 여러 대학교에서 녹색 제조, 녹색 마케팅, 녹색 물류, 녹색 관리와 관련된 전공의 개설을 추진함으로써 인재 기반을 다지고 점차 녹색 전형의 인재 양성을 위한 장기 메커니즘과 부족한 인재 도입 전략 메커니즘을 수립하여 중국 산업의 건강, 자주, 녹색 발전을 위한 견고한 인적 자원을 보장한다. 동시에 녹색 일자리를 적극적으로 창출하고 전통 분야 종사자들이 녹색 일자리로 전환할 수 있도록 다양한 전직轉職 교육을 제공한다.

전반적으로 녹색 제조 시스템을 구축하는 것은 단순한 에너지절약 및 배출저감의 강제적 제약과 달리 시장주도와 정부지도를 결합하고 긍정적인 인센티브를 지향하는 정책적 발상이 필요하며 정책적 초점은 이념전환, 기술지원, 기준완비 등에 두고 실시 방식은 장려와 지도를 위주로 해야 한다는 점을 다시 한번 강조할 필요가 있다. 단순히 정부 주도로 녹색 제조를 추진하는 방식에서 벗어나 사회조직에 더 많이 의존하는 사회조직의 역할을 발휘해야 한다.

제9장

서비스형 제조

오늘날 세계적 산업융합의 주된 추세에서 제조업의 서비스화는 제조업체 전형의 한 중요한 방향이 되고 있으며 서비스는 제조업체가 경쟁력을 얻는 중요한 수단이 되었으며 서비스 소득이 제조업체의 총 소득에서 차지하는 비중은 점차 증가해 나가고 있다. 국제적 비교차원에서 중국 제조업의 서비스화 수준은 전반적으로 낮은데 이는 제조업체가 글로벌 가치사슬의 저점에 위치해 있는 것과 함께 서비스화의 전략적 인식이 부족함, 핵심적 역량이 부족함 등과 관련되어 있다. 서비스업의 낮은 생산성, 서비스화 정책적인재적 지원의 부족 등 외부 환경도 제조업 서비스화 전형에 불리하다. 서비스형 제조를 대대적으로 발전시키고 중국 제조업의 서비스화 수준을 높이는 것은 제조업 자체 발전의 수요일 뿐만 아니라 중국 경제 구조가 전반적으로 서비스화되는 경향이 있지만 효율이 떨어지는 배경에서 중국 산업 구조의 전반적 효율성을 높이고 진정한 전형과 업그레이드를 촉진하는 수요이기도 하다.

1
산업융합과 서비스형 제조

오늘날 세계에서는 1차, 2차, 3차 산업 간의 관계가 점점 더 밀접해지고 있으며, 서로 융합하고 상호적으로 작용하는 발전이야말로 대세이며, 제조업 서비스화와 농업의 '6차 산업화' 등이 전통적인 산업 구조를 뒤집고 있다. 융합적 발전은 농업의 현대화와 제조업의 전형업그레이드를 가속화함과 동시에 서비스업에 더 많은 발전 공간을 제공하고 전통 산업 시스템에서 현대 산업 시스템으로의 전형을 촉진하였다. 산업융합 과정은 전통 산업의 기술 경계, 업무 경계, 시장 경계와 운영 경계를 허물어 신기술, 신제품, 새로운 비즈니스모델, 새로운 기업, 새로운 업태를 선보임으로써 소비의 업그레이드, 산업구조의 최적화, 산업발전과 종합적 경쟁력의 향상을 실현할 뿐만 아니라 산업융합은 지역 경계를 돌파하는 데 유리하고 지역경제의 일체화 효과를 갖는다. 3차 산업의 융합적 발전은 각 산업의 전형과 업그레이드를 촉진시켰다. 전통적이고 취약한 산업인 농업은 현대 산업화의 성과를 흡수하고 서비스업으로 확장하며 기술 혁신과 조직 혁신을 지속적으로 추진함으로써 점차 자체의 발전 능력을 향상시키고 농산물 공급 기능, 기후 조절, 환경 정화, 생물 다양성 유지 등 생태 서비스 기능과 자연 인문 종합 경관에 따른 여가, 심미, 교육 등 문화 서비스 기능을 포함한 농업의 다양한 기능을 확장한다. 과거 경제의 성장엔진이었던 제조업 부서는 현재는 생산성 서비스업의 뒷받침으로 국민경제에서의 혁신 구동과 첨단 요소의 담당 기능을 더욱 부각시켜 현대의 첨단 제조기술로 농업과 서비스업을 '무장武裝' 할 것이다. 서비스업은 경제 성장을 이끌어간다는 측면에서 더욱 중요한 역할을 할 것이며, 특히 생산 서비스업 내부의 융합은 물론 생산 서비스업과 산업과 농업의 융합도 중요시하고, 전략적인 생산성 서비스업을 육성발전시키며, 산업 형식 혁신을 격려하고, 서비스업의 전반적인 생산성 향상을 촉진하는 동시에 1차 및 2차 산업의 전형 및 업그레이드를 촉진한다.

산업 융합의 전제는 기술 융합이다. 정보 기술은 침투성, 배가성, 네트워크성 및 체계성의 특징을 가지고 있기에 정보 기술이 고도로 발전된 오늘날에 산업 융합은 정보 기술을 연결 고리로 하는, 산업 체인의 업스트림 및 다운스트림 산업 간의 침투 융합으로 더 많이 나타난다. 실제로 신산업혁명의 배경에서 '인터넷+'와 같은 효과는 많은 전통 산업을 전복시키거나 변화시키고 있다. 신산업혁명은 제조업 생산 전체 과정의 정보인식, 지능적 의사결정, 자동제어, 정밀관리를 크게 촉진하고 모바일 인터넷이 제공하는 정보네트워크 지원 환경에서 '인터넷+산업'은 1차, 2차, 3차 산업 융합의 '6차 산업'이라는 새로운 업태를 가속화할 수 있다. 실제로 지식형 서비스업과 정보통신기술의 가속된 발전이야말로 서비스형 제조가 혁신적 발전함에 있는 중요한 엔진이다.

제조업에 있어 산업융합으로 초래된 제조업의 서비스화 추세는 날로 현저해지고 서비스형 제조가 힘차게 발전하고 있다.[1] 제조업과 서비스업의 융합은 한편으로 제조업이 융합 주체로서 자신의 산업 경계를 돌파하여 서비스업으로 확장되고 제품과 관련된 기능성 서비스나 기타 제조를 제

1 '서비스형 제조'와 '제조업 서비스화'는 모두 제조업과 서비스업의 융합을 말하고 있지만 일정한 구별이 있다. 직시적으로 '서비스형 제조'는 서지스업무가 융합된 하나의 제조 유형으로 정태성이란 특징을 가진다. '제조업 서비스화'는 제조업이 서비스업으로 전형업그레이드할 추세를 강조하며 동적 특성을 갖고 있다. 이 책에서는 '서비스형 제조'와 '제조업의 서비스화'를 엄격히 구분하지 않고 있다. 또한 일반적으로 사용되는 '생산성 서비스업'리안 개념은 '서비스형 제조'및'제조업 서비스화'와 달리 제조업에서 출발하지 않은, 하나의 서비스업 분류로 최종적 소비자가 아닌 생산자에게만 서비스를 제공하는 업종이다. 이는 기본적 생산 서비스, 제조업 가치사슬에 삽입된 기본 생산 서비스, 생산성 서비스를 위한 서비스가 포함된다.

공하기 시작하여 제조업의 서비스 기능이 점점 더 두드러지게 된다. 다른 한편으로는 서비스 기업이 융합 주체로서 기술, 관리, 판매경로 및 브랜드 우위 등에 의해 제조업으로 확장됨으로써 주체가 서비스에서 제조로 바뀐다. 보다 구체적으로 제조업과 생산성 서비스업의 융합을 보면, 적어도 세 가지 모델이 있다. 첫째, 공생에 기반한 융합모델은 제조업의 실물제품과 생산성 서비스업의 서비스형 제품을 함께 묶어 동시에 판매해야 고객의 요구를 충족시킬 수 있는 모델을 말한다. 이 모델은 기계, 전자장비 등 복잡한 전문적 제조업에서 아주 보편적이다. 둘째, 내생적 융합모델은 제조업이 산업사슬의 확장을 통해 동일한 가치사슬에서 전방 또는 후방으로 실물제품과 관련된 생산성 서비스를 파생하는 것을 말하며, 이러한 융합모델은 기업의 내생적 금융리스, 후시장 등 분야에서 뚜렷하게 나타난다. 셋째, 보완성에 기반한 융합 모델로 기술, 자원, 사업, 관리, 시장 등의 보완을 통해 실물 제품과 생산성 서비스를 고객에게 제공하는 보완형 제품을 말하며, 이는 주로 전신, 통신, 기계 설비 등 분야에서 나타난다.[2]

위에서 언급한 것은 제조업과 서비스업의 융합적 차원에서 서비스형 제조에 대한 기본적인 설명이다. 기업의 차원에서 보면 서비스형 제조는 정보기술의 발전과 기업이 '고객만족'에 대해 더 중요시함에 따라 점점 더 많은 제조업체가 실물 제품의 생산뿐만 아니라 제품 가치의 실현과 향상에도 더 많은 관심을 기울여 고객 중심으로 보다 더 완전한 '제품+서비스'와 같은 일체화된 솔루션을 제공한다. 단순한 제조업 기업에서 일체화된 '제품+서비스'를 제공하는 서비스형 제조는 하나의 역동적이고 점진적인 과정이다. 그림 9-1은 고객-공급자 인터페이스 분석에 초점을 맞춰 서비스화 연속체를 보여주고 있으며, 그림 상단의 서비스화 수준이 가장 낮고

2 동결(童洁)·장욱매(张旭梅)·단빈(但斌), <제조업과 생산적 서비스업의 융합 발전 모델과 전략에 관한 연구(制造业与生产性服务业融合发展的模式与策略研究)>, 『소프트과학』, 2020-2.

공급자와 고객 간의 상호 작용은 주로 거래적이며 이런 경우에는 일부 주변의 서비스가 제품에 부가된다. 하단의 서비스화 수준이 가장 높으며, 이런 경우에 제품과 서비스의 전체적 솔루션은 서비스 제공자와 고객이 함께 설계하여 완성한 것이다. 낮은 서비스화에서 높은 서비스화까지는 네 가지 유형이 있는데 즉 거래를 위주로 에지 서비스가 추가되는 유형, 제품+서비스를 제공하는 유형, 제품의 고객 맞춤+서비스를 제공하는 유형, 제품+서비스의 협동 설계-전체 솔루션인 유형이다.[3]

거래에서 관계를 통한 층면 확대 및 그 변화의 범위

그림 9-1 서비스형 제조의 연속성: 고객-공급상 층면의 시각에서

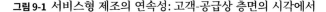

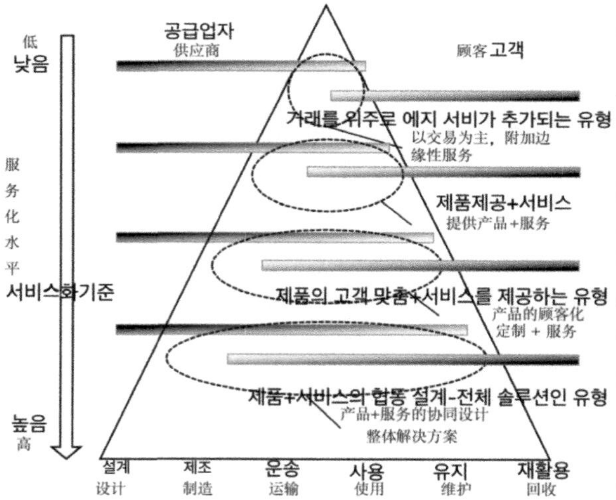

자료출처: Veronica Martinez, Marko Bast1, Jennifer Kingston, Stephen Evans, "Challenges in transforming Manu facturing Organisations into Product-Service Providers", Journal of

3 Veronica Martinez, Marko Bast1, Jennifer Kingston, Stephen Evans, "Challenges in transforming Manu facturing Organisations into Product-Service Providers", Journal of Manu facturing Technology Management, 2010, 21(4):449-469.

Manu facturing Technology Management, 2010, 21(4):449-469.

전 세계 범위에서 보면 서비스가 주도하는 경제 시대로 접어들면서 서비스는 이미 제조업체가 경쟁력을 획득하는 중요한 수단으로 자리 잡았으며 서비스 수입이 회사 전체 수입에서 차지하는 비중도 점차 높아지고 있다. 일부 유명한 제조 중 선두기업은 서비스형 제조업의 발전을 촉진하기 위해 고품질 서비스를 창출하여 유형有形 제품의 경쟁력을 높이는 관행이 일반적으로 받아들여지고 있으며 시장 경쟁이 더욱 세계화됨에 따라 기업은 서비스 우위에 대한 경쟁 의식이 점점 더 강해지고 있다. 예를 들어 2011년에 IBM의 서비스 수입은 전체 수입의 82.1%를 차지했으며 서비스 사업의 세전 이익은 전체 이익의 92.9%를 차지했다. 또 일본 도요타자동차의 경우 회사의 전반적 경쟁력을 향상시키고 도요타 계열의 레저관광차를 판매하기 위해 도요타회사에서 도요타 레저관광차 계열 판매점에서 사고처리, 고장전화, 구매상담, 철도, 항공, 숙박, 진료 등의 정보서비스를 무료로 제공하는 등 막대한 비용을 들여 24시간 고객을 대상으로 서비스를 제공하고 있다. 딜로이트Deloitte가 2010년 전 세계 80개 다국적 제조업 기업을 대상으로 한 조사에 따르면 서비스 매출 수입 비중은 26%인데 서비스의 순수한 이익 기여율은 평균 46%에 달했다. 또한, 19%의 제조업체에서의 서비스 수입은 50%를 넘었다[4]. 표 9-1은 대표적인 제조업체에서 제공받는 부가가치 서비스의 유형 및 내용을 보여준다.

---

4 공업정보화부 서비스형 제조 전문가 팀 등, 『서비스형 제조의 전형적인 패턴 해석(服务型制造典型模式解读)』, 경제관리출판사, 2016, p.1.

표 9-1 대표적 제조업체에서 부가가치 서비스를 제공받는 유형 및 내용

서비스 제조의 기초	부가가치 서비스의 내용	구체적 내용	대표적 기업
제품 효율 향상에 기반하는 부가가치 서비스	맞춤형 제품 디자인	가치사슬의 각 단계에서 소비자에게 마춤형 제품 디자인, 개인화 고객 체험을 포함한 개인화 제품 디자인과 관련된 서비스를 제공한다.	레드칼라 그룹
	실시적 온라인 지원	원격 진단 서비스, 실시간 수리 서비스, 아웃소싱 서비스 및 운영 서비스 포함	롤스로이스
	동적 맞춤형 체험	하드웨어 제품과 콘텐츠 서비스의 융합을 통해 개인 엔터테인먼트 서비스, 미지의 기반 서비스를 제공하여 고객에게 역동적인 개별 경험을 제공해 준다.	제너럴 OnStar, 애플 회사
제품 거래 편리함에 기반하는 부가가치 서비스	다원적 금융 리스	기술 함량이 높고 자본 집약적인 상품 분야에 근거하여 소비 신용 대출 서비스, 금융 임대 서비스 등을 제공한다.	포드, 제너럴, GE
	정밀화된 공급망 관리	상류와 하류를 통합하고 생산, 공급 및 마케팅 각 당사자의 물류, 정보 흐름 및 자금 흐름 협동의 통합 운영 시스템을 구축하고 실시간 재고 보충, 부품 관리, 공급업체 재고 관리를 제공한다.	캐터필러
	편리한 전자상거래	고객 지향 전자 마케팅 시스템을 구축하고, 선물 전자 구매, 현물 전자 구매 제공을 포함하여 경영 관리 시스템과 제조 단위, 유통 채널 정보 시스템의 통합을 실현한다.	바오강 그룹
제품 정합에 기반하는 부가가치 서비스	일체화된 패키지 설정	제품 설계, 방안 자문, 시스템 설계, 패키지 설치와 운행 유지 보수 등의 서비스를 제공한다	알스톰
	집적화되고 전문적 운영 유지	턴키 기반의 전면적인 유지 관리, 설계, 계획, 제조, 시공, 훈련, 유지, 운영을 일체화한 서비스와 솔루션을 제공한다.	화웨이 회사

제품 서비스에서 수요로 기반하는 서비스	동적 수요에 기반하는 일체화된 해결 방안	제품 기반 서비스에서 고객 요구 기반 서비스로 전환을 실현하고 제조업체가 시장을 선도하는 R&D, 공급망, 판매 등의 운영 능력을 서비스로 확장하며 기업은 제품 제공업체에서 솔루션 제공업체가 된다.	IBM회사

자료출처: 安筱鹏, 《제조업의 서비스화 노선도: 메커니즘, 모텔 및 선택》, 상무인서관, 2012년, p86.

제조업의 서비스화 추세는 국가와 업종별 비교적 큰 차이가 보인다. 투입산출표를 이용한 제조업 서비스화 수준 지수(한 업종의 전체적 산출에서 서비스산출이 차지하는 비율)을 산출한 결과에 따르면, 주요 선진국 중 핀란드네덜란드스웨덴 등의 제조업 서비스화 지수가 높아 2001년에는 10%를 초과했다. 산업별로는 주요 선진국의 제조업에 따라 서비스화 강도가 다르다. 제지, 인쇄, 출판, 화학 및 화학 제품 제조업, 교통 운송 장비 제조업의 서비스화 계수가 비교적 높으며 네덜란드 방송, 텔레비전 및 통신 장비 산업의 서비스화 산출 비율은 59-68%로 높지만 기초적 금속 제품, 펄프종이 제품 산업의 서비스 생산 평균 비율은 각각 1.61%와 2.82%에 불과하다. 제조업 서비스화 추세에 영향을 미치는 요인은 매우 많지만, 기술 집약도는 제조업 서비스화에 영향을 미치는 중요한 요소이다. 하이테크 부서 제조업 서비스화 정도는 로우테크 부서보다 현저히 높으며 중고기술 특히 하이테크 산업의 서비스화 추세는 더욱 현저하다.[5]

5 황군혜·곽경동(霍景东), <중국 제조업 서비스화의 현황과 문제-국제 비교의 관점에서(中国制造业服务化的现状与问题———国际比较视角)>, 『학습과 탐구』, 2013-8.

2

산업 '전형' 未 '업그레이드'

제조업과 서비스업의 융합과 서비스형 제조의 발전을 추진하는 것은 미시적이고 거시적인 이중적 의미가 있다. 미시적 기업 시각에서 보면 이는 기업효율을 향상시키고, 제조업의 가치를 증가시키고, 경쟁력을 향상시키는 업무적인 전형 전략이며 거시적으로 보면 산업의 전형 및 업그레이드를 촉진하고 산업효율을 향상시키는 산업적 발전 전략이다. 산업 구조의 전형 및 업그레이드를 촉진하는 것은 경제발전전략 및 산업 정책의 핵심이다. 최근 몇 년간 중국에서 계속 산업구조전형 및 업그레이드를 촉진하는 데 서비스업을 발전시키는 것을 하나의 중요한 전략적 조치와 정책적 지향으로 여겨 왔다. 이는 중국 경제구조의 고급화 진도에 있어 중요한 역할을 발휘했지만 서비스업이 급속히 증장하면서 초래된 효율적 손실도 중국 경제 성장에 구조적 불균형을 가져왔다. 산업 정책은 정확해야 한다. 대대적으로 서비스업을 발전시키는 모호한 정책 지향은 진정한 산업구조의 업그레이드를 초래할 수 없으며 대대적으로 서비스형 제조를 추진하는 것은 중국 산업 전형 및 업그레이드의 '핵심'이다.

산업융합의 추세에서 서비스형 제조의 발전은 실제로 산업구조의 전형 업그레이드에 정확한 방향을 재공해 주었다. 발전의 추세를 보면 중국 미래의 산업 구조가 업그레이드할 방향은 단순한 서비스업 비중의 증가에서 제조업과 생산성 서비스업 간의 강한 발전으로 전환해야 한다. 과거에는 중국 산업구조 문제에 대한 정책적 토론은 자주 '공업 비중이 높은지, 서비스업 비중이 낮은지'를 중심으로 벌어지곤 했다. 산업 제품의 복잡성에 따라 반영된 한 나라에서의 제조업 능력은 그 나라 경제가 장기적이고 안정적으로 발전하는지에 대한 기준이다. 산업구조의 조정 방향은 오로지 서비스가 차지하는 비중만 강조하면 안 된다. 단순히 통계적 의미에서의 산업 비중으로 산업구조의 합리 여부를 판단하는 것은 적당하지 않다. 제조업이 서비스화되는 추세는 이런 사고방식의 편협성을 지적했을 뿐만 아니라 산업고조가 제조업에서 서비스업 위주로 전환하는 핵심은 제조업과 생산성 서비스업 간의 상호 발전촉진임을 현실적으로 게시하였다. 중국에서 미래의 산업화는 상당히 긴 시기 내에 제조업과 생산성 서비스업이 상호 발전촉진하는 상황을 유지할 것이다.

최근 몇 년간 중구에서 이른바 산업구조 전형업그레이드할 추세가 아무 분명한 것은 주로 서비스업이 차지하는 비중이 급속히 상승됨에 따라 나타난다. 한 나라의 산업화가 산업화 후반기에 접어들면서 공업 비중이 줄고 서비스업 비중이 높아지는 것은 경제 발전의 일반적 규칙이자 경제 현대화 추진의 구조적 전환 특징이며 경제 구조의 고급화를 보여주는 중요한 표현으로 여겨져야 한다. 그러나 중국의 산업구조 변화에 대해 우리는 이러한 비율 데이터가 보여주는 구조전환 뒤에 숨어 있는 경제운용 리스크를 살펴볼 필요가 있다. 우리가 제4장에서 설명한 '너무 이르거나 너무 빠른 산업화', '제조업의 중공화', '경제 탈실화'의 위험이 드러났듯이, 우리는 산업 구조의 전형 및 업그레이드를 명목으로 경제를 위의 언급한 위험에 빠뜨리는 것을 경계해야 한다. 서비스업 비중의 향상과 감소는 문제의 본질이 아니며 산업의 효율성 향상을 촉진하는 것이야말로 문제의 본질이다. 현재 중국의 문제는 서비스업의 고급화가 충분하지 않고 서비스업의 효율성이 제조업의 효율성보다 낮을 뿐 아니라 서비스업의 비중이 높을수록 전체 산업의 효율성이 떨어지는 산업의 '역逆 쿠즈네츠 커브' 문제이다.

만약 우리가 산업구조의 '전형'과 '업그레이드'를 엄격히 구분한다면, '업그레이드'는 주로 한 산업 주도 하의 구조에서 다른 산업 주도 하의 구조로의 전형을 설명하는 데 사용되며, '업그레이드'는 부가가치가 낮은 산업(또는 산업 고리) 주도 하의 구조에서 부가가치가 높은 산업(또는 산업 고리) 주도 하의 구조로의 전형을 나타낸다. 그렇다면 중국 산업구조의 고급화 추세를 충분히 인정하면서도 산업구조의 '변형'이 있지만 아직 '업그레이드'되지 않은 리스크도 매우 중요시해야 한다. 다시 말하면 3차 산업의 부가가치 비율 데이터에서 2차 산업 주도 하의 산업구조에서 3차 산업 주도 하의 산업구조로의 '변형'이 발생했다는 점을 중요시해야 하지만, 효율성에서 산업구조 '전형'으로 인한 전반적인 경제효율 향상이란 구조 '업그레이드'로 초래된 경제적 문제는 나타나지 않았다. 이것은 실질적으로 경제성장의 질을 어떻게 향상시킬 것인가의 문제이다.

중국 산업구조의 '전형'이 '업그레이드'되지 않은 배경은 매우 복잡하다. 자세히 설명하자면, 서비스업 내부 구조는 고급화 정도가 부족하다. 서비스업 자체는 첨단산업과 동일하지 않다. 서비스업에서의 산업별 성격이 크게 다르기 때문이다. 그 중에 음식, 가사 등 노동집약적 서비스업과 금융, 부동산 등 자본집약적 서비스업이 있고 소프트웨어, 정보, 과학연구 설계 등 기술집약적 서비스업도 있다. 그 중 기술집약형 서비스업 생산액의 변화가 서비스업 내부구조의 최적화를 반영할 수 있는 반면 중국의 서비스업 내부구조 문제는 노동집약형 서비스업의 비중이 상대적 크고 기술집약형 서비스업의 비중이 충분히 높지 않다는 것이다. 한편, 3차 산업의 융합은 충분히 긴밀하지 못하며, 특히 서비스업은 제조업의 전형 및 업그레이드에 충분한 지원을 제공하지 않고 있다. 이는 서비스업에 자본집약형 서비스업은 실물경제에 벗어나는 자체순환을 위주로 하는 성장세를 보이고 있다. 뿐만 아니라 제조업과 서비스업의 결합도 부족하며, 특히 기술집약형 서비스업과의 결합이 부족하여 서비스형 제조의 발전이 미흡하다. 이는 서비스업 내부 구조를 업그레이드하든 3차 산업의 융합을 촉진하든 서비스형 제조를 적극적으로 발전시켜야 하며 서비스 제조의 발전이야말로 중국 산업구조의 실질적인 업그레이드의 핵심임을 의미한다.

제조업의 발전을 보면 제조업 제품의 복잡함의 정도가 높아지고 정보기술이 발전하면서 최근 몇 년간 세계의 산업화는 제조업의 서비스화 추세를 보였고 서비스 제조는 빠르게 발전되었다. 서비스형 제조란 제조업 기업이 투입과 산출의 두 가지 측면에서 생산 경영 활동에서 서비스 요소의 비중을 지속적으로 증가시켜 소비자에게 '제조+서비스' 일체화 솔루션을 제공하고 가치사슬과 비즈니스 모델을 재구성하는 새로운 생산 경영 방식을 의미한다. 더 나아가 산업 차원에서는 제조업과 서비스업이 융합하여 발전하는 새로운 형태의 산업 형태를 나타내며, 이러한 새로운 산업 형태는 제조에 기초한 서비스이자 서비스 지향적인 제조이다. 서비스형 제조는 제조업에서 가치사슬의 양끝으로 확장되지만 서비스형 제조의 급속한 발전과 함께 일부 서비스업 기업이 제조 단계에 깊숙이 들어가는 생산 및 운영 방식도 흔히 볼 수 있다. 서비스형 제조의 본질은 제조업 또는 제조 단계와 서비스업 또는 서비스 단계 간의 융합적 발전의 새로운 형식과 모델이다.

미국의 선진 제조업 계획이든 독일의 '인더스트리 4.0', '제조 강국 전략'이든 모두 다 서비스형 제조나 제조업 서비스화를 미래 제조업 발전 방향의 하나로 삼고 있다. 그 이유는 서비스형 제조가 제조업 혁신 능력 향상과 제조업 효율성 향상의 중요한 원천으로 가치사슬의 확장과 향상에 유리하고 전체요소적 생산성, 제품 부가가치 및 시장 점유율을 높이기 때문이다. 특히, 신세대 정보기술의 발전은 서비스형 제조의 발전에 강력한 뒷받침을 제공하였다. 정보기술IT이 아직 발달되지 않은 시절에는 제조업체가 자체 설비의 운영 상태를 모니터링하거나 개별 사용자의 제품 사용 상태나 신체 상태를 파악하기 어려웠다. 모바일 인터넷, 빅데이터, 클라우드 컴퓨팅, 사물인터넷, 인공지능 등 정보 기술의 점진적 성숙과 산업적 활용은 이를 가능하게 하여 제조업의 서비스화 전형을 크게 촉진하고 새로운 비즈니스 모델과 새로운 비즈니스 형식의 혁신이 끝없이 등장했다. 현재 제조업체는 제품 개발, 제조, 판매 및 간단한 애프터서비스에 국한되지 않고 개인 맞춤화, 종합 솔루션 제공, 지능 정보 서비스 등 점점 더 많은 고高부가가치 서비스를 고객(기업 고객 및 소비자 포함)에게 제공하고 있다. 또한 제조업의 서비스형 제조로의 전형은 자원과 에너지에 대한 투자를 줄이고 환경 오염을 줄이는 동시에 사용자의 요구를 더 잘 충족시키고 부가가치를 높이며 종합적 경쟁력을 향상시킬 수 있다. 따라서 제조업 제품을 기반으로 하는 서비스 활동은 점점 더 많은 제조업체에서 판매 수익과 이윤의 주요한 기반이 되었으며 제조업 경쟁 우위의 핵심적 공급원이 되었다. 예를 들어, 1990년대 IBM, HP, 델Dell 등 컴퓨터 업체들이 모두 하드웨어 판매에서 서비스로 전형하고, 2017년에 IBM은 인지 솔루션과 클라우드 플랫폼 회사로 전형하고 BMW, 벤츠 등 업체는 차량 시분할 공유 사업을 전개하였다.

서비스업 발전의 관점에서 보면 음식, 무역, 유통을 위주로 하는 노동집약적이고 전통적인 서비스업은 주로 생활적 소비에 봉사하며 부가가치와 생산성이 모두 비교적 낮다. 반면, 제조업에서 고급으로 발전하는 과정에서 분업을 세분화하여 나온 기술집약형 서비스업은 통신, 금융 등 첨단장비를 선택사용하는 부서뿐만 아니라 소프트웨어, 인터넷 정보서비스 등 자체 첨단서비스를 창출하는 부서도 포함하며 주로 생산성 활동에 봉사함으로써 부가가치와 생산성이 모두 비교적 높다. 제조업의 발전은 국민경제 전체의 혁신주도발전을 실현하는 물질적 기반일 뿐만 아니라 서비스업이 고급발전을 향한 중요한 버팀목이기에 제조업은 과학기술혁신이 가장 활발한 부서로 혁신의 원천이자 응용방향이기도 하다. 이러한 기술집약형 서비스업은 반드시 제조업과 긴밀히 결합하여 제조업의 혁신발전을 위해 봉사해야 지속적인 효율의 원천과 발전동력을 보장할 수 있다. 따라서 서비스업의 경우 서비스형 제조발전 자체가 서비스업의 전형과 업그레이드의 내재적 요구 조건이기도 하다.

정리하자면, 서비스 제조의 발전은 제조업과 서비스업 자체의 전형 및 업그레이드, 더 나아가 전체 산업구조의 전형 및 업그레이드에 매우 중요하다. 앞으로 서비스형 제조의 발전과 3차 산업의 융합으로 인해 통계적 비율이 보여주는 '구조적 전형'은 더 이상 큰 의미가 없으며 중요한 핵심은 효율성에서 드러나는 '구조적 업그레이드'이다. 우리 산업구조의 조정과 산업정책의 목표는 더 이상 통계적 의미에서의 산업과 서비스업이 국민경제에서 차지하는 비중이 아니라 산업의 운영 효율, 운영 품질과 경제적 이익이어야 한다. 중국의 산업 효율을 높이고 산업 업그레이드를 실현하려면 서비스형 제조업 발전이라는 '핵심'을 잡아야 한다. 현재 중국에는 이미 서비스형 제조 분야에서 비교적 잘 하는 기업들이 많이 나타났으나 국제 선진 수준에 비하면 아직 전체적으로 거리가 멀다. 중국 제조업은 규모가 크나 실력이 강하지 않은 상황에서 이러한 상황은 중국 제조업의 효율성 향상에 직접적인 영향을 미쳤다. 나아가 중국 산업의 전체요소 생산효율의 향상과 중국 경제의 잠재적 성장률에도 영향을 미쳤다. 따라서 서비스형 제조의 발전은 전체적인 경제발전 전략의 관점에서 매우 중요시되어야 한다.

3
서비스형 제조의 패러다임

서비스형 제조는 여전히 하나의 발전 중인 개념이며 서비스형 제조를 깊이 이해하려면 오늘날 제조업과 서비스업이 구체적으로 융합하는 모델에 대해 분석해야 한다. 2016년 7월에 공업정보화부工業和信息化部, 국가발전개혁위원회國家發展和改革委員會 그리고 중국공정원中國工程院에서는 〈서비스형 제조 발전을 위한 특별 행동 지침發展服務型製造專項行動指南〉을 발표하면서 공식적인 지침 문서의 형태로서 서비스형 제조의 개념, 모델과 내포를 구체적으로 명시했다. 이 지침에서 서비스형 제조는 제조와 서비스를 융합해 발전하는 새로운 형태의 산업이며 제조업이 전형업그레이드할 중요한 방향이라고 보고 있다. 제조업계 기업들은 혁신을 통해 생산 조직 형식, 운영 관리 방식 및 비즈니스 발전 모델을 최적화하고, 투입 및 산출에서 서비스 요소의 비중을 지속적으로 증가시키고, 가공 및 조립 위주에서 '제조 + 서비스'로 전형하고, 단순한 제품 판매에서 '제품 + 서비스'로 전형함으로써 제조업 가치 사슬의 확장 및 향상, 전체 요소에서의 생산효율과 제품 부가가치, 시장 점유율의 향상에 도움이 된다. 서비스형 제조는 산업 경쟁력을 강화하고 제조업을 크게 변화시키기 위한 불가피한 요구 사항이고 새로운 과학 기술 혁명과 산업 변화에 부응하는 능동적인 선택이며 공급 시스템을 효과적으로 개선하고 소비 구조의 업그레이드에 적응하는 중요한 조치이다. 이 지침에 따르면 서비스형 제조 추진은 혁신 설계, 맞춤형 서비스, 공급망 관리 최적화, 네트워크화 협동 제조 서비스, 제조 아웃소싱 서비스 제공, 제품 전 생애주기 관리 실시, 시스템 솔루션 제공, 혁신 정보 부가 서비스, 관련 금융 서비스, 관련 스마트 서비스 등 10대 모델의 발전을 촉진하는 것으로 귀결될 수 있다.[6]

첫째, 혁신적인 디자인이다. 이는 혁신적인 디자인을 중시하고 기업 전

---

6 <공업정보화부, 국가발전개혁위원회, 중국공정원의 <서비스형 제조 발전을 위한 특별 행동 지침> 인쇄·배포에 관한 통지(工业和信息化部、国家发展和改革委员会、中国工程院关于印发〈发展服务型制造专项行动指南〉的通知)>(공업·정보화부연기업〔2016〕231호), 중화인민공화국공업정보화부 사이트((http://www.mit.gov.cn/n1146295/n1652858/n1652930/n3757016/c5164359/content.html)

략, 제품 규정 준수, 브랜드 기획, 녹색 발전 등의 측면에서 디자인의 역할을 심화하며 크라우드소싱 디자인, 사용자 참여 디자인, 클라우드 디자인, 협동 디자인 등 새로운 모델을 탐색 발전시키고 선진 디자인 방법을 사용하여 기업의 혁신 능력을 향상시키는 것을 말한다. 이를 통해 제조업 기업이 디자인에 대한 투자와 응용을 늘리고, 산학연용의 협동 혁신을 이끌며, 경쟁 분야의 우위 기업이 독립적인 디자인 기구를 설립하도록 장려하고, 제3자 디자인 기업의 육성을 가속화하고, 제조업을 상대로 전문화, 고급화 서비스를 전개할 것을 요구한다. 정부는 혁신적인 디자인 공공 서비스 플랫폼을 구축하고 디자인 분야의 공통 핵심 기술의 연구 개발을 지원하며 독립적인 지적 재산권을 가진 디자인 도구 및 소프트웨어의 연구 개발을 장려하고 인간-기계 공학 가상 시뮬레이션 응용 수준을 향상시켜야 한다.

둘째, 맞춤형 서비스다. 이는 시장의 다원화된 수요에 부응하기 위해 정보통신기술을 이용하여 맞춤형 맞춤화 서비스를 전개하고, 맞춤설계와 유연한 제조능력을 강화하며, 생산제조와 시장수요의 높은 시너지를 실현하고, 사용자 경험을 강화하며, 제품의 가치를 높이는 것을 말한다. 고객체험센터, 온라인디자인센터, 빅데이터 마이닝 등을 통해 고객수요정보를 수집분석하고, 맞춤형 디자인과 사용자 참여설계 능력을 강화하며, 소셜중개조직, 산업단지, 인터넷 기업의 정보수집서비스 플랫폼 구축 지원, 데이터 공유와 협동제조 메커니즘 개선, 제조업 기업의 맞춤형 서비스 제공을 위한 응용지원과 기술지원을 요구한다. 셋째, 공급망 관리를 최적화한다. 이는 제조업 기업이 공급망에서 자신의 주도적 지위를 향상시킴으로써 정보 흐름, 자금 흐름, 물류의 협동 통합을 촉진함으로써 공급망 전체의 효율성과 효과를 향상시키는 것을 말한다. 기업은 공급망 관리의 전문화 수준을 높이고 내부 물류 자원을 통합하며 생산 관리 프로세스를 최적화해야 하며 전문 공급망 관리 부서를 설립하거나 제3자 물류 기업과 아웃소싱 협력을 수행하여 공급망 각 단계의 유기적 융합을 촉진하고 공급망 통합 수준과 경쟁력을 향상시켜야 한다. 공급망 관리 수준을 향상시키기 위해서는 기업의 차원에서 공급망 관리 분야에서 정보통신 기술의 적용을 확대하고 지능형 물류 장비 및 저장 시설을 촉진하며 계획, 스케줄링, 운영 및 모니터링 능력을 향상시켜야 한다. 또한, 정부는 국가 교통 및 물류 공공 정보 플랫폼 구축을 촉진하고 공급망 관리 기술 표준을 개선하며 운송, 물류 용기 및 운송 수단의 표준화 수준을 향상시켜야 한다.

넷째, 네트워크화된 협동 제조 서비스이다. 이는 제조업 기업을 중심으로 네트워크화된 협동 제조 서비스 시스템을 구축하고 자원 제약 및 공간 제약을 극복하고 기업 간의 조정 및 사회적 제조 자원의 광범위한 공유 및 통합을 실현하는 것을 의미한다. 이를 실현하기 위해서는 기업 정보화 수준을 높이고 제조업 기업의 정보화 방안 설계, 시스템 개발 및 종합적 역량을 강화하고 소프트웨어 및 정보기술 서비스 기업이 제조업 정보화 솔루션을 제공하고 저비용, 높은 정보화 소프트웨어 시스템을 개발하도록 지도해야 한다. 그리고 정부는 클라우드 제조 서비스를 대대적으로 추진하고 제조업 기업, 인터넷 기업, 정보기술 서비스 기업의 국경을 초월한 연합을 지원하며 제조 자원, 제조 능력, 물류 배송에서의 개방 공유를 실현하고 세분화된 업종을 위한 연구개발 설계, 최적화 제어, 설비 관리, 품질 모니터링 등 클라우드 제조 서비스를 제공하여 혁신적인 자원, 생산 능력, 시장 수요의 스마트 매칭과 효율적인 시너지를 추진해야 한다.

다섯째, 제조 외주 서비스를 제공한다. 정보 기술, 비즈니스 프로세스 및 지식 프로세스 아웃소싱에 중점을 두고 아웃소싱의 전문화, 규모 및 브랜드 개발을 촉진하고 산업 분업을 심화하며 산업 체인의 지속적인 최적화를 촉진한다. 또한, 기업 "대이전, 소이전(大而全, 小而全"의 경영 모델을 바꾸고 전문화, 미세화 관리 개념을 확립하고 제조업 기업이 전문화된 제조 서비스 수준을 향상시키며, 안전 서비스 외백 업무를 적극 계승하며, 국제 선진 수준의 빅데이터, 클라우드 컴퓨팅, 전자상거래 등 제조 아웃소싱 서비스 산업 플랫폼을 적극적으로 구축하고 산업 경쟁력을 지속적으로 향상시킨다.

여섯째, 제품의 전체 수명 주기 관리를 구현한다. 제조 기업은 제품 전체 생명 주기 관리PLM은 시스템 관리를 수요 분석부터 폐 또는 회수 처리한 제품 모두 생명 과정을 종합적으로 최적화하고 제품, 사회적 가치를 종합적으로 조정하고 제품, 사용자 및 환경 이익을 실현한다. 여기에는 고객 사용 편의 지향, 전자 상호 작용 기술 매뉴얼 보급, 장비 운송, 시연 설치, 장비 디버깅, 고객 교육 등의 배송 서비스 보완, 제품 품질과 안전한 생산 보장을 지향하여 원격 온라인 모니터링/진단, 건강 상태 분석, 원격 유지보수, 고장 처리 등의 품질 보증 서비스 전개, 에너지 절약과 환경 보호를 지향하여 제품 회수 및 재제조, 재활용 등의 친환경 서비스를 전개하는 것이 포함된다.

일곱째, 시스템 솔루션을 제공한다. 제조기업은 고객의 종합적인 요구를 충족시키고 기업의 경쟁력을 종합적으로 향상시키기 위해 전문적이고 체계적이며 통합된 시스템 솔루션을 제공한다. 해당 시스템은 업무 프로세스 재건 및 조직 구조 중 구조를 통해 자원 우위를 집중 통합하고 시설 건설, 검사, 공급망 관리, 에너지 절약 환경 보호, 전문 정비 등 분야에서 총합병된다. 이 때 기업은 컨설팅 및 설계, 프로젝트 수행 및 기타 시스템 해결 능력을 강화하고 주요 프로젝트 및 주요 프로젝트를 대상으로 완전한 장비 세트, 일반 프로젝트 계약EPC 및 턴키 프로젝트를 수행한다.

여덟째, 정보 부가가치 서비스를 혁신한다. 이는 기업이 소프트웨어 및 정보통신 기술을 사용하여 서비스 모델을 혁신하고 서비스 효율성을 개선하며 제품의 부가가치를 높이는 것을 의미한다. 기업은 고객의 특정 요구를 충족시키기 위해 개별 설정과 동적 업데이트 기능을 갖춘 제품을 개발 및 설계해야 한다. 또한, 중대 기술 장비특수 설비와 일용 소비재 등의 분야에서 온라인 지원과 디지털 콘텐츠 부가가치 서비스를 전개해야 하며,

산업 체인 관련 기업이 제공하는 정보 부가가치 서비스를 구매하여 생산 및 운영 관리 정보의 통합 및 조정 운영을 실현하여야 한다. 한편, 정부는 제조업체가 센서, 칩, 스토리지, 소프트웨어 등을 업그레이드하고 빅 데이터, 클라우드 컴퓨팅 및 사물 인터넷 플랫폼에 의존하여 고객에게 실시간, 전문적이고 안전한 제품 부가가치 서비스를 제공하도록 지원해야 한다.

아홉째, 관련 금융 서비스이다. 제조업 기업은 자신의 우세를 발휘하여 법에 따라 규정을 준수하고 위험을 통제할 수 있다는 전제 하에 재무회사, 금융리스회사, 금융리스회사의 설립 또는 참여를 발기하여 가치사슬을 확장하고 향상시키며 요소 생산성을 향상시킨다. 구체적으로는 공급망 금융 사업 발전, 금융기관 공급망 금융SCF사업 및 투자연계 시범사업 실시를 위한 효과적인 정보지원 서비스 제공, 금융리스사업 발전, 특정 제품 생산 기업의 금융리스회사 설립, 융자리스회사 설립, 임대산업펀드 설립 등을 통해 대형설비, 공공시설, 생산라인 등 분야의 설비리스 및 금융리스 서비스를 점진적으로 발전시킨다.

열째, 관련 지능 서비스이다. 혁신 발전은 소비자 중심이며 개인화 및 맞춤형, 유연한 생산 및 사회화 시너지를 주요 특징으로 하는 스마트 서비스 네트워크이다. 기업이 정보 통신 기술을 최대한 활용하고 R&D 설계, 생산 및 제조, 판매 서비스의 자원 경계와 운영 경계를 돌파하도록 장려하고 생산 및 소비, 제조 및 서비스, 산업 체인 기업 간의 전면적인 통합을 촉진하고 산업, 인력, 기술, 금융 및 기타 자원의 높은 시너지를 촉진한다.

4

서비스형 제조의 작용점 발전시키기

세계 서비스형 제조의 발전 차원에서 볼 때 중국 서비스 제조의 전반적 발전 수준은 여전히 상대적으로 낮고, 제조업 서비스 생산량은 세계 주요한 제조업 국가에 뒤떨어져 있다. 제조업체 자체의 차원에서 볼 때 한편으로 제조업체는 서비스화 전략에 대한 인식이 부족해 기업들은 아직 제조업 서비스화에 대한 인식이 초기 단계에 있으며, 제조업 서비스화 전환의 전략적 의의에 대한 충분한 인식이 부족하고, 제조업 서비스화 전환 과정에서의 새로운 패턴, 새로운 비즈니스 모델에 대한 두려움이 아직 남아 있다. 한편, 중국의 제조업체들은 핵심적 능력이 상대적으로 부족해 전반적인 경쟁 수준이 낮고 경쟁 전략은 주로 원가 우위와 가격 경쟁에 의존하며, 글로벌 가치 사슬의 하위에 있기에 서비스형 제조를 위한 자원이 충분하지 않다. 서비스형 제조의 발전환경을 보면, 첫째, 중국에서는 전반적으로 서비스업의 생산 효율이 낮다. 중국 서비스업의 생산 효율은 제조업보다 현저히 낮으며, 제조업은 서비스업에 비해 '비교수익'을 가지고 있어 제조업체들이 서비스업을 발전시킬 동력이 충분하지 않다. 둘째는 정부에서 서비스형 제조에 관련된 지원 정책이 아직 부족하다. 재정세 체제로 보나 토지 제도 및 금융 체제로 보나 서비스형 제조의 발전에 다 불리하다. 셋째는 서비스형 제조에 필요한 다학과 복합형 인재, 창의형 인재가 아직 부족하다. 현재 중국의 교육 시스템은 여전히 제조업이나 서비스업을 위한 전문 인재를 양성하고 있으나, 현재의 인재 양성 모델과 커리큘럼 설계는 제조업 서비스화 전환의 요구를 충족시킬 수 없다.

서비스 제조의 발전은 비즈니스 모델의 혁명이기에 거시적 정책의 지원이 필요할 뿐만 아니라 핵심 산업의 선도 기업이 브랜드 기술 우위를 충분히 발휘하고 서비스화 전환을 적극적으로 추진해야 한다. 자세히 설명하면, 다음과 같은 다섯 가지의 측면에서 힘써 추진해야 한다.[7]

첫 번째는 산업융합의 발전 이념을 육성하고 융합 일체화된 산업 정책 시스템을 구축하는 것이다. 오랫동안 중국의 산업 정책의 재정에 있어 엄격한 산업 분야와 정부 부서의 기능 분담을 제정 및 운영의 기본 전제 조건으로 삼아 왔다. 심지어 '서비스형 제조'라는 용어를 '제조업 서비스화'로 바꾸면 산업정책의 총괄부서가 산업정보화부에서 상무부로 바뀌어야 한다는 의견도 나올 수 있다. 그러나 오늘날의 산업 발전 추세는 산업 융합, 특히 차세대 정보 기술의 추진 하에 많은 새로운 비즈니스 형식과 새로운 모델이 속속 등장하고 있으며 산업 정책이든 정부 부서이든 이러한 산업 융합 추세에 적응해야 한다. 서비스형 제조의 발전을 위해서는 일체화된 산업 정책 시스템을 구축해 조세, 금융, 기술 및 요소 가격에서 서비스 산업과 제조업의 정책 차이를 없애고 거래 비용을 절감할 필요가 있다. 예를 들어, 하이테크 현대적 서비스업과 하이테크 제조업을 모두 하이테크 산업의 범주에 포함시켜 지원해야 하며, 조세 제도 개혁에서 서비스형 제조 발전에 불리한 조세 정책을 내놓지 않도록 주의해야 한다. 동시에 고객 수요의 차원에서 산업 관리 부서의 기능을 통합하고 산업 감독 및 지원 정책을 조정하고 융합하며 서비스 제조의 대규모적 발전을 촉진하기 위해 합동군을 구성해야 한다. 또한 토지 제도를 보완하고 협의 양도 방식을 채택하여 서비스업의 토지 비용을 절감해야 하며 소비자 보호를 강화하고 '물건' 중심의 이념을 점진적으로 바꿔야 한다. 중국에서는 오랫동안 기업의 이익을 보호하는 데 중점을 두어 온 반면 소비자 권익에 대한 보호가

---

7 황군혜, <중국 제조는 어떻게 서비스화로 전환할까(中国制造如何向服务化转型)>, 『경제일보』, 2017.6.16.

심각하게 부족했기 때문에 기업은 소비자에게 제품의 가치에 관심을 기울이지 않고 제품의 일회성 판매에 의존해 이익을 얻는다. 때문에 기업과 소비자가 장기적이고 여러 차례의 협력 관계를 구축하도록 소비자 권익 보호를 강화해야 한다.

두 번째는 양화兩化 융합의 발전 이념을 강화하고 정보 기술 지원 능력을 향상시키는 것이다. 정보기술은 서비스업과 제조업의 융합을 위한 '접착제'이다. '제조강국 전략' 및 '서비스형 제조 발전을 위한 특별 행동 지침'은 모두 제조업용 정보 네트워크 기술 서비스를 적극적으로 개발하고 선두 산업의 정보 응용 시스템을 설계, 개발 및 종합적 능력을 향상시키는 것을 매우 강조하고 있다. 서비스형 제조의 경우, 저시간 지연, 고신뢰, 광범위한 커버리지, 보다 안전한 산업 너트워크 시스템은 하드웨어 기반이며 이들의 건설을 가속화해야 한다. 다시 말해, 클라우드 제조 서비스를 적극적으로 추진하고 제조 기업, 인터넷 기업, 정보기술 서비스 기업의 다영역간 연합을 지원하여 제조 자원, 제조 능력 및 물류 유통의 개방과 공유를 실현해야 한다.

세 번째는 산업 생태 시스템이란 이념을 세우고 제조 서비스 플랫폼 구축을 강화하는 것이다. 산업 혁신과 발전의 핵심은 건전한 생태 시스템이 있는지 여부에 달려 있다. 서비스형 제조의 발전은 원래의 산업 가치 사슬을 재구성하는 것이며 기업은 새로운 생태시스템에서 자신의 가치 위치를 다시 정해야 한다. 서비스형 제조의 발전을 격려하기 위해 정부에서는 한편으로 제조업 서비스 수요를 중심으로 혁신설계, 물류서비스, 품질검사인증, 마케팅, 공급망관리 등 생산적 서비스 공공플랫폼을 구축하고 연구개발, 법률, 엔지니어링, 융자, 정보, 컨설팅, 설계, 임대, 물류 등 생산적 서비스업 시스템을 육성하여 산업구조 수준을 높이고 제조업 매칭 능력을 강화시켜야 한다. 또 다른 한편으로 정보화 네트워크 서비스 플랫폼의 건설을 강화하며 국제 선진수준을 갖춘 빅데이터, 클라우드, 전자상거래 등 서비스 아웃소싱 산업플랫폼을 적극적으로 구축하여 산업인터넷망 아키텍처 시스템을 적극적으로 연구하여 산업인터넷 플랫폼을 지향하는 협동제조기술 표준 및 산업사슬 상하류간 서비스 규범 제정을 가속시켜야 한다.

네 번째는 고객 우선의 이념을 확립하고 핵심으로 돌파할 만할 산업과 모델을 모색하는 것이다. 서비스형 제조의 중요한 효율성 원천은 고객의 잠재적 요구에 대한 일체화되고 심층적인 만족이다. 고객 수요의 발굴을 돌파구로 삼고 선두 산업에서 서비스형 제조 계획을 구현하고 개인맞춤화되고 전문화된 서비스형 제조 모델을 혁신한다. 제조업이 서비스화하는 전형적인 사례와 발전하는 추세를 보면, 현재 중국에서 서비스형 제조를 발전하는 중점은 장비제조업, 백색가전제조업, 전자정보소비재제조업, 의류가구제조업 등 업종들에 두어야 한다. 중점으로 발전시킬 만한 서비스 모델은 고객에게 전문화된 공급망 금융, 건설기계 융자 임대 등의 서비스를 제공하고, 고객에게 자체 생산 주체 설비, 설비 세트, 공사 도급, 전문화 A/S 개조 서비스, 전문화 원격 전면 상태 관리를 포함한 일체화 솔루션을 제공하는 것이다. 그리고 모든 고객을 위한 맞춤형 전방위적인 전체 공급망 솔루션 등도 해당된다고 할 수 있다. 백색가전제조업의 경우에는 설계제조정비회수 등 전체 생애주기 서비스를 제공하고, 의류가구 업종의 경우에는 고객들이 참여하는 대규모의 맞춤형 서비스를 제공하는 것이다. 전자정보소비재 업종에서의 서비스화 방향은 '오프라인 제품+온라인 서비스'로 하고 스마트 라이프 서비스를 제공한다. 즉, 다양한 산업 서비스에 대한 초점과 수요를 도입하기 위해 목표 돌파구를 선택하는 것이 좋다(표 9-2 참조).

표 9-2 제조업종별 서비스에서 도입하는 초점 및 수요

업종	발전 수요
선반 도구	설비재제조, 토탈솔루션, 검사보수, 원격모니터링, 연구개발설계, 시험, 검사, 인적자원개발육성체계
농업 기계	공급망관리최적화
공정 기계	회수재제조, 토탈솔루션, 물류플랫폼, 연구개발설계플랫폼, 시험 등
중광산	공정 총 도급, 공정 패키지, 예비 부품 서비스, 원격 모니터링, 제품 수명 주기 종료 후 회수, 처리, 재제조
석화 제너럴	테스트, 공유 플랫폼 구축, 솔루션, 공급망 관리 최적화, 고객 위탁을 받아 제품 연구개발, 설계 서비스
기초 부품	장기계약서비스, 예비 부품 서비스
자동차	장기 계약 서비스, 자동차 제품 개발, 기술 개조 공사
전공 전기	제춤 연구 및 개발, 공정 플랜트, 제조 에피택셜, 전선 발전소 제품 및 원자재 검사
측정 기구	전체 솔루션 제공, 테스트, 공유 플랫폼 구축, 공급망 관리 최적화, 시스템 최적화

자료출처: 安筱鹏, 《제조업 서비스화 노선도: 메커니즘, 모델 및 선택》, 상무인서관, 2012, p292.

다섯 번째는 사람을 중심으로 삼는 교육 이념을 세우고 교육 훈련 시스템을 끊임없이 개선하는 것이다. 제품 서비스 시스템과 전체 솔루션은 첨단 기술과 현대적인 경영 방식, 조직 형태에 의존하여 개발된 지식 집약적이고 기술 집약적인 산업이다. 제조업체에서 서비스를 도입하는 과정에서 공급업체는 제품 및 장비의 특성, 공정 절차, 생산 배치 및 프로젝트 관리에 대한 심층적인 이해뿐만 아니라 현대적 서비스 이념 및 서비스 모델에도 정통해야 하는 동시에 서비스는 무형적, 동시적, 이질적 및 저장 불가능한 특성을 가지고 있기에, 종업자는 양호한 팀워크 능력과 서비스 의식, 양호한 의사소통 웅변 능력과 실천적 기술 능력을 갖추어야 한다. 그러나

중국의 기존 교육 시스템을 보면 여전히 제조업이나 서비스업에 대한 전문 인재를 양성하고 있으며, 아직 고등 교육 기관에서 서비스형 제조 분야의 전공을 설립하지 않았으며, 인재 양성 모델과 커리큘럼 설계는 서비스형 제조의 발전 수요와 동떨어져 있다. 따라서 중국에서는 고등교육과 직업교육의 발전 중점과 교육모델을 조정하고 훈련기지를 적극적으로 발전시켜 서비스형 제조 발전에 적합한 인재를 양성해 제공해야 한다. 동시에 기업에서는 특성에 맞는 인재 양성 계획을 세우고 인재를 유치하고 유지하기 위한 시스템, 조치 및 메커니즘을 수립하여 서비스 제조 발전을 위한 인재 지원을 제공해야 한다.

제10장

공업기반

2018년 10월 5일, 미국은 〈제조업, 방위산업 기반, 미국 공급망 복원력에 대한 평가와 보강〉 기밀해제판 보고서를 발표했는데, 이는 대통령 지령과 국방부 산업정책실이 주도하고 상무부, 노동부, 에너지부, 국토안보부 등 여러 부처가 참여해 1년여에 걸쳐 완성한 보고서이다. 보고서는 미국의 제조 및 방위산업 기반이 경제 번영과 글로벌 경쟁력을 뒷받침하고 있으며, 현재 이 산업 기반은 전례 없는 도전에 직면해 있다고 지적했다. 이 보고서 자체는 어느 정도 미국의 공업 기반 능력에 대한 중시를 반영하고 있다. 일반적으로 산업기반은 주로 핵심기초부품(부속품), 핵심기초소재, 선진기초공정 및 산업기술기반('4기'로 약칭함)을 포함하는데, 이는 제품의 성능과 품질을 직접적으로 결정하며, 산업의 전반적인 품질과 핵심 경쟁력의 근본적인 구현이며, 제조강국 건설을 위한 중요한 기반이자 지지 조건이다. 따라서 제조업이 강국의 기반이라면 공업기반은 강국의 초석이 된다.

1
산업화의 시간적 요소

개혁개방 이후 중국은 공업화 과정을 빠르게 추진하여 공업화 후기에 접어들어 세계 1위의 공업대국이 되었다. 그러나 산업화 과정은 자본, 노동력, 토지 및 산업화 후기까지 더 중요한 혁신에 대한 투자 외에도 '시간' 요소가 필요하다는 점을 무시할 수 없다. 중국은 전형적인 추월형 후발국으로 선진국을 벤치마킹하여 '인구 보너스'를 충분히 발휘하고 수출주도, 산업화 전략을 성공적으로 구현했으며, 개혁개방을 통해 생산력을 크게 방출하여 중국 경제의 비약적인 발전을 촉진했다. 그러나 중국의 산업화 과정에서 '시간'을 통해 해결해야 할 몇 가지 문제가 있으며 '비약적 발전'으로는 산업화 과정의 모든 문제를 해결할 수 없다. GD를 기준으로 계산한 경제 총량은 한 국가가 창출한 부의 증가량일 뿐 한 국가가 보유한 부의 총량이 아니다. 중국은 이미 GDP를 기준으로 하였을 때 세계 2위의 세계 대국이지만, 산업화가 늦게 시작된 탓에 중국이 보유한 산업부富의 총량은 턱없이 부족하다. 한 연구에 따르면 2008년 미국의 부 총량은 중국의 5.9배, 일본은 중국의 2.8배였으며, 생산적 부(산업 생산물 저장량)는 미국이 중국의 3.8배, 일본은 중국의 2.4배였다고 밝혔다. 또한 1인당 생산적 부는 미국이 중국의 16배, 일본은 중국의 25배였다고 밝힌 바 있다. 미일중 3국이 모두 현재의 생산적 부의 증가 속도를 유지한다면 중국의 1인당 생산적 부는 2034년과 2035년에야 미일 양국을 따라잡고, 1인당 부의 총량은 미일을 따라잡는 데 더 오랜 시간이 걸릴 것이다.[1] 이는 중국이 산업화

1 김배(金碚), <공업화를 추진하는 것은 여전히 우리나라의 중요한 전략적 임무이다(推

를 심화시키고 국부를 축적하는 데 더 오랜 시간이 필요하다는 것을 의미한다.

뿐만 아니라 산업화의 '시간' 요소는 중국의 많은 핵심 기반 기술이 없다는 것을 결정한다. 부를 비롯한 지식과 기술의 축적은 시간이 필요하며, 많은 핵심 기반 기술은 인내심을 가지고 '연마'를 해서야만 얻을 수 있는 것이다. 수출 지향 산업화 전략에 따라 중국은 후발우위를 충분히 활용하여 산업대국으로 빠르게 발전하여 부문이 비교적 완비하고 완제품과 시스템의 일반 요구를 충족시킬 수 있는 산업 시스템을 형성했다. 그러나 핵심 기초 부속품, 핵심 기초 재료는 수입에 크게 의존하고 제품 품질과 신뢰성은 요구를 충족시키기 어렵다. 또한 선진 기초 공정 응용 정도가 높지 않고 공통 기술이 부족하며 산업 기술 기반 시스템이 불완전하고 테스트 검증, 계량 검사, 정보 서비스 등의 능력이 취약하다. 산업의 기초 능력이 강하지 않아 메인프레임, 플랜트 및 전체 기계 제품의 성능 품질과 브랜드 평판에 심각한 영향을 미치며 산업화 수준과 품질을 더욱 향상시키는 데 병목 현상이 되었다.[2] 이는 중국의 급속한 산업화 과정이 중국의 산업 발전과 경제 성장을 촉진했지만, 중국의 산업 기반 축적이 충분하지 않고 축적하는 데 시간이 필요한 많은 지식과 기술이 제대로 파악하지 않았음을 보여준다.

중국의 산업화 기술 진보 분석에 의하면 후발국인 중국은 기술 원천이 주로 외국 선진국에 의존하고 있으며, 기술 회득 경로는 주로 다음과 같이 몇 가지가 있다. 첫째, 글로벌 가치사슬 분업에 참여하여 가공 및 조립 과정에서 '일하면서 배우기'의 방법을 활용하는 것이다. 둘째, '시장환기술市场换技术'이다. 즉, 합작 투자 과정에서 외국 자본을 중국 시장에 도입하고

进工业化仍是我国重要战略任务)>, 『광명일보』, 2014.12.1.

2 <공업강기공정 실시지침(工业强基工程实施指南)>, 칭다오경제정보화위원회 사이트(http://www.qdeic.gov.cn/n28356049/n32561453/180409083230383780.html)

이 과정에서 기술 파급 효과를 일으킬 수 있다. 셋째, 기술과 인재를 직접 도입하고 기술 도입을 통해 기술 수준을 향상시키는 것이다. 어떤 방법을 적용하여도 이른바 '산업 4기', 즉 핵심기초부품(부속품), 핵심기초소재, 선진치초산업, 산업기술기반은 확보하기 어렵다. 그 결과 중국의 산업 발전에 '차보즈(卡脖子, 목을 죄기)' 산업기반 문제가 형성되었고 취약한 산업기반이 중국의 산업 발전을 제한하는 핵심 요인이 되었다.

2018년 미국은 중국과의 무역 마찰을 일으켜 ZTE에 제재를 가했고 한동안 칩 문제는 중국에서 널리 알려진 '아픔'이 되었다. 그러나 칩 문제는 중국 전자정보산업의 '아킬레스건'일뿐이며, 모든 제조업 산업에는 '산업 4기'의 낙후로 인한 '차보즈' 현상이 있다. 예를 들어, 군용기와 민간항공기의 엔진, 항공기 탑재 전자장비, 핵심소재 및 부속품이 대량으로 수입되고 있으며, 특히 고성능 엔진이 해외 금수 위기에 처해 있다. 또한 고속철장비에 필요한 베어링, 제동 시스템, 휠셋, 고강도 볼트 등 핵심 부품(부속품)의 80% 이상이 수입되어야 하며, 대형 건설 기계에 사용되는 30MPa 이상의 고압 펌프, 밸브, 모터, 제어 시스템 및 고성능 엔진도 거의 전량 수입되어야 한다.[3] 2016년 중국에서 공포된 〈산업강기 프로젝트 시행지침〉에서는 약 80종의 상징적 핵심기초부품(부속품), 약 70종의 상징적 핵심기초소재, 약 20개의 상징적 선진기초공정의 공학적산업화적 돌파를 추진하고, 선진철도교통장비, 정보통신장비, 고급 수치제어공작기계와 로봇, 전력장비 분야의 '4기' 문제를 먼저 해결한다고 제시했다. 이 지침은 또한 다음과 같은 핵심 제품을 포함하는 핵심 제품 및 공정의 '원스톱' 응용 계획을 구체적으로 계획했다. 세부적으로는 핵심 제품에서의 센서, 컨트롤러,

3 사진충(谢振忠), <기초가 발전을 지탱하고, 강기가 미래를 이긴다-<공업강기 공정 실시지침(2016-2020년> 해석(基础支撑发展 强基制胜未来来——解读《工业强基工程实施指南(2016-2020年)》, 중국보고망(http://news.chinabaogao.com/hgj/201612/1292611602016.htm)

제어 시스템, 고정밀 감속기, 서보 모터, 엔진 전기 분사 시스템, 경량화 소재 정밀 성형 기술, 고속 동차 그룹 베어링 및 지하철 차량 베어링, IGBT 장치, 초대형 부품 선진 성형, 용접 및 가공 제조 공정, 초저손실 통신 광섬유 모재 및 광섬유, 엔지니어링 기계 고압 오일 펌프 및 멀티 웨이 밸브 및 모터, 항공 엔진 및 가스터빈 고온 베인, 3D프린팅, 그래핀, 메모리의 16개 항목을 포함한다. 이것은 중국의 취약한 산업 기반 능력 문제의 보편성을 반영하고 있다.

중국 산업 발전의 취약한 기본 능력을 인식한 후 일련의 계획 또는 정책을 통해 중국 산업의 기본 능력 향상을 촉진하는 것이 필요하고 시급하다. 그러나 이러한 문제의 해결은 결코 '대약진'식 운동으로 단기간에 해결될 수 없다는 점도 객관적으로 인식해야 한다. 이와 관련하여 우리는 인내심을 가져야 하며 후발국의 산업화 과정이 속도를 낼 수 있지만, 산업화 부와 기술도 축적할 시간이 필요하다는 것을 인식해야 한다. 미국이 중국의 기술 진보를 억제하고 기술 혁신의 원천을 봉쇄하기 위해 노력할 때, 우리는 우리의 지식과 기술의 독창성을 향상시키기 위해 더 많은 노력을 기울여야 한다. 실제로 이것은 과학 연구 자금 투입의 문제일 뿐만 아니라 교육 시스템, 과학 연구 시스템, 사회 문화 환경, 산업 시스템 및 시장 시스템의 다양한 측면의 변혁을 포함하는 혁신적인 생태계의 개선이다. 중국이 칩의 '차보즈' 문제에 직면했을 때, 사회의 더 많은 목소리는 칩 문제를 해결하기 위해 투자를 늘리고 집중해야 한다는 것이다. 이런 조치의 필요성은 두말할 나위도 없지만, 기술 교체가 빠르고 시장화 정도가 높은 핵심 기반 부품인 반도체를 원자폭탄처럼 단기간에 집중 공략해 해결할 수 있을지 고민해야 한다. 신의 경로가 다르므로 기술 진보의 규칙을 존중해야 한다. 한 나라의 산업화 과정에 투입 요소로서 '시간'이 필요하다는 것을 인식한다면, 아마도 우리는 더 마음을 가라앉히고 장기적인 전략적 관점, 전반적인 시스템 관점에서 중국의 산업 기반 능력 향상을 육성하는 방법을 생각할 수 있을 것이다. 공업은 금융업과 달리 기술적인 측면에서 장기적인 집중력과 꾸준한 축적과 연구가 필요하다. 다시 말해, 중국의 공업화 과정을 계속 심화시켜 공업의 혁신 발전에 도움이 되는 생태환경을 조성해야 한다. 이는 중국 경제의 '탈실향허脫實向虛' 추세가 뚜렷해지는 상황에서 매우 중요한 부분이며, 경솔한 태도를 버리고 중국의 산업기반에 집중하는 것 또한 미중 무역 마찰이 중국 발전에 좋은 시사점을 준다고 할 수 있다.

2
"장인정신"

중국 제조업 발전에 있어 '산업 4기'는 가장 중요한 공업 기반이다. 그러나 이는 유형적 산업기반일 뿐이며, 우리는 이러한 유형적 물질적 기술 산업기반이 필요할 뿐만 아니라 무형의 정신문화 산업기반도 필요하다. 제조강국 건설의 배경에는 '장인정신'이라는 용어는 수년 동안 잃어버린 용어로 다시 등장해 정부, 학계 및 언론에서 점점 더 뜨거운 이슈로 떠오르고 있다.

장인이 물려받은 기술 그대로 천천히 정성을 들이고, 기술을 깊이 연구하며, 일에 철저히 전념하고 더 잘하려고 애쓰는 등의 작업 태도는 장인정신을 설명하는 데 사용된다. 1,2차 산업혁명의 진전으로 전통 수공예 장인들이 점차 현대 산업 노동자로 대체되고 대규모 일관 생산이 지배적인 기술 경제의 패러다임이 되었으며 '천천히 정성껏'이라는 장인 이념은 고

효율 및 규모의 경제를 추구하는 현대화 대량 생산과 다소 어울리지 않게 되었다. '천천히 정성껏'에 대한 장인 이념은 고효율과 대규모 경제를 추구하는 현대화된 대량 생산과 다소 어울리지 않는다. 그렇다면 왜 오늘날 제조강국 건설의 배경에서 우리는 '장인정신'을 새롭게 주창하고 있는가? '장인정신'을 새롭게 고취하는 것은 우리나라가 제조대국에서 제조강국으로 전환하는 데의 주 요소이다.

현대적 의미의 '장인정신'은 전통 수공업 장인의 '느리고 세밀할 작업'의 구체적인 운영적 함의를 지양하고, 현대 산업 노동자가 업무에 진지하게 집중하고 더 열심히 노력하는 정신으로 추상화된다. 현재 중국은 산업대국이 되었지만 산업대국은 아닌 기본적인 국가 상황에서 중국의 제조업 발전 전략은 양적 확장에서 질적 향상으로 시급히 전환되어야 하며, 더욱 잘하려고 애쓰는 '장인정신'은 바로 고품질 '메이드 인 차이나'의 문화적 기반이다. 더 잘하려고 애쓰는 정신에 힘입어 현대 산업 노동자는 기술 향상을 추구하여 공정 혁신, 제품 혁신 및 품질 개선을 촉진하기 위해 끈질기게 노력할 것이다. 오늘날 세계의 제조 강국은 모두 '장인정신'을 매우 중시한다. 독일과 일본의 제조 강국의 지위는 산업 노동자의 '장인정신'과 불가분의 관계가 있다. 미국와 같은 나라에서도 혁신의 원천은 전념하고 더 잘하려고 애쓰는 '장인정신'에 뿌리를 두고 있으며, '장인정신'은 '위대한 전설을 만드는 중요한 힘'으로 간주된다.[4]

'장인정신'은 일반적으로 산업 노동자의 직업 정신을 의미하지만, 지금은 모든 분야에서 더 잘하려고 애쓰는 직업 정신을 가리키는 것으로 해석할 수 있다. 또한 현재 제조강국 건설의 배경에서 현대 산업 노동자가 '장인정신'을 가져야 한다고 제창하는 것은 현대 산업 노동자에게 더 높은 사

4 황군혜, <장인 정신의 상실과 리모델링(工匠精神的失落与重塑)>, 『광명일보』, 2016.6.29.

회적 지위와 가치를 부여하는 또 다른 중요한 의미를 무시할 수 없다. '장인정신'을 가진 산업 노동자는 더 이상 현대 대향 생산 시스템의 '나사못'이 아니라 제조 과정 전반에 걸쳐 주도적인 힘을 가진 '공장'이자 '장심'을 가진 산업 '예술품'의 '거장'이며 종사하는 직업은 자랑스럽고 숭상할 만한 직업이다.

고대 루반과 푸딩에서 중화인민공화국 수립 후 '8급공(八级工, 8급 노동자)'에 이르기까지 중국은 줄곧 '장인정신'에 대한 추앙이 많다. 1956년에 제정되고 개정된 기업의 8급공 기술 등급 시스템은 기업 노동자와 사회 전체의 인정을 받았으며 '8급공'는 노동자의 평생 분투의 목표가 되었다. '8급공'이란, 스승을 더 잘 모시거나 더 잘하려고 애쓴다는 뜻으로, '8급공' 제도는 '장인정신'을 뜻하는 것이라고 할 수 있다.

그러나 최근 몇 년 동안 '장인정신'의 계승과 진흥에 도움이 되지 않는 사회경제적 환경요인이 많이 등장하고 있으며, '장인정신'의 계승과 진흥을 위한 제도적 기반이 점차 약화되어 현대 산업 노동자의 '장인정신'이 상실되기 시작했다. 첫째, 산업적 관점에서 볼 때 중국의 산업화 과정이 중후반, 특히 산업화 후기에 접어들면서 서비스 산업을 광범위하게 적극적으로 발전시키는 전략 지도하에 중국 경제는 조기 '탈공업화'의 징후를 보였고, 정책, 자금, 인재 등 다양한 자원의 '탈실향허' 문제가 점점 더 심각해지고 있으며, 거의 근절할 수 없는 고질병이 되었다. 제조업의 위상, 특히 제조업이 혁신적인 국가 건설에 갖는 의미가 제대로 주목받지 못했고, 이로 인해 제조업에서 비롯된 '장인정신'도 말할 거리도 없게 되었다. 둘째, 제조업 자체의 발전의 관점에서 볼 때 저비용 추월형 전략에 따라 생산 규모에 주의를 기울이고 제춤 품질을 소홀히 하며 제품의 고품질을 보장할 수 있는 생산 및 제조 동적 능력에 대한 관심과 육성이 부족하다. 이른바 '스마일링 커브'를 잘못 해석하여 제조 단계의 가치가 크게 과소평가되었고, 마케팅 기술에 대한 관심이 제조 단계의 생산 공정 개선 및 품질 향상에 대한 관심보다 훨씬 높았다. 동일한 제품의 '스마일링 커브'가 품질 차이로 인해 완전히 달라질 수 있음을 인식하지 못했고, 고품질 제품의 '스마일링 커브'는 '사일런트 커브' 혹은 '새드 커브'가 될 수 있으며, 더 잘하려고 애쓰는 '장인정신'으로 인한 고부가가치는 인식되지 못했다. 셋째, 사회적 환경의 관점에서 볼 때, 현대 산업 노동자의 주체 중 하나인 농민공은 시민화 과정이 느리기 때문에 사회적 지위가 크게 향상되지 않았으며, 현대 산업 노동자의 기술 노동자 그룹도 최근 몇 년 동안 사회적 지위가 제대로 향상되지 않아 중산층의 일부가 되지 못했다. 대학생의 직업 선택 중 금융업은 대부분의 사람들이 가장 먼저 선택하는 분야로 2011부터 2015년까지 금융업의 정규직 취업자는 100만 명 증가했고 중국 금융업 종사자는 약 600만 명에 이르렀다. 그림 〈10-1〉에서 보는 바와 같이 2016년 베이징대학교와 칭화대학교 졸업생의 취업 방향에 대한 조사에 따르면 금융업이 1위로 두 학교의 졸업생의 약 1/4을 유치했다. 구체적으로 보면 베이징대학교는 26.4%였고 칭화대학교는 21.2%였는데, IT, 교육, 과학 연구, 공공 관리 및 제조 분야보다 훨씬 높았다. 칭화대학교는 제조업을 종사하는 졸업생의 수가 7.4%에 불과하다.[5] 제조업에 들어가더라도 대부분의 사람들은 먼저 행정 관리 및 마케팅 업무를 선택하며 기술 노동자는 어쩔 수 없는 선택이 된다. 사회학자들의 인구조사 데이터 분석에 따르면 2000년부터 2010년까지 10년 동안 중국 사회의 직업 구조에서 기술 노동자의 비율은 11.2%에서 9.8%로 1.4% 감소한 반면 마케팅 그룹과 사무원은 2.9%에서 13.34%로 10.44% 증가했다. 기술 노동자의 사회적 지위는 중산층의 지위뿐만 아니라 마케터 및 사무원보다 훨씬 낮다. 산업 노동자의 사회적 지위가 지속적으로 하락하는 환경에서 '장인정신'의 점진적인 부재는 피할 수 없다.

---

5 데이터는 베이징대학교과 칭화대학교의 <2016년 졸업생 취업 품질 보고서>에서 발표된 것이며, 탁현(卓贤), <금융 팽창과 중국 경제 전환(金融膨胀与中国经济转型)>, 『재정』 2018-13에서 인용됨.

그림 10-1 2016년에 베이징대학교(왼쪽 그림)과 칭화대학교(오른쪽 그림) 졸업생의 취직 구조

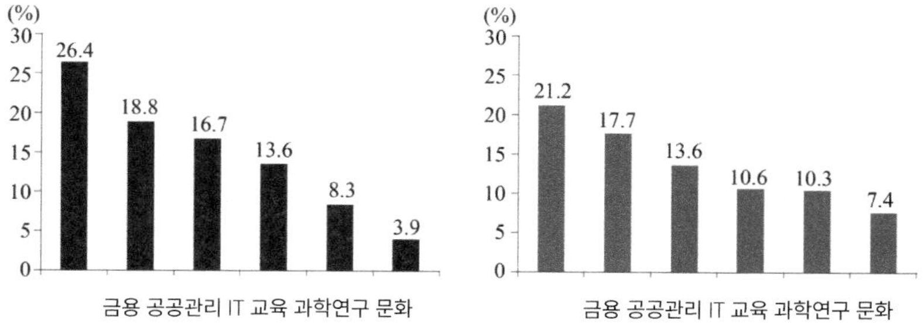

출처: 베이징대학교와 칭화대학교의 <2016년 졸업생 고용 품질 보고서>. Xian, Z. <금융 팽창과 중국 경제 전환>, <재정과 경제> 2018년 13호에서 인용됐다.

정신이나 문화의 육성은 종종 사회 문화 환경과 경제 법률 시스템 간의 상호 작용의 복잡하고 긴 과정을 거쳐야 한다. '장인정신'의 육성은 홍보 및 교육만으로는 충분하지 않으며 일본과 독일의 '장인문화'를 직접 학습하고 이식하는 것도 실현하기 어렵다. 이는 사회문화적 환경변혁과 건전한 이성적 인센티브 제도의 종합적인 작용이 필요하다는 의미이다. 다른 시각으로 보자면, 중국 사회문화환경을 점진적으로 개선하고, 실물 경제의 발전을 중시하며, '장인정신'을 존중하고, 제조업의 발전과 더 잘하려고 애쓰는 이념에 대한 관심을 높여야 한다는 뜻이다. 또한 저비용 추월형 전략 관념의 전환을 촉진하고, 양적 성장을 중시하고 발전의 품질을 무시하는 정부의 치적관을 변화시키며, 품질에 전념하고 더 잘하려고 애쓰는 '장인정신'의 건설을 적극적으로 추진해야 한다. 또한, 인센티브 제도의 보완과 사회문화환경 개선이 병행되어야 한다. 급선무는 '탈실향허'로 인한 '허실불균형'의 구조 문제를 확실히 해결하는 동시에 직업훈련체계, 직업 사회보장, 보수 및 포상제도 등을 개혁하고 보완해야 한다. 특히 완벽한 인

센티브 제도를 강조해야 하는데, 인센티브 제도 시스템의 구축 및 개선을 통해 산업 노동자가 더 잘하려고 애쓰는 행위 습관을 점차적으로 육성하여 제도를 뛰어넘는 행동 준칙과 가치관을 가지게 하고 '장인정신'도 가지게 해야 한다. 즉, 연구 정신에 대한 보상, 혁신 지향 인센티브, 직업 사회보장 등의 각 측면에 대한 행당 인센티브 시스템의 구축 및 개선이 필요하다. 현재 해결해야 할 문제는 '엘리트형' 기술 공정 인재의 양상이며, 고등교육 시스템 개혁을 심화함으로써 중국의 '로우엔드 직업 교육'이 '하이엔드 제조'의 발전 요구를 충족시키지 못하는 공백을 채워야 한다.

이외에도 '장인정신'의 육성에 주의를 기울이는 동시에 '장인정신'과 '기업가정신'의 시너지에 주의를 기울이고 '기업가정신'의 육성과 '장인정신'의 홍보에 협력해야 한다. 지속적인 혁신과 위험을 두려워하지 않는 것은 '기업가 정신'의 핵심 의미이며, 더 잘하려고 애쓰고 저념하는 것은 '장인정신'의 기본 요지이다. 중국 공업기반의 향상은 한편으로는 지속적인 혁신의 '기업가정신'을 육성하고 발휘해야 하며, '기업가정신'으로 제조업체의 전략적 전환을 촉진하고, 나아가 제조업의 중저가에서 중고가로의 전환을 촉진하여 전체 제조업의 품질을 향상시켜야 한다. 다른 한편으로는 더 잘하려고 애쓰고 탁월함을 추구하는 '장인정신'을 육성하고 고양해야 하며, 이러한 더 잘하려고 애쓰는 '장인정신'을 통해 제조 기업의 공정과 기술을 지속적으로 개선하여 제조 제품의 품질과 평판을 지속적으로 향상시켜야 한다. 중국의 제조의 기반을 추진하기 위해서는 혁신 정신을 가지고 제조업의 발전에 전념하는 기업가가 많이 필요할 뿐 아니라 제품의 품질을 향상시키기 위해 더 잘하려고 애쓰고 지속적으로 산업을 혁신하는 노동자도 뒷받침해주어야 한다.

3
산업강기 프로젝트

최근 몇 년 동안 중국은 산업 인프라 건설 문제를 중시하고 '제조강국 전략'에서 산업강기 프로젝트를 특별히 제안했다. 2016년 공업정보화부는 제조강국 건설의 전략적 배치를 구현하기 위해 국가발전개혁위원회, 과학기술부, 재정부, 중국공정원, 국방과학기술공업국, 품질감독검사검역총국, 국가표준위원회 등 7개 부처와 함께 〈산업강기 프로젝트 시행 지침(2016-2020년)〉을 공동으로 발표했다. 해당 지침은 '제조강국 전략'의 10대 중점 분야의 고급돌파와 전통산업의 전환 및 업그레이드의 주요 수요에 초점을 두고 '문제지향, 중점돌파, 생산수요결합, 협동혁신'을 견지하고 기업을 주체로, 응용을 이끌리는 힘으로, 혁신을 동력으로, 품질을 핵심으로 하여 5대 과제에 초점을 맞추고 중점분야의 '일괄' 돌파 행동을 전개하고 주요 제품인 '원스톱' 응용 계획을 실시하며 다수의 산업기술기반 플랫폼을 건설하고 전문적이고 특화된 '소거인' 기업 그룹을 육성하여 '4기' 분야의 군민 통합 발전을 추진하며 시장화된 '4기' 발전 메커니즘 구축에 힘써 제조강국을 건설하기 위한 견고한 토대를 마련한다.

중국 산업강기 프로젝트의 목표는 5-10년의 노력 끝에 중국 제조업의 일부 핵심기초부품(부소품)과 핵심기초소재가 국제선도에 도달하고 선업기술기초체계가 비교적 완전하며 '4기' 발전은 기본적으로 완제품과 시스템의 수요를 충족시키고 완제품 견인 및 기초 지원의 조화로운 발전을 위한 산업 패턴을 형성하여 제조강국 건선 기반을 공고히 하는 것이다. 이에 따르면, 2020년까지 중국의 산업 기본 능력이 크게 향상되고 산업 발전과 조화를 이루며 기술 출발점이 높은 산업기반 시스템이 초기에 구축된다.

구체적으로, '제조강국 전략'의 10대 중점분야를 중심으로 중국의 산업강기 프로젝트를 적극적으로 추진되고 있으며, 지난 2년 동안 산업강기 프로젝트가 지원하는 프로젝트는 10대 중점분야의 많은 측면을 다루었다.

차세대 정보기술 분야는 하이엔드 칩 저항커패시턴스인덕턴스 임베디드 RF 모듈 기판, 56Gbps 고속 커넥터, 고주파 칩 전압 제어 수정 발진기, 광전 모니터링 센서 등 핵심 기초 부품, 초저손실 광섬유, 컬러 포토레지스트, 반도체급 고순도 폴리실리콘 등 핵심 기초 소재, 정밀 및 초정밀 가공공정, 집적회로 제조 공정 등 선진 기초 공정, 전자부품 품질 검사 및 신뢰성 기술 기반 공공서비스 플랫폼, 집적회로 공공서비스 플랫폼 등 산업기술 기반을 포함한다.

고급 CNC 공작기계 및 로봇 분야는 산업용 로봇 베어링, 로봇 비전 센서, 고응답고정밀고속 시리즈 서보 모터, 고급 공작기계용 스핀들 등 핵심 기초 부품, 금속 분말 증재 제조 공정 등 선진 기초 공정, 첨단 용접 공정 및 스마트 용접 기술 장비 개발 및 서비스 플랫폼 등 산업 기술 기반을 포함한다.

항공우주 장비 분야는 항공 블라인드 리벳 등 핵심기초부품, 항공용 고정밀 고온 합금 파이프, 고온 단결정 모합금, 저잔류 응력 항공 알루미늄 합금 소재 등 핵심기초소재, 항공 베어링 테스트 및 식별 공공 서비스 플랫폼 등 산업기술 기반을 포함한다.

해양 공학 및 첨단 선박 분야는 고출력 선박용 구동 체인 등 핵심기초부품, 해양 공학 및 에너지 장비용 특수 강재, 해양 공학용 고강도 내알칼리성 집적 유리 섬유 재료 등 핵심기초소재를 포함한다.

철도 장비 분야는 동차 기어 구동 시스템, 제동 시스템, 철도 교통용 동력 슈퍼커패시터 등 핵심기초부품, 고속 열차 차체 베이스용 7000 시리즈 고성능 알루미늄 합금 구조 소재 등 핵심기초소재 및 도시 철도 열차 통신 및 운행 제어 공공 서비스 플랫폼 산업기술 기반을 포함한다.

에너지 절약 및 신에너지 자동차 분야는 첨단 고효율 전기기계결합구동 시스템, 스마트 네트워크 자동차 운영체제 및 소프트웨어, 승용차용 3세대 휠베어링 유닛, 자동차 경량화 핵심부품 등 핵심 기초부품, 리튬배터리용 고순도 결정 헥사플루오로인산 리튬소재, 자동차용 고급 금형강 등 핵심 기초소재, 경량화 소재 정밀성형 공정 등 선진 제조공정, 자동차 개발 통합 데이터베이스 공공서비스 플랫폼 등 산업기술기반을 포함한다.

전력장비 분야는 유연직류송전시험시스템, 유연직류송전용 제어보호시스템, 자체 3세대 원전기술 핵심센서 및 계기모듈 등 핵심 기초부품, 초임계 화전기세트용 특수 스테인리스강관, 첨단 전기장비용 전기공강 등 핵심 기초소재, 에너지장비 고성능 블레이드 제조공정 등 선진 기초공정, 스마트 그리드 사용자측 제품 개발 검사 및 신뢰성 기술 기반 공공서비스 플랫폼의 산업기술기반을 포함한다.

농업 장비 분야는 주로 대규모 환금작물 수확 기계 유압 시스템의 핵심 기초부품을 포함한다.

신소재 분야에는 650℃ 이상의 고온에 강한 티타늄 합금 소재, 베어링용 고급 베어링 소재, 무석면 복합섬유 등 핵심 기초소재, 탄소섬유 복합재료 시험 공공서비스 플랫폼, 고순도 희토류 검사 서비스 플랫폼 등 산업기술 기반을 포함한다.

바이오의약품 및 고성능 의료기기 분야는 의료용 CT기용 고에너지 X선관 어셈블리, 정전기 영상 현상제용 자성 담체, 혁심 의약품 등 핵심기초부품과 고성능 의료기기 기술 서비스 플랫폼 등 산업기술 기반을 포함한다.

산업강기 프로젝트를 통해 최근 몇 년 동안 중국의 산업 기반 능력이 어느 정도 향상되었으며 그 효과는 뚜렷이 나타났다. 그러나 중국의 산업 기반 능력을 향상시키기 위해서는 아직 갈 길이 멀다. 사실, 중국은 여전히 미국과 같은 지속적인 산업 기반 평가 시스템과 방법이 부족하고 중국의 거대한 산업 기반에 대한 진정한 이해가 과학적이고 충분하지 않기 때문에 중국 각급 정부가 강력한 산업강기 프로젝트를 추진하는 것은 어느 정도 맹목적이라 할 수 있다. 미국은 1년에 두 번 산업기반 조사와 평가를 실시하는데 이는 국방부와 상무부가 각각 군과 민간 차원에서 추진한다. 미국 국방부의 제조업 및 산업기반정책MIBP 사무소는 1997년부터 산업기반의 연간 평가를 도입하여 매년 '연간 산업능력 보고서'를 제출하고 있으며, 2011년부터 평가 프레임워크를 도입하여 산업기반 조사방법을 효과적으로 규제하고 있다. 미국 상무부 산업안전국 기술평가실도 매년 산업기본 조사를 개시해 산업기본능력을 평가하고 핵심제품과 기술의 외국 장악력을 분석하며 수십 년 동안 70개 이상의 연구보고서를 제출했다. 중국의 관련 산업기본능력 조사는 경제 센서스에 더 많이 통합되어 있는데, 2004년에 국가 1차 경제 센서스가 시작되었으며 2018년에는 4차 경제 센서스가 진행되었다. 이는 횟수나 표적성, 포괄성 측면에서 미국의 산업기반 조사와 비교할 수 없다. 따라서 중국의 산업기본능력을 향상시키기 위해 현재 가장 시급한 것은 산업 기본 평가를 위한 시스템과 방법을 구축하는 것이다. 특히, 현재 미중 무역 마찰의 맥락에서의 산업기반 평가 시스템의 구축이 더욱 시급하다. 산업기반 평가를 통해 중국은 산업의 혁신 사슬, 공급망, 산업사슬 및 가치사슬의 분포를 파악할 수 있으며, 이는 유연한 공급망을 구축하고 미국과의 무역 마찰에서 주도적인 위치를 차지하는 데 매우 중요하다.

제11장

전략과 정책

2015년 5월 19일에 중국은 제조강국 건설을 위한 10개년 행동강령을 공식 발표했다. 이는 중국이 제조강국전략을 전면 배치하고 시행하기 시작했음을 의미한다. 중국의 제조강국전략은 그 자체가 산업정책이며, 제조강국전략을 실행하기 위해서는 산업정책 시스템을 통해 이뤄져야 한다. 2016년 말까지 '제조강국전략'의 '1+X' 계획체계가 모두 완료되었으며, 이는 제조강국 건설을 둘러싼 일련의 산업정책체계가 형성되었음을 의미하며, 중국의 제조강국전략은 제안 배치에서 전면적인 실행으로 새로운 단계로 전환됐다. 그러나 제조강국전략을 추진하는 과정에서 몇 가지 문제가 있으며, 제조강국전략을 뒷받침하는 정책 시스템도 약간의 동적 조정이 필요하다.

1
중국 산업정책의 인식

고전적 서양 교과서에서는 재정정책, 통화금융정책, 소득분배정책, 국제무역정책, 농업정책, 노동정책, 반독점정책 등이 경제정책체계의 핵심을 이루고 있으며 산업정책은 찾아보기 어렵다.[1] 산업정책은 1950년대 일본의 실천에서 생겨났으며, 일본의 '경제 기적'에 영향을 미치면서 유럽과 미국 등 선진국들도 산업정책에 관심을 갖게 되었다. 1970년대 들어 OECD가 회원국의 산업정책 문제를 연구하기 시작하면서 산업정책이라는 개념이 세계적으로 받아들여지게 되었다. 일본의 20세기 중반의 '경제 기적'을 산업정책 탓으로 돌리는가 하면, 산업정책의 '주도의'인 통상산업부이 악명이 높다는 지적도 있다. 특히 1970년대 들어 일본 경제의 고도성장이 막바지에 접어들면서 일본 경제학계에서는 기존 산업정책에 대한 반성에 대한 연구가 많이 등장했다.

일본의 산업정책이 중국 학계에 도입된 지 30년이 넘었다. 1985년 4월에 중국인민대학교 출판사에서 발간한 〈산업경제학 가이드〉는 일본의 산업정책을 체계적이고 종합적으로 소개했다. 1986년 2월 양목楊沐 등은 〈경제연구〉에 기고한 글에서 공급관리 강화의 관점에서 중국이 조속히 산

1 진화경제학은 산업정책에 보다 포괄적인 관점을 제공하며 혁신 정책, 연구개발정책, 기술정책, 교육정책, 통화 및 재정정책, 투자정책, 무역정책, 경쟁정책, 산업규제 및 중소기업정책은 모두 진화경제학에 포함될 수 있다. 최근 몇 년 동안 빠르게 발전했지만 아직 경제학의 주류로 진입하지 못한 실정이다. 자세한 내용은 마본(馬本)정신업(鄭新業). <산업정책 이론 연구의 새로운 발전 및 시사점>, <교육 및 연구>, 2018년 8호를 참고한다.

업정책을 연구하고 시행해야 한다고 제안하고 중국 산업정책의 중점과 주의사항을 상세히 분석했다. 사실 당시 학계에서는 일본의 산업정책 도입을 주장했는데, 이는 중국의 산업화 가속화와 급속한 경제 성장 촉진의 요구를 충족시켰을 뿐만 아니라 중국 정부의 계획경제가 점차 철회된 후에도 자원 배분을 계속 지배하고 산업과 기업을 관리해야 한다는 요구 또한 충족시켰다.

일반적으로 산업정책은 정부가 산업구조의 불균형, 낮은 수준의 경제발전 문제를 해결하고 산업전환, 고도화, 최적화 및 발전을 실현하며 급속한 경제성장과 발전을 촉진하기 위해 제정하고 시행하는 관련 정책 및 조치로 비교적 장기적이고 공급측에서 관리하는 경제정책이다.

일본의 실천으로 볼 때 산업정책은 정부가 산업부문 간 및 산업내 자원배분에 개입하되 자원배분에 대한 정부의 직접적인 개입을 최대한 피하는 것을 강조하며 급속한 경제성장을 목표로 하는 기본적 특징을 가진다. 급속한 경제성장을 위해 정부가 산업부문의 자원배분에 개입하는 산업정책의 특징 때문에 산업정책은 자유시장 주도와 정부 주도라는 이데올로기 싸움에 빠지기 쉽다. 사실 현재 중국 경제학계에서 벌어지고 있는 산업정책 도입 여부에 대한 논쟁도 이데올로기 분쟁을 피하지 못하고 있다. 또한 산업정책은 운영 차원에서 정부가 자원배분에 개입할 뿐만 아니라 자원배분에 직접 개입하는 것을 최대한 피하도록 요구하기 때문에 이러한 '정도'를 파악하기 매우 어려우며 이로 인해 합의된 산업정책이 있는지에 대한 의문도 생기기 쉽다.[2]

현재 중국의 산업정책은 정책, 법령, 조례, 조치, 기획, 개요, 지침, 목록

---

2 황군혜, <중국 산업 정책의 기본 특징과 미래 방향(中国产业政策的基本特征与未来走向)>, 『탐구와 쟁명』

지도, 관리방법 및 통지 등을 포함한 다원적이고 다양한 정책 체계로 발전했으며 심지어 정부 업무보고, 부서결의, 회의록, 지도자의 지시 등에도 실질적인 영향을 미친다. 지금까지 다년간의 실천을 거친 중국의 산업정책은 산업구조정책, 산업조직정책, 산업배치정책, 산업기술정책 등 다양한 정책을 포함하는 역동적이고 복잡한 정책조합으로 발전했다. 산업구조정책은 산업구조의 발전규율에 따라 산업구조의 고급화를 추진하여 국민경제발전을 실현하는 정책이다. 산업조직정책은 산업조직의 합리화를 실현하고 효과적인 공정한 시장경쟁을 형성하기 위한 여건을 조성하는 정책이다. 또한, 산업배치정책은 생산요소의 지역배치 합리화효율화를 촉진하기 위해 실시하는 각종 정책이다. 예를 들어, 각종 단지정책은 이러한 산업배치정책으로 분류할 수 있다. 마지막으로 산업기술정책은 국가가 제정한 산업기술의 진보를 유도추진관여하기 위한 정책의 총합을 말한다. 현실에서는 종종 충돌이 발생하지만, 이론적으로 보면, 이 네 가지 정책은 서로 협력해야 하며 정책 메커니즘은 양립할 수 있어야 한다. 또한 중국은 발전단계와 정부 수준에 따라 산업정책에서 이 네 가지 유형의 정책의 구체적인 함의가 다르며 산업정책의 초점도 달라 산업정책 조합의 역동성을 반영하여야 한다.

이와 관련하여 몇 가지 대표적인 산업정책을 나열할 수 있다. 1989년 3월 국무원은 〈현재 산업정책의 요점에 관한 국무원 결정〉(국발[1989] No.29)을 발표하여 올바른 산업정책을 수립하고 국가 경제의 다양한 영역에서 지원과 제한의 초점을 명확히 하는 것이 산업 구조를 조정하고 거시적 통제를 수행하는 중요한 근거라고 지적했다. 산업정책의 제정과 시행은 개혁과 발전, 계획과 시장을 유기적으로 결합하는 데 유리하며, 중국 국민경제의 장기적이고 안정적인 발전을 촉진하는 데 중요한 의의를 가진다. 1997년 12월 국무원의 비준을 거쳐 국가발전개혁위원회는 〈현재 국가 중점적으로 발전을 장려하는 산업, 제품 및 기술 목록(시범)〉을 발표하고

2000년 7월에 이 목록을 수정했다. 2002년 6월 국가경제무역위원회, 재정부, 과학기술부, 국가세무총국이 공동으로 〈국가산업기술정책〉을 발표하고 2009년 5월 공업정보화부가 기타 부위원회와 공동으로 〈국가산업기술정책〉을 다시 발표하였다. 이 정책은 관련 산업의 자주적 혁신능력 향상을 촉진하고 산업구조 최적화 및 산업기술 고도화를 실현하기 위해 중국의 산업화와 정보화 촉진에 중점을 두고 있다. 2005년 11월에 국무원은 〈산업구조조정촉진에 관한 잠정규정〉을 공포하고 시행하기로 결정했다. 2005년 12월 국무원은 국가발전개혁위원회의 비준을 거쳐 〈산업구조조정지도목록(2005년)〉을 발표했고, 2011년 3월, 2013년 2월 및 2016년 3월에 각각 이 목록을 수정한 바 있다. 2008-2009년 금융위기 동안 국제금융위기가 중국 실물경제에 미치는 영향에 대처하기 위해 국가발전개혁위원회와 산업정보화부는 관련 부서와 함께 철강, 자동차, 선박, 석유화학, 방직, 경공업, 비철금속, 장비제조업, 전자정보 및 물류업의 10대 중점산업에 대한 조정 및 활성화 계획을 발표했는데, 이는 국제금융위기에 대응하고 성장을 보장하고 내수를 확대하며 구조를 조정하는 중요한 조치가 되었다.[3]

산업 내용의 관점에서 볼 때 중국 산업 정책의 초점은 정부가 보조금, 조세, 법규 등의 형식을 통해 특정 산업의 발전을 직접 지원, 지지, 보호 또는 제한하여 산업 구조의 전환 및 업그레이드를 가속화하고 경제 추월을 실현한다. 중국 산업 정책은 국유 대기업 지원, 기업 합병 장려, 집중도 향상, 과잉 생산 억제 및 과당 경쟁 방지, 전략적 신흥 산업 보조금 및 기술 혁신 장려 등을 선호하는 경향이 있다. 이는 선택적 산업 정책 또는 수직적 산업 정책으로 분류될 수 있으며 시행 강도가 비교적 강하다. 그러나 인적자원 훈련, 연구개발 보조금, 시장 서비스 등을 통해 전반적인 산업 발

---

3 황군혜, <개혁개방 40년 이래 중국 산업 발전과 공업화 과정(改革开放40年中国产业发展与工业化进程)>, 『중국산업경제』 2018-9.

전의 기본 기능을 개선하여 산업 경쟁력을 높이는 산업 정책, 이른바 기능성 산업 정책 또는 수평 산업 정책의 채택은 상대적으로 적다. 구체적으로 중국 산업 정책의 주요 도구는 크게 두 가지 유형이 있다. 하나는 시장 접근에 대한 제한적인 심사 비준을 통제하는 것이다. 심사 비준의 원칙은 보장은 물론 억제도 있으며 우수자와 강자를 우선 지원하는 것이다. 심사 비준 범위는 모든 중점산업을 포함하며 심사 비준의 내용은 다양한 기술 및 경제를 연결하는 것에 초점을 둔다. 다른 하나는 신흥 산업 또는 전략 산업을 식별하고 세금 감면, 토지 공급 및 기타 혜택을 통해 발전을 장려한다. 정책수단으로는 조세감면 혜택(기업소득세 및 부가가치세 감면, 수입 단계의 관세 및 부가가치세 감면 등), 직접재정보조금(연구개발 직접보조금, 자본금 투입, 대출이자 할인, 각종 투자기금을 통한 지분투자, 토지이용 보조금 등), 기술개조 및 장비갱신 인센티브(기술변경할인대출, 감가상각연수 단축, 선진장비 수입세 감면 등), 특별허가수수료(기반산업에 대한 특허수수료, 가격외과세 등), 무역관련 투자조치(외자기업 조달의 국산화비율 요구), 수출지향 및 수입대체보조금, 정부이전가격 보조금 등이 있다.

실시효과로 볼 때 중국 산업정책의 유효성에 대한 실증연구는 서로 다른 결론을 가지고 있다. 예를 들어, 산업정책의 도입과 시행이 지방산업구조의 합리화와 고도화를 현저하게 촉진시킨다는 실증연구도 있고 산업정책의 실시가 자원배분의 효율을 떨어뜨린다는 실증연구도 있다. 그러나 지금까지 중국은 급속한 산업화 과정과 경제 성장을 달성했으며 이는 중국의 산업정책이 전반적으로 성공했음을 객관적으로 보여준다. 즉, 전반적으로 보면 산업정책은 중국이 산업화 과정을 신속하게 추진하고 산업의 전환과 업그레이드를 촉진하며 경제를 따라잡는 데 중요한 역할을 했다. 그러나 중국의 산업정책은 시장에 개입하고 시장 메커니즘 형성에 영향을 미치는 문제가 있어 장기적인 효과와 단기적인 효과가 모순된다. 예를 들어, 최근 몇 년 동안의 신에너지차 보조금 정책은 신에너지차에 대한 과도한 인센티브로 인해 대규모 '보조금 편취' 문제가 발생했다. 예를 들어, 정부가 정한 산업방향과 기술노선이 시장수요에 부합하지 않아 막대한 손실을 초래하고, 강력한 인센티브로 인해 기업이 우르르 몰려들어 과당경쟁과 과잉생산을 형성할 수 있다. 또한 자원배분에 대한 정부의 과도한 권한으로 인해 임대 및 부패행위도 발생할 수 있다.

일본이 고도성장을 거치면서 1970년대 후반부터 산업정책을 반성하기 시작한 배경과 비슷하며, 현재 중국은 이미 산업화 후기에 접어들었고, 경제는 성장 둔화, 구조 우위화, 동력 전환이라는 뉴노멀의 특징을 보이고 있다. 즉, 중국도 오랫동안 시행해 온 선택적인 산업정책을 진지하게 검토할 때가 되었다. 이를 산업화 과정의 관점에서 볼 때 산업화 초기 및 중기 단계에서 후발국의 요구에 따라 선택 산업 정책이 실제로 중요한 역할을 했으며 특히 중화학 주도 산업의 발전을 촉진하는 데 큰 역할을 했다. 그러나 산업화 후기에 접어든 중국은 요소 중심에서 혁신 중심 경제로의 뉴노멀에 진입하여 경제 성장률은 고속에서 중고속으로 전환되었고 모방경쟁적 소비 단계는 기본적으로 종료되었으며 저비용 비교 우위는 더 이상 가능하지 않게 되었다. 시장 경쟁은 저비용에서 차별화로 전환되었으며 도입, 모방 및 학습을 통해 얻은 후발적 이점은 점차 고갈되고 요소 규모의 원동력은 약화되며 경제 성장은 인적 자본의 품질과 기술 진보에 더 의존할 것이다. 이러한 배경에서 중국이 오랫동안 채택해 온 강력한 선택 산업정책의 부적응이 점점 더 두드러지고 있으며, 시장경쟁질서의 개선을 장려하고 혁신을 장려하는 것을 기본지향으로 하는 기능적 산업정책의 의의가 더욱 두드러지고 있다. 한편, 산업구조, 산업조직, 산업배치 및 산업기술정책의 분류에 따라 산업구조의 형성에 직접 관여하는 산업구조정책의 중요성은 날로 감소하고 있으며, 산업조직의 합리화를 강조하는 산업조직정책과 혁신을 장려하는 기술혁신정책의 의의가 더욱 두드러지고 있다.

마찬가지로 중국의 시장화 개혁 과정의 관점에서 볼 때 30년 이상의 시장화 개혁을 거쳐 중국의 시장화 시스템도 나날이 개선되고 있다. 정부의 경제 규제 수단으로서 산업 정책도 변화해야 한다. 2015년 10월 12일 〈중국공산당 중앙국무원의 가격체제 개혁 추진에 관한 몇 가지 의견〉이 발표되었으며 해당 〈의견〉에서는 시장 가격 감독 및 반독점 법 집행을 강화하고 경쟁 정책의 기본 위치를 점진적으로 확립하며 경쟁 정책과 산업, 투자 및 기타 정책의 조정 체제 구축을 가속화해야 한다고 명시했다. 이는 시장화 개혁의 요구 사항으로 볼 때 경쟁정책은 기본 지위이고 산업정책은 경쟁정책과 조화를 이뤄야 한다. 오랫동안 중국에서 시행되어 온 정부의 선택과 특혜 조치를 기반으로 한 산업정책 방향은 새로운 시기에 보편적이고 공정한 경쟁과 과학 기술 진보를 촉진하는 산업정책 방향으로 전환됨으로써 경쟁정책의 기본 지위의 점진적인 실현을 촉진해야 한다.

중국 제조업 발전의 관점에서 볼 때 기존 산업정책은 새로운 환경과 전략 배치에 따라 정책 적용 대상, 정책 도구 및 정책 적용 메커니즘 측면에서 적시에 조정되어야 하며 보다 합리적인 산업정책 시스템, 과학적인 산업정책 내용 및 효과적인 산업정책 시행 메커니즘을 통해 중국 제조업의 발전을 촉진해야 한다. 〈표 11-1〉은 향후 중국의 제조업 발전을 위한 산업정책 조정의 주요 내용을 나열한다.

표 11-1 중국 제조업 산업정책의 미래 조정의 주요 내용

정책과 분야		이전 정책의 초점	미래조정방향
연구 개발 지원 정책	지원 분야	대규모 생산과 조립, 기술 개선	복잡한 제품 집적, '산업 4기', 과학기술 인프라 건설
	지원 방식	사후지원	사전지원
기술 개조 정책	지원 분야	설비구입 보조금	대기업 '마더팩토리' 건설, 중소기업기술향상
	지원 및 서비스 방식	자금지원	자금지원+현장관리 및 기능향상 서비스, 평가 과정 투명성 향상

산업조직 정책	중점 지원 대상	대기업	첨단 기술을 돌파한 대기업, 스타트업과 하이테크 중소기업
	기업주체	국유기업은 주로 산업 정책의 도구로 삼는다	시장경제에 대한 국유 기업의 보완 및 증강 작용을 다욱 잘 발휘한다.
지역 정책	지역간 경쟁 대상	경제규모	지속 가능한 성장 능력
	지역간 경쟁 방식	요소가격왜곡	경영환경 개선, 공공서비스 능력 향상
개방 정책	국제직접투자정책중점	외자도입	해외진출, 글로벌 하이엔드 요소 통합 활용
	무역정책	수출확대	구조적인 시장, 특히 고급 시장 수출에 주목
인재 정책	정책의 중점	엘리트형 관리인재와 연구개발인재	엘리트형 관리인재와 연구개발인재, 엔지니어와 고기능 노동자
	스킬 업	기술 학교를 주체로 하는 통용 기능 훈련	기술학교+연구형 대학교+기업+공공서비스 기관'의 평생학습제도

출처: Qunhui, S. & Xiaohua, L. <중국 산업발전 '십이오' 평가와 '십사오' 전략>에 따라 정리한다. <중국 공업 경제> 2015년 9호.

2
제조강국전략의 제시

2015년 5월 19일, 중국은 중국 제조업에 대한 가장 포괄적이고 강력적인 산업 정책인 '제조강국전략'을 공식적으로 발표했다. '제조강국전략'의 본질은 중국이 신新 산업혁명 물결에 대응해 세계 선진국의 통용되는 관행을 배우고, 자신들의 산업 발전 단계에 따라 제시한 제조업 고도화 계획이다. 이 주요 제조 전략 계획의 도입에는 적어도 다음 두 가지 배경이 있다.

첫째, 새로운 산업혁명의 수요에 대응하는 것이다. 20세기 후반부터 세계는 정보화와 산업화의 융합을 기본 특징으로 하는 새로운 과학기술과 산업혁명을 육성하고 발전시켜 왔음에 따라 파괴적인 기술이 계속 등장하고 산업화 과정이 가속화되며 새로운 산업 조직 형태와 비즈니스 패러다임이 끊임없이 등장하고 있다. 어느 나라도 새로운 산업혁명에서 도태되고 싶지 않기 때문에 글로벌 금융위기 이후 신산업혁명의 물결에 맞서 세계 각국은 '재산업화 전략'을 내놓았다. 예를 들어, 미국은 '미국 제조업 르네상스 재건 계획', '신진제조업 파트너십 계획', '신진제조업 국가 전략', '제조업 혁신 네트워크 프로그램' 등 제조업 발전을 지원하기 위한 전략 계획이나 정책법안을 잇달아 내놓았다. 독일과 프랑스도 신산업혁명을 대응하기 위해 각각 '산업 4.0', '34개 미래 신산업 계획'이라는 정책을 내놓았다. 이런 배경에서 중국은 총생산량 세계 1위의 산업대국으로서 선진국의 관행을 배우고 신산업혁명의 도전에 적극 대응하며 중국 제조업의 고도화를 추진해야 한다.

둘째, 중국 제조업 자체의 전환, 업그레이드 및 발전의 수요이다. '12차 5개년 계획'에 진입한 후 중국은 전체적으로 산업화 후기 단계에 진입했다. 산업화 단계의 변화에 적응하면서 중국의 기본 경제 정세도 농업 경제 대국에서 산업 경제 대국으로 진입했으며 중국은 세계에서 이미 가장 큰 산업 규모를 가진 국가가 됐다. 그러나 산업 부가가치율, 노동 생산성, 혁신 능력, 핵심 기술 보유, 핵심 부품 생산, 글로벌 가치 사슬 연결, 고급 산업 비율 등의 측면에서 중국의 산업은 산업은 크나 강하지 않은 실정이며, 이러한 관점에서 보았을 때 중국은 산업대국이나 산업강국이 아니다. 산업화 후기 단계에서 중국은 기술 혁신을 통해 산업 구조의 전환 및 업그레이드에 대한 새로운 요구 사항을 제시했다. 산업, 특히 제조업은 기술 혁신의 원천이자 기술 혁신의 작용자로 제조업의 '대'에서 '강'으로의 전환이 없으면 경제의 전환 및 업그레이드를 이룩하지 못할 것이다.

이런 인식 때문에 중국은 '제조강국전략'을 10년 행동강령으로 내세운 제조강국전략을 내놓았다. '제조강국전략'은 전면성, 체계성, 장기성, 국제경쟁성을 갖춘 전략계획문서로 국내 국제경제사회발전, 산업변혁의 큰 추세에 착안한 장기적인 전략성 계획과 첨단산업, 기술진보의 로드맵이다. 이 계획은 새로운 과학기술혁명과 산업변혁에 대응하여 제조업의 혁신발전을 촉진하는 것을 주제로 품질증가를 중심으로 차세대 정보기술과 제조업의 융합을 가속화하는 것을 주선으로 스마트제조 추진을 주요 방향으로 하여 경제사회발전과 국방건설의 중대기술장비 수요를 만족시키는 것을 목표로 한다. 이 계획은 새로운 과학기술혁명과 산업 변혁에 대응하고, 제조업의 혁신발전을 촉진하며, 품질 및 효율성 향상과 차세대 정보 기술과 제조업의 융합의 가속화, 스마트 제조, 경제 사회 발전과 국방 건설의 주요 기술 장비 수요 충족을 주요 목표로 하고 있으며, 국가제조업혁신센터 건설, 스마트제조, 산업강기, 녹색제조, 첨단장비 혁신의 5대 프로젝트를 시행하여 차세대 정보기술, 고급 수치제어 공작기계와 로봇, 항공우주장비, 해양공학장비 및 첨단선박, 선진궤도교통장비, 에너지절약 및 신에너지차, 전력설비, 농기계장비, 신소재, 바이오 의약 및 고성능 의료기기의 10대 핵심분야의 미래 발전을 명확히 하여 산업변혁과 업그레이드를 촉진하고 중국이 공업강국에서 공업강국으로의 전환을 실현한다. 또한, '제조강국전력'은 중국이 제조강국전략을 실현하기 위한 '삼보주(三步走, 3 단계)'의 전략적 목표를 제시했다. 첫번째 단계는 2025년까지 10년 내에 제조강국의 대열에 진입하도록 노력한다. 두 번째 단계는 2035년까지 중국 제조업 전체가 세계 제조강국 진영의 중간 수준에 도달한다. 마지막 세 번째 단계는 중화인민공화국 건국 100주년 때 제조업 강국의 위상이 더욱 공고해지고 종합력이 세계 제조강국의 선두에 진입할 것이다.

제조강국전략의 첫걸음 행동강령인 '제조강국전략'의 전면 시행은 세분화된 기획체계와 지원정책을 전제로 한다. 이후 1년여 동안 각 관련 부처는 '제조강국전략' 중점분야 기술로드맵, 제조업혁신센터 건설스마트제조산업강기녹색제조고급장비 혁신의 5대 프로젝트에 대한 시행지침, 서비스형 제조를 발전시키고 제조업 품질브랜드 향상을 촉진하기 위한 두 가지 특별행동지침, 의약공업신소재산업정보산업의 3개 산업발전지침 및 제조업 인재발전계획지침 등 총 11개의 계획지침을 발표했다. 이 외에 국무원은 〈제조업과 인터넷 융합발전의 심화에 관한 지도의견〉, 중국 인민은행 등 관련 부처는 〈제조강국 건설을 위한 금융지원 지도의견〉 등의 정책문서도 발행했다. 이후 각급 지방정부도 현지 제조업 발전에 따라 '제조강국전략'을 실천하기 위한 현지 발전계획을 내놓기 시작했다. 이에 발 맞추어 지난 3년 동안 '제조강국전략'과 '1+X' 정책체계의 지도하에 5대 프로젝트와 중점 랜드마크 프로젝트에 초점을 맞추고 전국적으로 다양한 시범사업을 추진하여 제조강국전략의 실시를 전면적으로 전개하였다.[4] '제조강국전략'에 관한 구체적인 시행 프레임워크는 〈 그림 11-1 〉과 같다.

4 황군혜, <제조 강국 전략의 새로운 단계 전면 실시(全面实施制造强国战略新阶段)>, 『경제일보』, 2017.5.19.

그림 11-1 중국 제조 강국 건설의 전략과 행동 틀

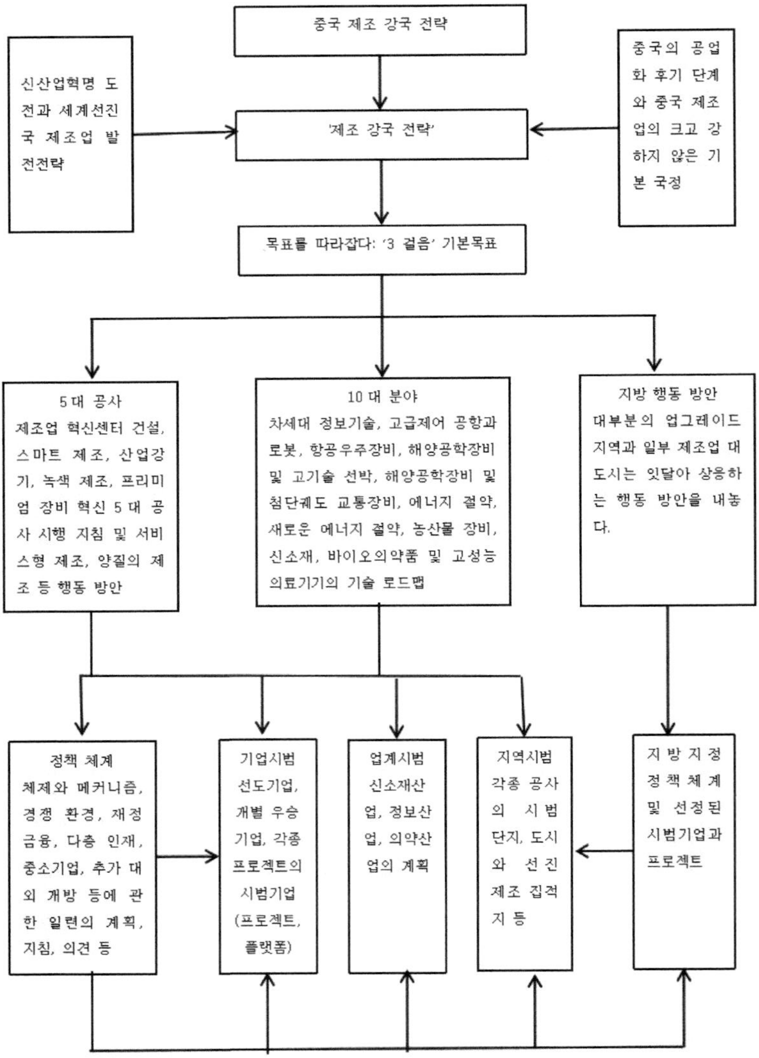

출처: 이 그림은 저자가 관련된 자료를 바탕으로 작성한 것이다.

'제조강국전략'이 제시되고 시행된 지 얼마되지 않았지만 제조업 발전과 중국 경제의 전환 및 업그레이드에 있어 제조강국전략의 중요한 의미가 나타나기 시작했다. '제조강국전략'이 중국에서 전면 시행됨에 따라 제조업 혁신센터 건설이 긍정적인 진전을 이루었고 혁신능력이 지속적으로 향상되고 있다. 스마트 제조는 고도로 중시되었고 제조업의 디지털 네트워크화 정도 역시 지속적으로 향상되고 있다. 핵심기초부품(부속품), 핵심기초소재, 선진기초공정 및 산업기술기반을 중심으로 한 산업강기 프로젝트는 중요 프로젝트 건설과 중점산업의 발전에 대한 강력한 지원을 제공했다. 녹색제조 개념이 대중화되었고 녹색제조 시스템도 점차 심화되었다. 고급 제조 프로젝트도 현저한 발전을 보이며 첨단장비 혁신 성과가 갈수록 증가하고 있다. 또한 서비스형 제조가 빠르게 발전하여 산업 통합으로 인한 뉴 패러다임과 뉴 비즈니스가 계속 등장하고 있다. 전반적으로 중국 제조업의 전환과 업그레이드가 크게 가속화되었으며 제조업의 전반적인 역량이 효과적으로 향상된다. 일부 주요 제조업 혁신 성과는 돌파구를 마련했다. 예를 들어, 중국 최초의 플렉시블 복합 산업용 로봇 개발 및 연간 50대 산생 능력 달성, 최초의 국산 대형 항공기 C919 시범 비행 성공, 세계 최대 단일 전차 망원경 구축 완료, 세계 최대 유전자 은행 운영, '선저우 11호神舟十一號' 및 '톈궁 2호天宮二號' 도킹 완료, 최초의 국산 항공모함 진수, 고정밀수치제어연삭기다축정밀대형공작기계수치제어프레스라인 등의 제품의 세계 선진의 대열 진입, 자체 개발한 무인 잠수함 '하이터우海鬥'는 중국이 미일에 이어 10,000m급 무인 잠수함을 개발한 세번째 국가, AG600 수륙양용 대형소화구조기 첫 수상 시범 비행 성공 등이 있다. 동시에 항공 엔진 및 가스터빈, 고급 CNC 공작 기계 및 기본 제조 장비, 무선 이동통신, 핵심 부품, 고급 칩 및 기본 소프트웨어와 같은 다수의 주요 프로젝트가 시작됐다.

제조업은 강대국의 기초이자 흥국의 무기이며 입국의 기초이다. 제조강국전략은 중국 경제의 장기적이고 안정적인 발전에 큰 의의가 있다. 제조강국전략의 의미는 결코 제조업 발전 자체에만 있는 것이 아니라 제조업 발전이 보여주는 전체 경제발전에 대한 혁신적 구동 가치이다. 3년여에 걸친 제조강국전략의 시행은 중국 경제의 신구동력 전환, 경제구조 최적화에 중요한 역할을 했다. 중국은 중간 소득 단계에 있으며 동아시아 국가들의 경험과 중남미 국가들의 교훈은 '중진국의 함정'에 빠지지 않으려면 제조업의 총요소생산성 향상을 중심으로 산업 구조의 최적화 및 업그레이드를 지속적으로 추진해야 한다. 중의약제조업, 항공, 우주선 및 장비제조업, 전자 및 통신장비제조업, 컴퓨터 및 사무장비제조업, 의료기기 및 계기제조업, 정보화학공업의 6대 하이테크 제조업의 증가속도는 제조업의 전체 증가 속도보다 높았다. 증가 속도는 2015년 10.2%, 2016년 10.8%, 2017년 13.4%, 2018년 11.7%로 각각 그 해 전체 경제증가속도에 3.3%, 4.1%, 6.5%, 5.2% 높아 제조강국 건설이 전체 경제발전에 미치는 중요한 의의를 충분히 보여줬다.

2018년 들어 미국 정부는 중국의 기술진보와 제조업 발전을 압박하기 위해 '제조강국 전략'에 대해 정부보조금, 강제기술이전 등 각종 비난을 제기하고 있으며, 이에 대해 '제조강국 전략'에 대한 네 가지 인식을 더욱 명확히 할 필요가 있다.

첫째, '제조강국전략'은 본질적으로 중국이 신산업혁명의 물결에 대응하고 세계 선진국의 일반적인 관행을 학습하기 위해 자체 산업 발전 단계에 따라 제시한 제조업 업그레이드 계획이다. '제조강국전략'은 스마트 제조를 주요 대상으로 삼는데, 이는 미국의 〈선진 제조업 파트너십 프로그램〉은 '산업 인터넷', 독일의 〈산업 4.0〉은 '사이버물리시스템CPS'을 각각 주요 대상으로 삼는 것과 다름없다. '제조강국전략'은 10대 중점분야를 확정하는 것도 미국의 〈선진 제조업 파트너십 프로그램〉이 차세대 로봇선진소재금속가공바이오제조대체에너지 등 분야를 확정하는 것과 비슷하며 목표는 모두 미래 산업 발전 방향을 선도하기 위해서이다.

둘째, 중국은 '제조강국전략'을 수립하든 '제조강국전략'을 시행하든 시장 주도 원칙을 고수하고 있다. 중국 정부가 시장 주도 원칙을 택해 '제조강국전략'을 추진하는 것은 외압이 아니라 시장 주도 원칙 없이는 중국 제조업의 고도화와 신산업 혁명의 도전에 효과적으로 대응할 수 없다는 믿음 때문이다. 중국은 이미 산업화 후기에 접어들어 요소 중심에서 혁신 중심 경제 뉴노멀로 진입했다. 이러한 배경에서 시장은 자원 배분에서 결정적인 역할을 한다는 시장 주도 원칙을 견지하고, 시장 경쟁 질서를 완비하는 경쟁 정책의 기초적 지위를 견지하는 것은 혁신을 장려하는 데 더욱 유리하며, 중국 제조업의 업그레이드와 신산업혁명을 더욱 촉진할 수 있다. 미국의 〈대중국 301조 조사 보고서〉가 지적한 '제조강국전략'에서 제시한 '자율보호비율'에 대한 지표 달성 요청이든, 학계 전문가들이 〈제조강국전략, 중점분야 기술혁신 그린북 - 기술 로드맵(2017)〉에서 제기한 시장점유율자율화율 등의 목표이든 예측성정보주도성 지표일 뿐 정부가 설정한 정책 목표가 아니다. 또한 어떤 강제성도 없으며 정부의 관련 정책, 자금투입 등과 연계되지도 않는다. 이는 시장 주도 원칙에 따른 정부의 지도일 뿐이며 외국에서도 드문 일이 아니다.

셋째, '제조강국전략'은 기술혁신 능력 향상을 통해 중국 제조업의 대大에서 강强으로의 전환을 추진해야 하지만 이 과정에서 중국 정부의 주요 역할은 기술이전에 직접 개입하는 것이 아니라 개방적이고 협력적인 기술혁신 생태계를 구축하는 것이다. 보조금, 세제 혜택, 이자 할인 등의 지원 정책도 채택하지만, 주로 실질적인 첨단 기술, 신흥 기술, 공통 기술 및 중소기업의 혁신 분야를 대상으로 한다. 실제로 미국의 〈제조업 혁신 네트워크〉에서도 여러 중점분야에 15개 이상의 국가제조업혁신연구소IMI를 건설해야 한다고 제안했으며, 연방정부는 프로젝트가 시작되는 5-7년간 7000만-1억2천만 달러를 지원하겠다고 밝혔다. '제조강국전략'도 시장이 효과적으로 기능하기 어려운 분야에서 정부의 지도를 통해 돌파구를 마련하기 위해 제조업혁신센터를 건설할 것을 제안했다. 중국 정부는 '제조강국전략'을 추진하는 과정에서 국내외 투자 기업을 동일시하고 있다. 많은 미국 기업이 '제조강국전략'의 구현에 참여했으며, 예를 들어, 조지아 공과대학교와 국가적층제조혁신센터는 공동 연구 및 인재 양성을 위해 협력하였고 GE 회사와 하얼빈전기그룹은 가스터빈 제조 분야에서 협력을 진행했다. 제조혁신센터 설립 측면에서 국가동력배터리혁신센터는 캐나다 웨스턴대학교와 공동으로 공동실험실을 설립했으며 국가적층혁신연맹은 이미 3개의 해외 회원 기관을 보유하고 있다. 스마트 제조 측면에서 난퉁코스코해운와사키선박엔지니어링유한공사南通中遠海運川崎船舶工程有限公司의 '선박제조 스마트작업장 시범'이 스마트 제조 시범 프로젝트로 지정됐다.

마지막으로, 비록 미국이 미중 무역 마찰을 일으키고 '제조강국전략'에 대해 온갖 비난을 퍼부었지만, 중국은 제조강국전략이 중국 경제 발전에 미치는 중대한 의미에 변함이 없다는 점을 명심해야 한다.

3
제조강국전략의 조정

'제조강국전략'을 핵심으로 하는 제조강국전략은 3년여간 중국 제조업의 대大에서 강强으로의 전환에 중요한 역할을 했다. 그러나 중국 제조업 발전이 직면한 새로운 도전과 제약에 보다 효과적으로 대응하고 '제조강국전략'의 단점과 결함을 보완조정한다는 두 가지 관점에서 중국 '제조강국전략'의 중심을 조정할 필요성과 시급성이 있다. 이는 유럽과 미국의 새로운 국제 무역 투자 요구의 합리적인 구성 요소에 부합할 뿐만 아니라 중국 제조업의 핵심 능력 향상과 중국 제조업의 고품질 발전을 효과적으로 촉진할 수 있는 것은 중국 제조강국전략 조정의 기본 방향이어야 한다. 제조강국전략의 중심을 조정하는 것은 미중 무역 마찰의 영향뿐 아니라 '제조강국전략' 실행에도 문제가 있어 제때 수정해야 하기 때문이다. 중국의 제조강국전략은 '제조강국전략'에서 제조업의 고품질 발전을 강조하는 것으로 전환되어야 하며, 필요한 경우 〈중국 제조업의 고품질 발전 전략 계획〉을 발표해 '제조강국전략'의 가치 있는 과학적 함의를 충분히 흡수하고 혁신, 조정, 녹색, 개방 및 공유라는 새로운 발전 이념의 요구 사항을 완전히 반영해야 한다. 이는 다음 네 가지의 측면에서 구체적으로 나타난다.

첫째, 전반적인 전략적 방향에서 유럽미국일본을 '벤치마킹하기' 또는 '따라잡기'를 약화시키고 전면적인 배치를 통해 중국 제조산업을 구축하는 핵심 능력을 강화하고 세계 제조업 발전에 중국의 독창적인 기여를 강화해야 한다.

세계 산업 발전의 역사적 경험에 따르면 영국, 독일, 미국, 일본 등 국가가 산업 강국으로 도약하는 과정은 선진국의 산업 경쟁력을 단순 반복하고 모방하는 것이 아니라 선진국과 다른 독특한 산업 능력 구축 과정이다. 독일은 회사의 연구개발 조직구조를 창조했고, 미국은 대규모 생산과 현대 회사 시스템을 독창했으며, 일본은 정밀제조를 발전시켰다. 중국의 산업 강국 건설은 필연적으로 인류 산업 발전에 독특한 기술력과 제도적 모델에 기여할 수 있다. '중국 제조업 핵심 능력 구축'의 정책이 지향하는 바는 대외적으로 원시 혁신을 통해 세계 산업 국가와 함께 인류 기술 진보와 산업 발전을 촉진한다는 중국의 비전을 구현하고 내용에 대해 각급 정부와 광범위한 기업을 결집시켜 중국 제조업의 더 높은 품질 발전을 실현하기 위함이라는 전략적 포부를 쉽게 형성할 수 있게 될 것이라는 의미이다.

둘째, 전반적인 발전 아이디어에서 핵심 산업 및 분야 선택을 약화시키고 새로운 산업 혁명의 맥락에서 일반 기술 혁신과 산업 통합 배치를 강조한다.

신기술의 물결과 신산업혁명은 현재 세계 각국이 직면한 공통된 도전이다. 기술 변화에 효과적으로 대응하기 위해 미국, 독일, 일본, 영국, 프랑스와 같은 산업 강국은 체계적인 계획과 산업 정책을 발표했다. 그러나 중국의 '제조강국전략'과 달리 이들 국가의 전략이나 정책은 텍스트의 구체적인 표현에서 특정 산업과 분야의 발전을 정부가 중점적으로 지원하는 등의 내용을 담고 있지 않다. 중국의 새로운 제조업 마스터플랜은 미국, 독일, 일본 등 국가의 경험과 일반적인 관행을 참고해야 하며, 전략적 과제의 수립 측면에서는 첫째, 제조업의 디지털화, 지능화 및 네트워크화 응용과 관련된 통용기술과 스마트 기술의 독창적인 혁신과 기술 혁신을 강조해야 한다. 둘째, 신기술 혁신 및 응용(비산업)의 전반적인 배치를 강조해야 한다. 예를 들어, 5G 기술 혁신 및 응용을 촉진하는 데 있어 특정 5G 분야의 발전을 지원하는 등의 표현을 피해야 하며, 5G 응용 시나리오 개발, 인프라 투자 및 참조 아키텍처 구축을 촉진하는 등의 내용을 강조함으로써 5G 혁신사슬과 산업 생태계의 임무 지향성을 보완해야 한다.

셋째, 구체적인 핵심과제 측면에서 기술혁신지향적 스마트제조, 녹색제조, 고급제조 등을 강조하면서 경영혁신지향적 서비스제조 및 제조업 품질혁명을 더욱 강조한다.

오늘날 신산업혁명의 배경에서 중국 제조업의 고품질 발전 방향은 의심할 여지없이 제조업의 지능화, 녹색화 및 고급화이다. 이는 우리가 지속적으로 과학 기술 혁신을 통해 과학 기술 혁신 능력을 향상시키고 스마트 제조, 녹색 제조 및 고급 제조를 적극적으로 발전시켜 중국 제조업이 오늘날의 신산업혁명이란 중요한 기회를 잡을 수 있도록 촉진해야 한다. 그러나 대부분의 중국 제조업의 발전에 있어 독일의 '산업 4.0'이 주창하는 사이버물리시스템CPS은 아직 적용하기 어렵고 많은 산업의 기술기반이 미비하므로 제조업과 서비스를 융합한 서비스형 제조를 촉진하고 중국 제조업의 품질향상을 촉진하는 과제는 상대적으로 시급하고 실질적인 의의를 가지고 있다고 할 수 있다. 현재 제조 서비스화도 제조업의 변혁과 고도화의 중요한 방향이며 제조업체는 점차 생산과 제품에 중점을 두는 것에서 '제품+서비스'에 중점을 두는 추세로 발전하고 진화하여 제조업의 부가가치를 크게 높이고 나아가 총요소 생산성의 향상과 고품질 발전을 촉진한다. 나아가 이는 제조업의 전 요소 생산성의 향상과 고품질의 발전을 촉진한다. 또한 외국의 선진 산업국과 달리 중국의 제조업 품질 문제는 아직 실질적으로 완전히 해결되지 않았으며 제조업 품질 혁명을 통해 제조업 제품과 서비스의 품질을 전면적으로 향상시키는 것은 중국이 제조 강국이 되기 위해 필히 완성해야 할 중요한 과제이다.

넷째, 구체적인 정책과 조치 측면에서 선택적 산업 정책을 약화시키고 중국 제조업의 효율성과 능력 향상에 도움이 될 뿐만 아니라 경쟁 중립적 특성을 가진 산업 정책 및 경쟁 정책을 강조함으로써 산업 정책을 WTO 등 국제 경쟁 규칙에 유연하게 적응할 수 있게 한다.

'제조강국전략'은 중국의 산업공통성 핵심기술과 첨단기술의 부족, 기술이전확산 및 상업화 응용부족에 대해 '제조업혁신센터 건설 프로젝트'를 제시했다. '제조강국전략'은 중국의 산업공통 핵심기술과 첨단기술의 부족, 기술의 이전확산과 상업화 응용부족에 대해 '제조업혁신센터 건설 프로젝트'를, 중국의 핵심기초부품(부속품), 핵심기초소재, 선진기초공정과 산업공통기초기술 방면의 큰 격차에 대해 '산업강기 프로젝트'를, 녹색제조고급제조스마트제조의 미래 발전 추세에 대해 '녹색제조 프로젝트', '스마트제조' 및 '신진장비혁신 프로젝트'를 제시했으며, 중국 제조업 발전의 10대 중점분야 또한 명확히 했다. 이런 프로젝트들의 본질은 핵심 기술이 남에게 구속받고 선진산업의 발전이 부족함을 나타내는 중국 제조업의 크나 강하지 않은 문제를 해결하는 것이다. 제조업의 크나 강하지 않는 문제의 근원은 혁신 능력이 약한 것이며, 따라서 '제조강국전략'을 구현하는 핵심은 제조업의 혁신 능력을 육성향상시켜 '혁신을 따라잡자'에서 '혁신을 선도하기'로의 전환을 실현하는 것이다. 즉, 제조 강국 건설의 핵심은 기술 혁신 능력의 향상이다. 혁신 능력은 특정 산업에 비해 역동적이고 지속 가능하며 근본적인 것이다. 기능성 산업 정책은 선택적 산업 정책보다 특정 산업에 대한 맞춤형 보조금에 중점을 두고 산업 발전을 위한 광의의 인프라 건설(물질적 인프라, 사회성 인프라 및 제도성 인프라)을 강조한다. 또한 기술 혁신 및 인적 자본 투자를 촉진하고 공정한 경쟁을 유지하며 사회적 거래 비용을 절감하고 효율적인 시장 환경을 조성하여 기술 혁신 생태계를 개선하며 전체 산업과 국가의 혁신 능력을 향상시킨다. 따라서 기능성 산업 정책은 '제조강국전략'의 목표에 더 부합한다.

구체적으로 제조강국 건설을 추진하는 기능성 산업 정책의 초점은 다음과 같다. 첫째, 인적 자원 육성을 촉진하고 다양한 형태의 응용 직업 교육을 개발하는 데 중점을 두어야 한다. 둘째, 기업의 부담을 광범위하게 줄이기 위한 보편적 혜택 정책을 시행하고 소규모 기업의 비즈니스 환경 개선에 특별한 관심을 기울이는 것이다. 셋째, 혁신 행위를 장려하고 산학연의 결합을 촉진하며 기업의 지적 재산권에 대한 법적 보호를 강화하는 것이다. 넷째, 시장 자체가 해결할 수 있는 성숙한 기술이나 특정 산업이 아닌 실질적인 첨단 기술, 신흥 기술 및 중소기업의 혁신 분야에 대해 보조금, 세제 혜택, 이자 할인 등의 형태의 지원 정책을 채택한다. 이를 통해 신흥 기술 및 첨단 기술의 연구 개발, 엔지니어링 및 상업화 문제를 종합적으로 해결한다. 정부는 자금 사용의 효율성과 투명성을 보장하기 위해 보조금 당사자에 대해 엄격한 자금 사용 및 프로세스 평가 방법을 채택해야 한다. 정부 지원 자금의 규모는 너무 커서는 안 되며 주로 기업이나 사회기금에 대한 투자의 '동력' 역할을 한다. 다섯째, 중국의 강력한 선택성 산업정책이 중국 제조업 혁신발전에 미치는 부정적 영향이 점점 두드러지는 배경에서 공공자원을 신형 제조업 혁신 체계 건설에 더 많이 투자한다. 현재 국가(중점) 실험실의 조직 방식이 국가의 전략적 기술 과제를 효과적으로 해결할 수 없는 문제를 해결하기 위해 독립적이고 학제적이며 임무지향적인 신형 국가 실험실을 건설하는 것은 이에 해당한다. 중국 산업정책의 구조화를 중시하고 합리화를 경시하는 정책의 문제에 대해 미국 제조업 확장 프로젝트와 일본 기술 컨설턴트 프로젝트의 경험을 흡수하여 중국의 선진적용기술 응용보급 프로젝트와 공공 서비스 조직 건설을 제시한다. 여섯째, 모든 지역과 기업이 반보조금 및 반덤핑 조치를 유연하게 적용하도록 장려하는 것이다. WTO 규칙의 주요 목표는 국제 무역을 위한 공정한 경쟁의 기회를 만드는 것이나 최근 몇 년 동안 반덤핑 및 반보조금 사례가 증가하고 있는 추세로 볼 때, 반덤핑 및 반보조금 제도는 수입국의 보호무역주의 정책을 추진하는 도구가 되고 있다. 실제로 많은 국가에서 국내 산업을 보호하고 수입 제품을 배척하며 국외 경쟁자를 억압하기 위해 무역 구제 조치를 채택하는 경향이 있다. 미국 〈버드수정안법〉을 예로 들면, 이 법안은 미국 정부가 외국 회사에 부과한 반덤핑 및 반보조금을 미국 재무부가 아닌 반덤핑 또는 반보조금 소송을 제기한 미국 회사에 직접 보조하도록 한다. 이는 본질적으로 미국 기업에 대한 이중 보호이자 객관적으로 자국 기업의 반덤핑 및 반보조금 소송을 독려하는 유도 효과가 있을 것으로 보인다. 이런 조치들은 모두 중국의 참고가 될 수 있다.

제12장

고품질을 향해 나아가기

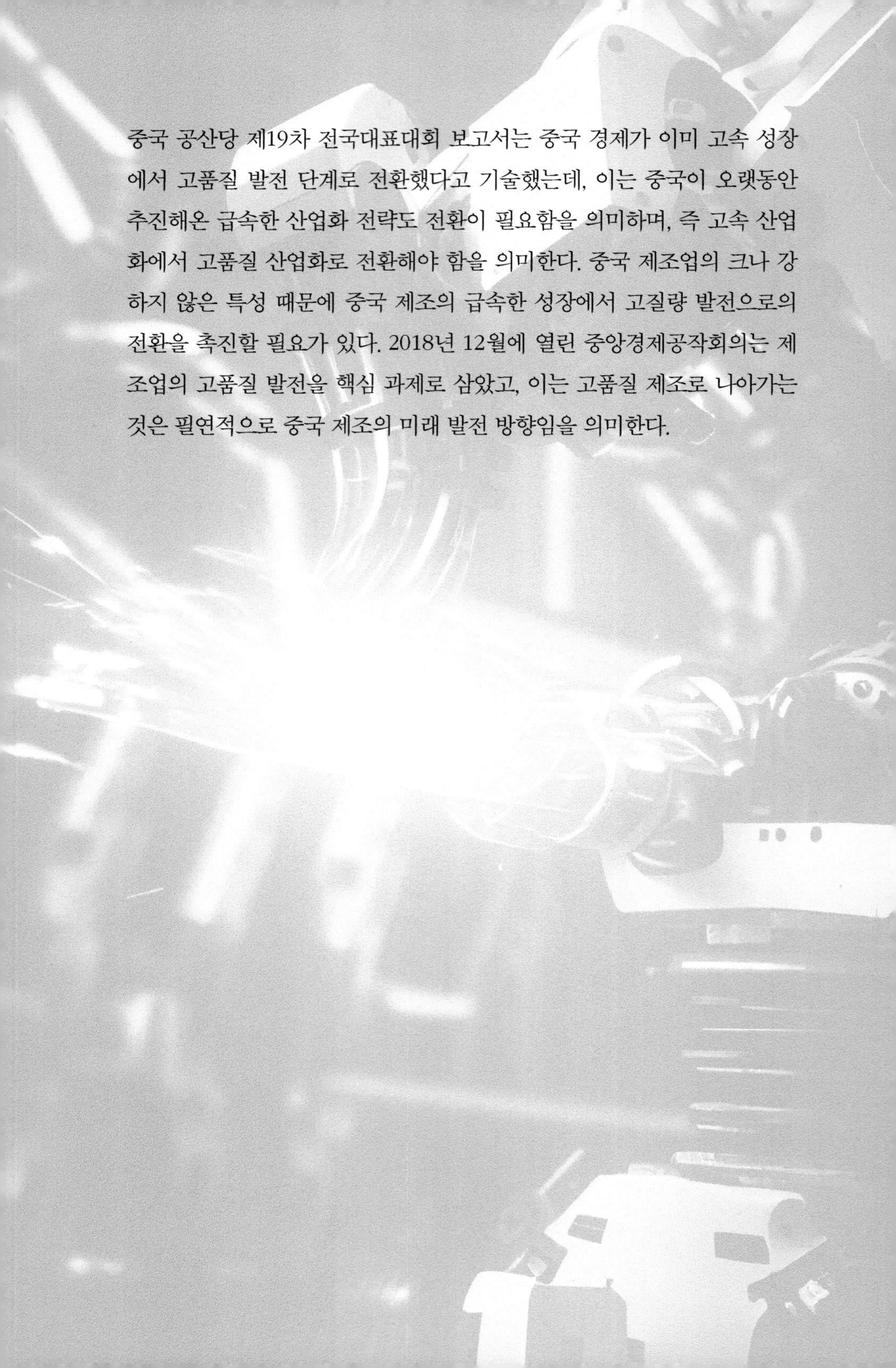

중국 공산당 제19차 전국대표대회 보고서는 중국 경제가 이미 고속 성장에서 고품질 발전 단계로 전환했다고 기술했는데, 이는 중국이 오랫동안 추진해온 급속한 산업화 전략도 전환이 필요함을 의미하며, 즉 고속 산업화에서 고품질 산업화로 전환해야 함을 의미한다. 중국 제조업의 크나 강하지 않은 특성 때문에 중국 제조의 급속한 성장에서 고질량 발전으로의 전환을 촉진할 필요가 있다. 2018년 12월에 열린 중앙경제공작회의는 제조업의 고품질 발전을 핵심 과제로 삼았고, 이는 고품질 제조로 나아가는 것은 필연적으로 중국 제조의 미래 발전 방향임을 의미한다.

1

고속 산업화에서 고품질 산업화로 전환

시진핑習近平 주석이 개혁개방 40주년 기념 연설에서 "선진국들이 수백 년간 걸어온 산업화 과정을 수십 년 만에 끝냈다"고 지적한 것처럼 중국은 지금까지 고속 산업화를 성공적으로 추진해 왔다.[1] 중국의 산업화가 큰 성과를 거두었다는 것을 인식하면서 우리는 더 나은 삶에 대한 사람들의 증가하는 요구에 비해 중국의 산업화 과정에는 여전히 불균형하고 불충분한 발전의 문제가 있음을 인식해야 한다. 구체적으로, 이것은 적어도 다음 네 가지 측면에서 나타난다. 첫째, 산업화 과정에서 지역 발전이 불균형하고 일부 지역의 산업화 발전이 충분하지 않다. 단계적 발전 전략과 각 지역의 자원 보유량 및 산업발전기반 차이로 인해 중국의 산업화 과정은 다른 지역에서 극도로 불균형하며 전반적으로 동중서부에서 점차 감소하는 단계적 격차를 나타낸다. 제2장에서 분석한 바와 같이 2015년까지 상하이, 베이징, 톈진은 이미 후산업화에 접어들었고 다른 대부분의 동부의 성은 산업화 후기에 있는 반면 대부분 중서부의 성은 기본적으로 산업화 중기에 있다. 둘째, 산업 발전의 구조가 불균형하고 혁신 능력과 기술적인 산업의 발전이 충분하지 않다. 장기간의 저비용 수출 지향 산업화 전략으로 인해 중국의 자주적 혁신 능력을 향상시킬 필요가 있으며, 때문에 중국 산업 구조의 고급화 수준이 부족하다는 문제가 보인다. 한편으로는 철강, 석유화학, 건축자재 등 산업의 낮은 수준의 과잉생산 문제가 두드러지고 오랫동

---

1 시진핑(習近平). <개혁개방 40주년 경축 연설>, 2018년12월18일, 신화 홈페이지(http://www.xinhuanet.com/politics/leaders/2018-12/18/c_1123872025.htm).

안 존재해 왔으며 '좀비 기업'이 매우 많으며, 다른 한편으로는 고급산업의 발전이 부족하고 산업 가치 사슬의 고급 연결고리 점유가 충족하지 않으며 핵심 장비, 핵심 부품, 기초 소프트웨어가 수입 및 외자 기업에 크게 의존한다. 셋째, 실물경제와 가상경제 발전이 불균형하고 고품질 실물경제 공급이 충분하지 않다. 중국의 산업화가 후기 단계에 진입함에 따라 최근 몇 년 동안 중국 경제는 '탈실향허'의 경향을 보이기 시작했고 국가 경제에서 실물경제의 비율은 점점 감소하고 있다. 실물경제의 성장률이 떨어질 뿐만 아니라 전반적인 공급의 질도 시급히 개선되어야 한다. 급속한 산업화 과정에서 많은 양의 중국산 제품이 축적되었지만, 제품 등급이 낮고 표준 수준과 신뢰성이 높지 않으며 고품질, 개인화, 고복잡성, 고부가가치 제품의 공급이 부족하다. 그리고 제조 제품의 경우, 일반적으로 가치 사슬의 중저가이며 세계적으로 유명한 브랜드가 부족하다. 실물경제의 이러한 공급 품질은 도시화가 주도하는 소비 변혁과 업그레이드를 효과적으로 충족시킬 수 없어 실물경제의 수급 불균형을 초래하여 실물경제와 가상경제 발전의 불균형을 더욱 가중시킨다. 넷째, 산업화 속도와 자원 및 환경의 수용력이 불균형하고 녹색 경제 발전이 충분하지 않다. 거의 14억 명의 인구를 가진 중국의 급속한 산업화 과정은 자원과 환경의 수용에 큰 도전을 제기했다. 중국은 늘 친환경적인 신산업화 도로의 시행을 옹호해 왔지만 객관적으로 보면 자원과 환경은 여전히 급속한 대규모 산업화 과정을 견디기 어렵다. 이에 따른 환경 오염 문제가 더 두드러지고 자원 제약의 한계가 다가오고 있다. 산업화로 인한 환경 자원 문제를 해결하기 위해서는 녹색 경제를 적극적으로 발전시키는 것은 불가피한 선택이다. 그러나 중국은 녹색 경제 발전 측면에서 기술 수준이나 산업 규모 면에서 여전히 발전의 여지가 많다.

중국공산당 제19차 전국대표대회 보고서는 19차 전국대표대회부터 20차 전국대표대회에 이르기까지는 '2개의 100년' 분투 목표의 역사적 교차점이며 우리는 전면적으로 샤오캉 사회를 건설하고 첫 번째 100년 분투 목표를 달성해야 할 뿐만 아니라 여세를 몰아 사회주의 현대화 국가 건설을 위한 새로운 여정을 열어 두 번째 100년 분투 목표를 향해 나아가야 한다고 제안했다. 사회주의 현대화 강국을 건설하려면 새로운 발전 이념을 관철하고 현대 경제 시스템을 건설해야 한다. 이른바 현대 경제 시스템은 현대성을 지닌 경제 시스템이며 현재 시대의 현대성 표준은 혁신을 경제 성장의 원동력으로 삼고, 높은 수준의 요소와 고효율 배치 요소를 통합하는 체제와 메커니즘을 가지며, 산업지역도시농촌의 하위 시스템이 서로 조정되고, 경제 시스템이 역동적으로 개방하며, 고품질의 지속 가능한 경제 개발 목표를 달성하는 등에 나타난다. 산업화 과정을 촉진하는 것은 경제 시스템을 형성하는 과정이다. 산업화 과정을 촉진하는 것은 경제 시스템을 형성하는 과정이기도 하다. 과거 급속한 성장을 추구했던 산업화 경로와 달리 새로운 시대에는 현대화 경제 시스템을 형성하기 위해 고품질의 산업화 과정을 추진해야 한다. 즉, 경제 발전이 고속 성장에서 고품질 발전으로 전환됨에 따라 중국의 산업화 전략도 고속 산업화 과정에서 고품질 산업화 과정의 전환을 실현해야 한다. 구체적으로는 다음 다섯 가지 측면에 중점을 두어야 한다.[2]

첫째, 투자 중심에서 혁신 중심으로 산업화 동력의 전환이 실현하는 것이다. 중국의 산업화 과정은 이미 산업화 후기에 접어들었고, 이에 따라 산업구조는 자본집약적 주도에서 기술집약적 주도로의 전환에 직면해 있으며, 또한 신산업혁명의 배경에서 세계 각국도 고급 산업의 주도권 경쟁을 가속화하고 있다. 따라서 중국 자체의 현대화 과정과 전반적인 국제 환경 모두는 중국이 경제 발전 방식을 전환하고 혁신 주도 경제 발전을 실현해

---

2 황군혜, <고속 공업화에서 고품질 공업화로 전환(从高速度工业化向高质量工业化转变)>, 『인민일보』, 2017.11.26.

야 할 필요성을 보여준다. 구체적으로, 이는 공급측 구조 개혁을 심화하고 혁신 주도 전략을 적극적으로 시행하고 산업화를 위한 혁신 주도 메커니즘을 구축하며 중국 산업의 고급화를 촉진하고 혁신 주도 고품질 발전의 현대 경제 시스템을 형성해야 한다.

두 번째는 실물경제 공급의 질적 향상에 중점을 두고 고품질 산업화 과정을 추진하는 것이다. 급속한 산업화 과정은 중국을 세계적인 실물경제 대국으로 만들었지만, 중국은 아직 실물경제 강국이 아니다. 기업, 산업, 제품의 모든 측면에서 중국 실물경제 공급의 질을 향상시킬 필요가 있으며 이는 최근 몇 년 동안 중국 경제의 '탈실향허' 경향을 가중시켰다. 따라서 급속한 산업화 과정에서 고품질 산업화 과정의 전환은 실물경제의 공급품질을 향상시키는 데 중점을 두어야 하며 이는 공급측 구조개혁의 주요 방향이기도 하다. 현대 경제 시스템 건설에 필요한 실물 경제, 기술 혁신, 현대 금융 및 인적 자원의 조화로운 발전을 위한 산업 시스템도 실물경제의 공급품질 향상을 핵심으로 하고 있다.

셋째, 새로운 산업화와 정보화, 도시화 및 농업 현대화의 조화로운 발전을 실현하는 것이다. 고품질 산업화 과정은 정보화와 심층적으로 통합되고 농업 현대화 수준의 실현을 촉진하며 도시화와 조화롭게 발전하는 새로운 산업화여야 한다. 고품질 산업화를 추진하기 위해서는 제조강국전략을 통해 인터넷, 빅데이터, 인공지능과 실물경제의 깊은 융합을 추진하고 농촌진흥전략을 통해 1차, 2차, 3차 산업의 융합발전을 촉진한다. 그리고 공업화에 대한 농업현대화 지원력을 높이고 도시화와 공업화의 관계를 잘 처리하여 도시화 과정이 실물경제의 전환과 업그레이드에 대한 수요지도 역할을 할 수 있도록 하는 것이 급선무이다.

넷째, 녹색제조업을 적극 발전시켜 지속가능한 산업화를 촉진하는 것이다. 녹색 제조는 녹색 설계, 녹색 기술 및 공정, 녹색 생산, 녹색 관리, 녹색 공급망 및 녹색 고용을 제품의 전체 수명 주기에 걸쳐 구현하여 환경 영향을 최소화하고 자원 및 에너지 활용률을 가장 높이며 사회적생태적경제적 이익을 조화롭게 최적화한다. 녹색 제조는 녹색 경제 발전과 지속 가능한 산업화를 촉진하는 데 중요한 역할을 하며 현대 경제 시스템에서 중요한 구성 부분이다. 따라서 고품질 산업화를 촉진하기 위해서는 녹색 제품 개발, 녹색 공장 건설, 녹색 공원 개발, 녹색 공급망 구축, 녹색 기업 확장, 녹색 감독 강화 및 기타 조치를 통해 현대 녹색 제조 시스템을 구축해야 하며 전체 산업화 과정의 지속 가능성을 촉진해야 한다.

다섯째, 지역 조정 개발 전략을 통해 산업화 과정의 포용성을 촉진하는 것이다. 각 지역의 생산 요소 배치를 조정하고 생산 요소의 지역 간 효과적인 흐름을 촉진하며 지역 간의 불균형하고 조정되지 않은 자원 배치의 구조적 모순을 해결하는 것은 산업화 과정의 포용성의 기본 요구 사항이기도 하고 현대 경제 시스템의 지역 배치의 기본 내용이기도 하다. 중국공산당 제19차 전국대표대회 보고서는 지역조화발전전략의 시행 부분에서 먼저 오래된 혁명지역, 민족지역, 국경지역, 빈곤지역의 발전을 가속화하기 위한 지원을 강화하고 서부대개발을 추진하여 새로운 구도를 형성할 것을 강조하였다. 이는 중국의 산업화 과정의 포용성을 높이는 데 큰 의의가 있다. 그리고 베이징-톈진-허베이 협력발전, 장강경제벨트 보호발전, 동북노공업기지역 활성화, 중부지역굴기 등 주요 지역발전전략이 효과적으로 추진됨에 따라 자원요소가 각 지역에서 합리적으로 배치되고 지역요소의 공급품질이 지속적으로 향상되어 현대 경제 시스템의 지역배치가 점차 형성될 것이다.

2

중국 제조의 품질 혁명

고품질 경제 발전의 미시적 기반은 고품질 제품과 서비스이며 고품질 개발 단계는 중국 제조 품질에 대한 더 높은 요구를 제시한다. 중국 제조의 품질 혁명을 추진하는 것은 중국 제조의 대에서 강으로의 전환은 물론 중국 경제의 고품질 발전에도 매우 중요한 의의를 지닌다. 품질은 사회 경제에서 사물, 작업 및 제품이 요구 사항을 충족시키는 우열 정도로 널리 인식된다. 미시적 수준에서는 품질은 종종 제품 품질, 서비스 품질, 엔지니어링 품질 및 환경 품질로 나뉜다. 국제 표준 ISO 9000의 정의에 따르면 품질은 고유한 특성이 관련 당사자의 요구 사항을 충족시키는 정도이다. 품질은 대부분의 경우 질과 동의어가 될 수 있다. 그러나 질은 사람의 됨됨이를 평가하는 데 직접 사용될 수 있다. '질'을 '브랜드+품질'로 직설적으로 이해하는 사람도 있지만 이는 관점의 해석과 소셜 커뮤니케이션의 필요성 때문인 것일 뿐이며 '질'의 본래 의미가 아니다.[3]

세계의 산업화가 심화됨에 따라 소비사회는 점점 더 성숙해지고 인류사회는 삶의 품질과 제품의 품질에 대한 요구가 점점 높아지고 있다. 유명한 품질관리 거장 주란朱蘭이 예언했듯이 20세기가 생산성의 시대라면 21세기는 품질의 시대이다. 많은 국가에서 제품 및 서비스의 지속적인 개선을 촉진하기 위해 품질 문제를 국가 전략으로 업그레이드했다. 미국은 1980년대 〈국가품질증진법〉을, 한국은 1998년 〈21세기품질추월계획〉을 내놓

3 이 절에서 논의한 문제는 중국산 미세 질량 문제, 즉 일반적인 의미의 제품 품질 문제이기 때문에 이 절에서는 고질량 개발의 '질량'을 구별하기 위해 '품질'이라는 용어를 많이 사용한다.

았으며, 독일과 일본도 추월 단계에서 품질 향상을 위한 선업정책을 내놓은 바 있었다. 현재 약 90개국이 국가품질상을 제정했다. 국가 품질 기반 시설은 전 세계 국가에서 점점 더 많은 관심을 받고 있다. 제조업은 입국의 근본이고 흥국의 기구이며 강국의 기초로서 그 품질은 한 국가의 경제 발전 품질과 경제 경쟁력의 핵심 구현이다. 세계 제조업의 품질 경쟁은 항상 매우 치열하며 세계 제조 강국은 기술 혁신과 관리 혁신을 통해 제조 제품의 성능 안정성, 품질 신뢰성, 환경 적응성 및 수명 등의 지표를 지속적으로 향상시켜 국제 선도 수준을 추구한다.

중국은 제조업 생산량 1위의 세계 제조대국으로 성장했지만, 전반적으로 제조품질이 제조대국의 위상에 걸맞지 않다는 점이 제조업의 크나 강하지 않은 문제의 한 축이 되고 있다. 중국 제조 제품은 대부분이 기능적으로는 요구 사항을 충족할 수 있지만, 기능 등급, 신뢰성, 품질 안정성 및 사용 효율성 등 방면에 있어 개선할 필요성이 있다. 예를 들어 미국과 유럽의 일부 선진국의 제품 평균 합격률은 일반적으로 4-5 sigma(합격률 99.99932%) 인 반면 중국은 전체적으로 2-5 sigma(합격률 98-76%) 이다. 중국 제품은 1차 합격률이 낮고 대형 단조 제품은 1차 합격률이 70%에 불과한 반면 일본, 프랑스는 모두 100%에 가깝지만 중국의 경우, 핵심 부품의 신뢰성이 높지 않고 기계 기반 부품 내 품질이 불안정하며 정확도 유지성과 신뢰성이 낮고 수명은 외국 유사 제품의 1/3-2/3에 불과하다. 〈그림 12-1〉에서 보는 바와 같이 2013년부터 2017년까지 국내 제품의 품질에 대한 국가 감독 및 무작위 검사의 합격률은 각각 88.9%, 92.3%, 91.1%, 91.6%, 91.5%였으며, 2014년부터 2017년까지 90% 이상의 합격률을 유지했지만 전반적으로 하락 추세를 보였다.

그림 12-1 2000-2017년 중국 감독 및 무작위 검사 제품 샘플링 합격률

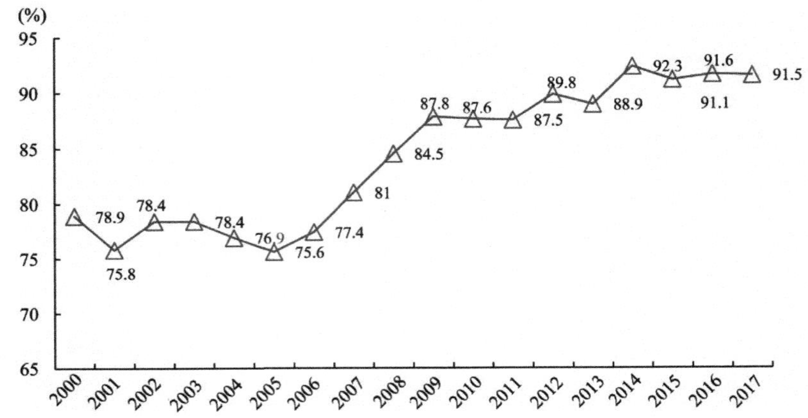

자료출처: <품질감독검사검역총국의 2017년 국가 감독 및 무작위 검사 제품 품질 현황 발표에 관한 고시>, 국가 시장 감독 관리 총국 웹사이트(http://spscjgs.aqsiq.gov.cn/xxgk_13386/jlgg_12538/zjgg/2018/201801/t20180122_511618.htm)

중국의 수출품은 수년째 EU와 미국이 통보한 리콜 1위를 기록한다. 제조업체는 브랜드 인식이 상대적으로 약하고 브랜드 개발이 뒤쳐져 있으며 국제 경쟁력과 영향력을 가진 독립적인 브랜드가 부족하다. 글로벌 유명한 브랜드 컨설팅 회사인 Interbrand 가 발표한 '2016년 베스트 글로벌 브랜드' 순위에서 중국 제조업 제품 브랜드는 100개 중의 두 자리만을 차지했다. '중국 제조'의 국제적 이미지가 최근 몇 년 동안 지속적으로 향상되고 있지만 전반적으로 여전히 낮아 중국의 1위 제조 및 생산 대국의 위상과 거의 일치하지 않는다. 특히 유럽, 미국, 일본 등 국가의 소비자는 중국 제조 제품에 대한 동일시 정도가 매우 낮다. 독일의 유명한 통계 전문업체 Statista가 발표한 〈2017년 메이드 인 X 파워랭킹〉에 따르면 '메이드 인 차이나'의 동일시 정도는 세계 69위에 그쳤다. 이 통계는 유럽 19개국

및 유럽과 문화적으로 유사하고 지리적으로 인접한 미주, 아프리카, 서아시아의 19개국을 포함한 총 52개국의 4.3만 명의 소비자를 조사했기 때문에 유럽과 미국 국민의 시각을 반영한 것으로 볼 수 있다.[4]

더 우려되는 것은 생산자와 경영자의 품질과 신뢰성이 심각하게 부족하기 때문에 저품질 위조품을 누차 금지해도 근절되지 않는다는 것이다. 최근 몇 년 동안 온라인 쇼핑 시장의 품질 문제가 점점 더 두드러져 '메이드 인 차이나'의 명성에 심각한 영향을 미치고 점점 더 많은 소비자들이외국 제품을 '하이터오(海淘, 해외 직구)'하는 대열에 합류하기 시작했다. 따라서 중국 제조업의 경우 품질 혁명을 통해 중국 제조 제품의 품질과 근본적인 개선을 실현하고 다수의 고급 브랜드를 형성하여 중국 제조의 대에서 강으로의 전환을 촉진하는 것이 시급하다. '제조강국전략'이 품질을 제조강국 건설의 생명선으로 삼고 '품질 우선'을 가이드라인으로 삼는 이유는 바로 여기에 있다. 선진국의 역사적 경험에 비추어 볼 때, 대부분 제조 품질 혁명을 통해 제조 품질의 역사적인 도약을 경험했다. 예를 들어, 독일은 1887년 '메이드 인 독일'의 품질 형성에 주력하여 점차적으로 '독일 브랜드, 품질 최고'의 국가 이미지를 확립했다. 일본은 제2차 세계대전 후 '품질 구국' 붐을 일으켜 기업의 전면적인 품질 관리를 추진하였으며, 1970년대 말까지 일본 국내 기업은 70만 개의 전면 질량 관리 팀을 설립하여 품질 혁명을 성공적으로 실시하여 '메이드 인 재팬'의 세계 품질 우위를 형성했다.

제조업의 품질혁명을 성공적으로 추진하기 위해서는 일련의 장애물을 극복해야 한다. 중국의 경우, 제조 품질혁명을 위해 기초능력 부족을 해결하는 한편 사회문화환경, 정부정책환경, 시장환경을 개선해야 한다. 기본

---

4 Jian, M. & Zifeng, S. <'메이드 인 차이나' 해외 소비자 정체성의 현황, 문제 및 대책>, <국무원발전연구센터 조사 연구 보고서>, 2018년5월11일, 국무원발전연구센터 홈페이지(http://www.drc.gov.cn/xscg/20180511/182-224-2896131.htm)

능력 향상은 환경 개선과 상호 작용하고 상호 촉진하는 것이며, 이후 선순환을 형성하여 시간이 지남에 따라 성공적인 제조업 품질 혁명을 실현할 수 있을 것이다.

중국의 제조 품질 향상에 영향을 미치는 기본 능력에는 주로 국가 차원의 국가 품질 인프라National Quality Infrastructure, NQI 지원 능력, 산업 차원의 산업 공통 기본 능력, 기업 차원의 기술 혁신 능력 및 관리 혁신 능력이 포함된다. (1) 이른바 국가 품질 인프라에는 측정, 표준, 인증 및 검사 테스트의 네 가지 활동이 포함된다. 이 네 가지 활동은 사회 경제 활동이 근거, 보장, 측정 가능성 및 신뢰 가능성을 가지고 국민 경제와 사회 발전을 위한 기본 지원 보장을 제공하도록 확보하는 것을 목표로 한다. 그 중 측정은 품질 관리의 기초이고, 표준은 품질의 판단 근거이며, 인증은 품질의 신회 메커니즘이고, 검사 테스트는 품질을 측정하는 과정이다. 이 4가지는 과학적이고 엄격한 기술 사슬을 형성하여 품질 관리를 구현하고 품질 수준을 향상시키며 국민 경제 운영을 보장하고 국제 경제 교류를 촉진하는 기본 지원이 된다. 전반적으로 보면 중국의 국가 품질 인프라 지원 능력은 최근 몇 년 동안 지속적으로 향상되어 국민 경제 및 사회 발전의 요구에 잘 적응했지만, 중국의 표준 시스템과 관리 시스템이 계획 경제로 탈바꿈했기 때문에 선진 외국 산업 국가의 수준과 여전히 격차가 있으며, 어느 정도 관리가 약하고 시스템이 혼란스러우며 수준이 낮기 때문에 문제가 존재한다. 2014년 자료에 따르면 3만여 개의 국제 표준 중 중국이 주도적으로 제정한 것은 전체의 0.5%에 불과하며, 중국의 인정받은 교정 측정 능력은 미국, 독일 등에 비해 훨씬 뒤떨어져 미국 능력의 53%에 불과하다. 이것은 중국 제조 품질 수준의 향상을 크게 제한한다. (2) 산업 수준의 공통 기본 능력은 이른바 '산업 4기'인 핵심기초소재, 핵심기초부품(부속품), 선진기초 공정 및 산업기술기반을 제공하는 능력이다. '산업 4기'는 항상 중국의 제조업 발전과 제조업 품질 향상의 병목 현상이 된다. 핵심기초소재 및 핵심

기초부품(부속품)의 대외 의존도가 비교적 크다. 예컨대 중국의 기계핵심부품(부속품)의 50%는 수입에 의존하고 일부 핵심 공작 기계, 고급 의료 장비, 고급 정밀 기기 및 그 핵심 부품도 주로 수입에 의존하고 있다. 그리고 많은 선진기초공정 및 산업기술기반 또한 중국 자체적으로 보유하지 않고 있다. '제조강국전략'에서는 이 병목 현상을 해결하기 위한 '산업강기' 프로젝트를 특별히 제안했다. 물론 이 문제를 해결하기 위해서는 기술 축적의 시간이 필요하며, 오늘날의 글로벌 가치 사슬 분업의 고유한 패턴을 깨기 위해서는 장기적이고 지속적인 노력이 필요하다. (3) 기업 차원의 기술 혁신 능력과 관리 혁신 능력은 기업 제품 및 서비스 품질 향상의 핵심 원동력이자 직접적인 결정 요인이다. 중국에는 강한 기술 혁신 능력과 관리 혁신 능력을 갖춘 선진 제조업체가 있으며 일부 산업에서도 세계 최고 수준을 가지고 있지만 전반적으로 상대적으로 낙후되어 있다. 2015년 국가질검총국國家質檢總局이 발표한 2015년 제조업 품질경쟁력 지수에 따르면 제조업 품질경쟁력을 구성하는 표준과 기술수준, 시장적응력, 품질관리수준, 품질감독검사수준, 핵심기술능력, 연구개발 및 기술혁신능력 6개 항목의 점수는 각각 88.38, 83.66, 78.52, 90.66, 82.57, 74.69이다. 그 중 연구개발 및 기술혁신능력과 품질관리수준의 두 가지 점수가 가장 낮으며, 이는 중국 제조 품질 향상에 있어 중국 기업의 기술혁신능력과 관리혁신능력의 부족함이 매우 중요한 '단점'이라는 것을 시사한다. 따라서 기업은 기업품질관리시스템을 구축하고 개선해야 하며 지속적으로 품질을 관리할 필요성이 있다.

중국 제조의 품질 향상을 제한하는 환경적 요인도 매우 복잡한데, 이는 주로 사회문화적 측면의 '장인정신'의 부재로 요약할 수 있다. 정부 정책 측면에서는 저비용으로 전략적으로 주도를 따라잡고 있으며, 시장 환경 측면에서의 경쟁이 질서 있는 시장 시스템은 아직 형성되지 않았다. (1) 사회문화적 측면에서 고대 루반과 포딩에서 중화인민공화국 건국 후의 '8급공'에 이르기까지 중국은 전념하고 더 잘하려고 애쓰는 직업 정신인 '장인정선'에 대한 추앙이 부족하지 않았다. 그러나 최근 몇 년 동안 저비용 도약을 추구하는 경제 발전 배경과 경제가 '탈실향허' 추세를 보이는 상황에서 중국은 제조업 대국으로 발전함과 동시에 '장인정신'을 계승하는 환경 건설과 제도적 기반이 점차 무시되고 있다. 부동산 및 금융 분야는 제조업 인재에 대한 사이펀 효과가 크고 제조업 내부에서는 마케팅 기술에 대한 관심이 제조 공정의 개선과 품질 향상에 대한 관심보다 훨씬 높으며, 제조 과정에서 더 잘하려고 애쓰는 '장인정신'이 점점 부족해지고 고품질 중국 제조의 문화 기반이 잠식되고 있다. 베이징대학교와 칭화대학교의 〈2016년 졸업생 취업 품질 보고서〉에 따르면 금융업이 1위라고 밝혔다. 베이징대학교의 26.4%, 칭화대학교의 21.2%의 졸업생을 유치했고, 이는 IT업, 제조업, 과학기술업 분야보다 훨씬 높으며 더 많은 공학 분야의 박사가 점점 금융 분야로 옮겨가고 있다. (2) 정부 정책 지향의 관점에서 볼 때, 오랫동안 저비용 및 고속도 산업화 전략에 따라 정부, 특히 지방 정부는 경제 성장, 재정 수입 및 대기업 수와 같은 정치적 성과를 빠르게 부각시킬 수 있는 규모 지표에 더 많은 관심을 기울이고 경제의 고속 성장을 중시하며 고품질 발전을 무시해 왔다. 정책 지향적인 측면에서는 저비용 및 고속도를 장려하지만 고품질 제품 생산을 장려하기 위한 제도적 설계가 부족하고 '저가 낙찰' 제도의 과도한 사용은 중국 제조의 고품질 발전을 크게 억제하고 있다. (3) 시장 환경의 관점에서 볼 때 중국의 통일된 개방, 공정한 경쟁의 현대 시장 경제 시스템은 아직 전면적으로 확립되지 않았으며 신용 부족, 계약 불이행은 비교적 보편적이며 그 중 상당 부분은 아직 응당한 처벌을 받지 않았다. 지역 분할, 부서 분할, 각종 시장 독점 행위는 여전히 상당히 존재하며, 시장에 '우불승, 열불태(優不勝、劣不汰, 고품질 제품은 이기지 못하고 저품질 제품은 패하지 않는다)', '우질불우가(優質不優價, 품질이 좋지만 가격이 매우 높다)', '열폐구축양폐(劣幣驅逐良幣, 악화가 양화를 구축한다)'의 문제가 아직 두드러진다. 또한, 시장 성숙도는 아직 향상시킬 필요성이 있으며, 가격 민감성은 품질 민간성보다 높아야 한다. 이러한 문제는 모두 중국산 제품의 품질 개선과 전환 및 업그레이드를 제한한다. 최근 몇 년 동안 전자 상거래로 대표되는 신흥 비즈니스 형태가 빠르게 발전하며 감독 방법이 따라가지 못함에 따라 저품질, 저비용 제조 제품의 판매가 증가하는 추세를 보인다. 2017년 중국 국가 감독 및 무작위 검사 제품 품질 현황 보고서에 따르면 164종의 20,192배칫의 제품을 대상으로 전개한 국가 감독 검사에서 제품 배칫 합격률은 91.5%이지만 전자 상거래 플랫폼의 상품 불량률은 25%로 상품 품질이 평균보다 현저히 낮았다.

중국 제조 품질 개혁을 추진하는 것은 복잡하고 사회 경제의 각 방면에 관련된 거대한 시스템 프로젝트로 사회 각계각층과 제조업 기업의 결합력뿐만 아니라 중국제조품질향상을 위한 오랜 끈기가 필요하며, 중국 제조 품질 혁명을 통합품질이념Integrative Quality Concept으로 지도조정하고 체계적전반적종합적장기적인 관점에서 중국 제조 품질 문제를 보고 정치, 경제, 문화, 사회 및 생태 등 다양한 분야를 포함하고 기업 주도, 정부 서비스 및 다양한 사회 조직이 참여하는 포괄적인 품질 관리 시스템을 구축하도록 요구하고 있다. 구체적으로는 다음 세 가지 방면에서 협동하여 추진해야 한다.[5]

첫 번째는 기업의 기술 혁신, 관리 혁신 및 시스템 혁신을 조정하고 추진하는 것이다. 기술은 품질이 선도하는 보증이다. 선도 브랜드 기업은 모두 기술 투자를 늘리고 기술 능력을 육성하며 기술 혁신을 적극적으로 추진함으로써 기술 선도 전략을 추구하여야 한다. 그러나 기술 혁신만으로는 충분하지 않으며 관리 혁신과 제도 혁신을 함께 추진해야 한다. 즉, 관

5 황군혜, <메이드 인 차이나의 품질 혁명 추진(推动中国制造的品质革命)>, 『구시』 2018-22.

리 혁신을 통해 전체 과정기업사회의 우수한 품질 관리 시스템을 형성하고 시스템 혁신을 통해 효과적인 인센티브 및 제약 메커니즘을 지속적으로 구축 및 개선하여 사회 전체가 공동으로 노력하고 모든 측면에서 인센티브 호환성을 보이는, 지속적으로 중국 제조 품질을 개선하는 제도 기반을 다져야 한다. 또한, 중국 제조의 병목 현상인 '산업 4기' 문제를 극복하기 위해서는 기업의 기술 혁신, 관리 혁신 및 시스템 혁신을 지속적으로 조정하고 촉진해야 한다.

두 번째는 국가 품질 인프라 구축과 기업 품질 브랜드 관리 시스템 구축을 조정하는 것이다. 한편으로는 국가 전략에서 표준, 측정, 인증, 검사 및 테스트를 매우 중시해야 한다. 정부 품질 감독 관리 시스템을 지속적으로 개선하고 정부 품질 관리 시스템을 혁신해야 한다. 제조업 업그레이드의 요구를 중심으로 국제 선진 수준에 부합하는 제조업 품질, 안전, 위생 및 환경 보호에너지 절약 표준의 제정 및 시행을 가속화하여 국제 분야의 표준 발언권을 높이고 중국의 교정 측정 능력을 더욱 향상시키며 중국 인증의 국제적 영향력과 무역 규칙에 대한 주도력을 강화하고 중국의 검사 및 테스트 국제 경쟁력을 개선해야 한다. 다른 한편으로는 기업 품질의 주체적 지위를 강화하고 기업이 브랜드 구축을 강화하도록 지원하는 것이다. 즉, 기업의 품질 관리 시스템 개선을 적극 추진하고 전면적인 품질 관리를 강화해야 하며, 현대 정보 기술을 충분히 사용하여 품질 관리의 과학화 및 현대화 수준을 향상시키고 온라인 품질 검사, 제어 및 전체 수명 주기의 품질 추적 능력을 육성해야 한다. 브랜드는 기업의 장기적인 품질과 평판의 표시일 뿐만 아니라 지속적인 투자와 운영의 결과이기도 하다. 중국 제조 브랜드 구축은 특히 다수의 전문 브랜드 서비스 기관을 육성하고 브랜드 국제화 속도를 높여야 한다.

세 번째는 품질 및 법적 시스템의 개선과 시장 시스템 구축을 조정하는 것이다. 제품 안전, 제품 보증 및 제품 책임에 관한 법률을 강화하고 개선하며 품질 및 법적 시스템의 미해결 문제를 해결하기 위해 법적 수단을 강화해야 한다. 제품 책임 시스템은 더욱 개선되어야 하며 제품 품질법 등의 법률규정에서 세분화하여 배상 책임을 가중시키고 소비자 보호를 강화해야 한다. 정신적 피해 보상 및 징벌적 보상 시스템을 강화하고 제품 하자 담보책임 규정을 개선하여 소비자의 합리적인 기대를 보호하고 소비자 신뢰를 높여야 한다. 한편, 시장 시스템을 더욱 완성하고, 통일된 개방, 정보 투명, 경쟁 질서 있는 시장 시스템 구축을 가속화하며, 점차적으로 지역 및 산업 독점 타파, 지적 재산권 보호, 공정 경쟁 촉진, 품질 신용 관리 개선 등 중국 제조 품질 브랜드 구축에 유리한 시장 메커니즘을 형성해야 한다.

3
제조업 고품질 발전의 추진

품질은 일상적으로 널리 사용되는 단어로 물리학에서 물체가 가진 물리적 속성이며 물질의 양을 측정하는 것이다. 사회 경제에서 사물, 작업 및 제품이 요구 사항을 충족하는 정도로 더 널리 간주된다. 미시적 수준의 제품 품질, 서비스 품질, 엔지니어링 품질 및 환경 품질과 달리 이 절에서 언급하는 제조업 발전의 품질은 거시적 의미의 품질로 경제 발전의 품질, 경제 성장의 품질 및 효율성과 동일하며 제조업 발전이 가진 특징이 국가와 국민의 요구를 충족시키는 정도라고 볼 수는 있다. 중국공산당 제19차 전국대표대회 보고서는 중국 사회의 주요 모순이 국민의 증가하는 아름다운 생활 요구와 불충분하고 불균형한 발전 사이의 모순으로 전환되었다는 중대한 결론을 내렸고 혁신 발전, 조화 발전, 녹색 발전, 개방 개발 및 공유 개발의 새로운 발전 이념을 고수하도록 요구했다. 따라서 중국 사회의 주요 모순의 변화와 새로운 발전 이념의 관점에서 제조업의 고품질 발전은 새로운 발전 이념의 요구 사항을 더 잘 반영하고 국민들의 증가하는 더 나은 생활 요구를 충족시킬 수 있는 제조업의 발전으로 보인다. 제조업 고품질 발전은 혁신이 첫 번째 원동력이고, 조화가 내성적 수요이며, 녹색이 보편적 형태이고, 개방이 필수 경로이며, 공유가 근본 목적인 발전의 특색을 가져야 한다.

중국 제조업의 고품질 발전의 열쇠는 제조업 공급의 질을 높이는 것이다. 2016년 중앙경제공작회의는 공급측 구조개혁의 주요 방향을 공급의 품질 향상으로 제시했다. 중국 공산당 제19차 전국대표대회 보고서에서도 현대 경제 시스템을 건설하려면 실물 경제 발전에 중점을 두고 공급 시스템의 품질 향상을 주방향으로 삼고 중국 경제의 품질 우위를 크게 강화해야 한다고 지적했다. 제조업 공급의 품질은 공급요소의 품질과 공급체계의 질로 나눌 수 있다. 제조업 공급요소의 품질은 제조업의 노동력, 자본, 토지 등 생산요소가 갖는 특성이 수요를 만족시키는 정도이다. 제조업 공급체계의 품질은 제품(서비스, 엔지니어링 등 다양한 형태를 포함한다), 기업과 산업 등이 갖는 특성이 수요를 만족시키는 정도이다. 제조업 공급요소의 품질을 높이는 것은 제조업 노동력의 소질 향상, 물질자본의 세대교체, 더 많은 첨단기술의 투입, 인적자본의 향상 등인 반면, 제조업 공급시스템의 품질 향상은 제조업 제품이 소비자의 소비 업그레이드 요구를 충족시키는 정도, 제조기업의 시장 경쟁 적응 능력, 소비 업그레이드에 적응하는 제조업 전환 및 업그레이드 능력 등을 향상시키는 것이다.

또한, 제조업 공급의 품질을 향상시키는 과제는 미시적 품질 관리가 요구하는 제조 제품의 질 또는 품질을 향상시킬 뿐만 아니라 제조업 기업의 직원의 자질과 능력 향상 및 제조업 기업의 경쟁력 향상, 또한 정부 관리가 주목하는 제조업 자체의 전환 및 업그레이드, 제조업 구조의 고급화 및 제조업 조직의 합리화, 전반적인 과학 연구 교육 및 정부 관리와 같은 국가 거버넌스의 현대화 수준 향상도 포함한다. 중국은 산업화 후기 성장 둔화, 구조 최적화, 동력 전환의 경제 발전 뉴노멀 단계에 진입했다. 중국은 장기적으로 주로 노동력, 자본, 토지 등 공급 요소의 양적 증가와 제품 생산량 증가, 기업 및 산업 규모 확장에 의해 제조업 성장을 촉진하는 발전 방식이 더 이상 가능하지 않으며, 이제 더 많은 혁신을 통해 공급 요소의 품질을 개선하고 제조업 공급 시스템의 품질을 향상시켜야 한다. 이를 통해 새로운 수요와 공급의 동적 균형을 실현하여 제조업의 총요소생산성을 향상시키고 경제의 시속 가능한 성장을 촉진해야 한다. 제조업 공급 시스템의 품질은 중국 경제 발전의 품질을 결정하고, 나아가 중국 경제 발전 방식의 변화와 지속 가능한 경제 발전을 결정한다.

제조업의 고품질 발전을 촉진하기 위해서는 제조업 고품질 발전을 어떻게 이해하느냐는 문제를 대답할 수 있어야 할 뿐만 아니라 제조업 고품질 발전을 어떻게 평정하고 판단하느냐는 문제도 대답할 수 있어야 한다. 제조업의 양적 성장은 부가가치를 핵심으로 하는 고유한 통계지표가 있기 때문에 제조업 성장 속도를 가늠할 수 있으나 제조업 발전의 품질을 어떻게 측정할 수 있는가의 문제는 더욱 깊은 연구와 시스템 혁신을 촉진해야 한다. 이론적으로 제조업의 고품질 발전을 촉진하는 것은 품질 변화, 효율성 변화 및 동력 변화를 촉진하는 것이며 궁극적으로 제조업의 총요소생산성TFP을 향상시키는 데 반영된다. 그러나 실제 정부 경제 관리에서 총요소생산성은 고품질 개발을 촉진할 수 있는 운영 가능한 '손잡이'가 아니다. 총요소생산성 지표는 개괄성, 회고성, 민감성, 상대성 등의 특징을 가지고 있으며 계산결과의 차이가 클 뿐만 아니라, 총요소생산성 계산은 노동력과 자본만을 요소로 하고 GDP를 산출물로 하기 때문에 천연자원 투입과 환경요인, 즉 녹색발전 문제를 충분히 반영할 수 없기 때문이다. 경제협력

개발기구와 같은 일부 연구기관이 녹색 총요소생산성을 연구하고 있지만, 실제 보급과 사용 사이에는 상당한 거리가 있다. 실제로 어떤 단일 지표도 제조업 발전의 품질을 합리적으로 측정하기 어렵다. 실행 가능한 한 가지의 방법은 다섯 가지의 발전 이념을 지침으로 삼아 혁신, 조화, 녹색, 개방 및 공유 등의 내용을 포함하는 지표 시스템을 형성하고 나아가 해당 전체 지수를 구축하는 것이다. 그러나 지표 시스템의 구체적이고 정확한 지표는 실제로 쉽게 구할 수 없으며 기존의 통계 시스템도 지원하기 어렵다. 따라서 제조업의 고품질 발전 수준에 대한 측정 및 평가는 더 깊이 연구해야 하는데, 구체적으로 제조업의 고품질 발전을 위한 지표 시스템, 제조업의 고품질 발전을 위한 표준 시스템, 제조업의 고품질 발전을 위한 통계 시스템, 제조업의 고품질 개발을 위한 성과 평가 시스템 등을 개발하여야 한다.

위에서 언급한 제조업의 고품질 발전에 대한 기본 이해를 바탕으로 향후 중국 제조업의 고품질 발전을 촉진하기 위해서는 적어도 다음 세 가지 측면에서 노력해야 한다.[6]

첫 번째는 통합품질이념을 수립하고 중국 제조의 품질 혁명을 적극 추진하는 것이다. 고품질 발전은 필연적으로 중국 제조 제품의 품질에 근본적인 변화를 요구하고 제조 품질 혁명을 통해 국민의 복지를 신속하게 증진하고 국민의 더 나은 삶에 대한 요구 충족도를 크게 향상시킬 것이다. 2018년 정부 업무 보고서는 '품질 개선 조치를 전면적으로 수행하고 국제 선진 수준과 표준 준수를 촉진하며 장인정신을 고취하고 중국산 품질 혁명을 일으키자'고 제안했다. 앞 절에서 논의한 바와 같이 중국 제조 품질 개혁을 추진하는 것은 복잡하고 사회 경제의 각 방면에 관련된 거대한 시

6 황군혜, <우리나라 제조업의 고품질 발전 촉진(推动我国制造业高质量发展)>, 『인민일보』, 2018.8.17.

스템 프로젝트로 사회 각계각층과 제조업 기업의 결합력뿐만 아니라 중국 제조품질향상을 위한 오랜 끈기가 필요하며 중국 제조 품질 혁명을 통합 품질이념으로 지도조정하고 체계적전반적종합적장기적인 관점에서 중국 제조 품질 문제를 보고 정치, 경제, 문화, 사회 및 생태 등 다양한 분야를 포함하고 기업 주도, 정부 서비스 및 다양한 사회 조직이 참여하는 포괄적인 품질 관리 시스템을 구축하도록 요구하고 있다. 한편으로는 국가 차원의 측정, 표준, 인증, 검사 및 테스트와 같은 국가 품질 인프라NQI의 지원 능력, 산업 차원의 산업 통용성 기초 능력, 기업 수준의 기술 혁신 능력과 관리 혁신 능력을 포함한 다양한 수준의 기본 능력 부족 문제를 해결해야 한다. 또 다른 한편으로는 사회 문화 환경, 정부 정책 환경 및 시장 환경을 개선하여 사회 문화 환경 개선과 경제 인센티브 메커니즘 개선을 조정 추진하고 품질 법안 보완과 시장 시스템 구축을 조정추진함으로써 '기업가 정신'과 '장인 정신'을 자극해야 한다. 기본 능력 향상은 환경 개선과 상호 작용하고 상호 촉진하는 것이며, 선순환을 형성하여 시간이 지남에 따라 성공적인 제조업 품질 혁명을 실현할 수 있을 것이다.

두 번째는 혁신 생태계의 개념을 수립하고 제조업의 혁신과 발전 능력을 지속적으로 향상시키는 것이다. 오늘날 세계 제조업의 지능화, 녹색화, 서비스화, 융합화는 전환과 업그레이드의 기본 추세가 되었으며 제조업의 고품질 발전의 핵심은 제조업의 이러한 혁신 추세를 촉진하여 총요소생산성을 향상시키는 것이다. 한편으로는 기업의 적자생존을 가속화하고, '좀비기업'을 조속히 처리하며, 퇴출 실시방법을 제정하고, 자원을 이러한 효율적인 발전분야에 집중하도록 요구한다. 한편, 선진제조업과 현대서비스업의 심도 있는 융합을 추진하여 제조강국을 확고히 건설하고, 신기술, 신조직형태, 신산업클러스터 형성과 발전을 촉진해야 한다. 이 두 가지 요구사항을 실현하기 위해서는 제조업의 기술 혁신 능력을 향상시키는 것이 열쇠이다. 이 문제의 해결은 혁신에 대한 투자만으로는 충분하지 않으며 핵심은 기술 혁신 생태계에 대한 개념을 수립하고 제조업 혁신 생태계를 지속적으로 개선하며 장기적인 기술 축적과 노력을 수행하는 것이다. 혁신 생태계관을 바탕으로 한 국가의 기술혁신능력이 향상되기 위해서는 연구개발자금, 인재투입 등 요소의 수량이 증가할 뿐만 아니라 혁신요소 간, 혁신요소와 시스템, 환경 간의 동적관계 최적화, 즉 혁신생태계 전체의 개선이 더욱 중요하다. 구체적으로 제조업 혁신사슬 중 기초연구와 산업화 사이에 존재하는 단절 또는 파손을 보수하여 과학기술성과 전환율을 높이고, 제조업 혁신네트워크를 구축하여 혁신생태계 개방협동성을 제고하고, 정보인재자금의 각종 조직간 효율적인 흐름을 촉진하며, 개방협력의 혁신네트워크와 형식이 다양한 혁신공동체를 형성해야 한다. 개방협동효율의 공통적인 기술연구개발플랫폼을 구축하여 수요지향적, 기업주체의 산학연일체적 혁신체제를 완비하고, 각종 기업혁신발전, 공정경쟁발전체제 메커니즘, 특히 중소기업을 위한 새로운 '생태위(生態位, 생태적 지위)'를 적극 구축하여 중소기업 혁신능력을 향상시켜야 한다. 또한, 각급 엔지니어링 기술자 양성을 강화하고 특히 기술자의 혁신 능력 향상을 중시하며 국가 실험실을 신속하게 배치하고 국가 중점 실험실 시스템을 재구성해야 하며, 지적 재산권 보호 및 적용을 강화하고 효과적인 혁신 인센티브 메커니즘을 형성해야 한다.

세 번째는 개방을 심화하고 제조업 전면 개방의 새로운 패턴을 형성하는 것이다. 오늘날 세계의 제조업 발전은 글로벌 가치사슬이 주도하는 시대에 처해 있다. 산업 혁명이 기계의 대규모 생산을 개척한 이후 국제 분업은 산업 완제품과 농광업의 전통 산업 간의 분업, 산업 내 각 산업제품 부문 내의 산업 내 분업에서 동일 제품의 사로 다른 가치사슬의 부가가치 링크의 제품 내 분업으로 발전해 왔다. 1990년대 이후 제품 모듈화 정도 향상과 생산 공정의 분리성 강화, 정보기술, 교통기술 등 '공간 압축' 기술로 인한 거래 효율성 향상과 거래 비용 감소로 가치사슬의 다양한 공정과 단계에 기반한 제품 내 분업이 크게 발전하여 제조업의 글로벌 가치사슬 분업이 주도적인 국제 분업의 형태가 되었다. 또한 기술혁명의 가속화된 확장, 산업형태의 지속적인 혁신 및 산업 통합, 특히 신흥 산업화 국가들이 글로벌 가치사슬의 '로우엔드 로킹Low-end Locking'을 돌파하기 위해 지속적으로 노력함에 따라 글로벌 가치사슬은 점차 다극화 발전의 새로운 추세를 보이고 있다. 따라서 한 국가의 제조업 발전은 대외적으로 개방되어 이 글로벌 가치 사슬에 통합되어야 한다. 개혁개방 40여 년의 경험 하에 중국 제조업이 이룬 발전의 기적은 중국 제조업의 대외개방 덕분임을 보여준다. 앞으로 중국 제조업의 고품질 발전은 개방을 심화하고 새로운 시대에 제조업 전면 개방의 새로운 패턴 속에서 형성되어야 한다. 한편으로는 지속적으로 비즈니스 환경을 최적화하고 외국인 투자 접근 전 국민대우 및 네거티브 리스트 관리 메커니즘을 구축개선하며 제도적 거래 비용을 효과적으로 절감하고 지적 재산권 보호를 강화하여 글로벌 투자자를 위한 안정성공정성투명성을 갖추고 법치화되며 예상 가능한 비즈니스 환경을 조성해야 한다. 또한, '일대일로' 건설에 중점을 두고 더 많은 중국 기업이 연선 국가에 투자하도록 유도하며 높은 수준의 연구개발 센터, 제조기지 및 산업 단지를 설립하여 연선 국가 기업과의 생산 능력 협력과 혁신능력 개방 협력을 촉진하며 상호 이익을 실현해야 할 것이다.

| 지은이 소개 |

황군혜

1966년생, 제14기 정치협상회의 전국위원회 위원, 경제위원회 위원, 중국사회과학원 경제연구소 연구원, 중국사회과학원대학 박사생지도교수. 중국기업관리연구회 부회장, 이사장, 국가제조강국건설전략 자문 위원회 위원, 국무원 독점금지위원회 전문가자문조 성원, "제14차 5년 계획"국가발전계획전문가위원회 위원, 국가계량전략자문위원회 위원, 주요 연구분야는 산업경제와 기업관리이다.

| 옮긴이 소개 |

유갑곤

1987년생, 전북대학교(한국) 경영학 박사, 대외 경제 무역대학(중국) 박사후 연구원, 산동청년정치대학교(중국) 교수, 산동성 행위과학학회 부비서장, 중국 인력자원개발연구회 이사, 주요 연구분야는 인적자원관리, 조직행위, 취업과 창업, 노동관계이다.

중국제조의 이해

초판 인쇄 2024년 9월 25일
초판 발행 2024년 10월 15일

지 은 이 | 황 군 혜
옮 긴 이 | 유 갑 곤
펴 낸 이 | 하 운 근
펴 낸 곳 | 學古房

주　　소 | 경기도 고양시 덕양구 통일로 140 삼송테크노밸리 A동 B224
전　　화 | (02)353-9908 편집부(02)356-9903
팩　　스 | (02)6959-8234
홈페이지 | www.hakgobang.co.kr
전자우편 | www.hakgobang@naver.com
등록번호 | 제311-1994-000001호

ISBN 979-11-6995-523-2 93320

값 26,000원

파본은 교환해 드립니다.